Das Werk des Menschen und die Gnade Gottes
in Karl Barths Sakramentstheorie

REGENSBURGER STUDIEN ZUR THEOLOGIE

Herausgegeben von den Professoren
Dr. Wolfgang Beinert, Dr. Norbert Brox,
Dr. Wolfgang Nastainczyk, Dr. Franz Schnider

Band 44

PETER LANG

Frankfurt am Main · Berlin · Bern · New York · Paris · Wien

Wingkwong Lo

Das Werk des Menschen und die Gnade Gottes in Karl Barths Sakramentstheologie

PETER LANG
Europäischer Verlag der Wissenschaften

Die Deutsche Bibliothek - CIP-Einheitsaufnahme

Lo, Wingkwong:

Das Werk des Menschen und die Gnade Gottes in Karl Barths
Sakramentstheologie / Wingkwong Lo. - Frankfurt am Main ;
Berlin ; Bern ; New York ; Paris ; Wien : Lang, 1994
    (Regensburger Studien zur Theologie ; Bd. 44)
    Zugl.: Regensburg, Univ., Diss., 1993
    ISBN 3-631-47315-X

NE: GT

D 355
ISSN 0170-9151
ISBN 3-631-47315-X

© Peter Lang GmbH
Europäischer Verlag der Wissenschaften
Frankfurt am Main 1994
Alle Rechte vorbehalten.

Printed in Germany 1 2 3 5 6 7

Danksagung

Für seinen tätigen Beistand bei der Entstehung dieses Buchs danke ich Professor Hans Schwarz, der die Arbeit betreut hat. Meiner Frau Dr. Yixu Lü gilt mein Dank für die kritische Lektüre und die sprachliche Korrektur des Textes. Zu danken bin ich auch meinen Regensburger Freunden und Kommilitonen verpflichtet, die meinen Weg zum Abschluß der Arbeit mit stetiger Diskussionsbereitschaft begleitet haben. Nicht zuletzt gilt mein herzlicher Dank dem Missionswerk der evangelischen Landeskirche Bayern, das meine Promotion durch Gewährung eines Stipendiums und die Publikation dieses Buchs durch einen Druckkostenzuschuß ermöglicht hat.

Hong Kong, 1994   Wing Kwong LO

INHALTSVERZEICHNIS

EINLEITUNG

Im Unterschied zur reformatorischen Sakramentskontroverse, deren Streitpunkt an der Interpretation des Heilsmittels, also an der Frage nach der Heilswirkung der Elemente liegt, fragt die evangelische Theologie des 20. Jahrhunderts nach dem Verständnis des Sakraments überhaupt.[1] Der Sprachgebrauch des Wortes "Sakrament" ist nicht mehr selbstverständlich. Etymologisch betrachtet stammt der Begriff "Sakrament", das als Heilshandeln Gottes auf Taufe und Abendmahl angewandt wird, nicht aus dem Neuen Testament.[2] Das Neue Testament kennt auch keine begriffliche Zusammenfassung von Taufe und Abendmahl.[3] Eine biblische Begründung für "Sakrament" ist deshalb etymologisch unmöglich.[4] Darüber hinaus betont W. Elert den wesentlichen Unterschied zwischen der Sakramentslehre und den sakramentalen Handlungen, weil seiner Meinung nach das Sakrament als Vollzug kultischer Handlungen die Priorität vor der Lehre über den Vollzug hat und deshalb von ihr unabhängig ist.[5]

---

1   Vgl. U. Kühn, "*Sakrament*", S.205.

2   Kühn stellt den Wandel des Sakramentsbegriffs wie folgt dar: "Neuere begriffsgeschichtliche Untersuchungen haben zudem den langen Prozeß deutlich werden lassen, der vom griechischen, 'mysterion', das neutestamentlich für den Heilsratschluß Gottes in Christus überhaupt gebraucht wird, über seine altlateinische Übersetzung durch '*sacramentum*', seine allmähliche Anwendung auf Taufe und Abendmahl, den Bedeutungsspielraum von '*sacramentum*' schließlich zum späteren, vor allem durch Augustin ausgebildeten Sakramentsbegriff geführt hat". Ebd., S.205f.

3   Vgl. ebd., und H.- D. Wendland, "*Sakrament*", in: *EKL*, Bd.3, S.749.

4   Vgl. E. Jüngel, "*Das Sakrament — was ist das?*", in: ders. und K. Rahner (Hg.), "*Was ist ein Sakrament?*", S.48f., besonders: "...die evangelische Theologie kann die auch in den evangelischen Kirchen so genannten Sakramente Taufe und Abendmahl von der etymologischen Bedeutung ihrer Bezeichnung (als Sakramente) her nicht interpretieren".

5   Elerts Erklärung lautet: "Selbstverständlich hat es auch immer eine Lehre über die Sakramente gegeben. Aber wie zum Beispiel zwischen Kriegswissenschaft und Kriegführung ein erheblicher Unterschied besteht, so auch zwischen den Sakramenten und der Lehre darüber. In beiden Fällen hat das Handeln vor der Lehre die tatsächliche und grundsätzliche Priorität. ...so wurde auch getauft und das Abendmahl gefeiert, bevor es eine Lehre darüber gab. Taufe und Abendmahl sind von der Kirche zu vollziehen, weil es von Christus so bestimmt wurde. Dieser Auftrag wird durch Handeln, nicht durch Lehre erfüllt. Der Vollzug dieser Handlungen ist insofern unabhängig von ihrem theologischen Verständnis, als er nicht daraus begründet werden darf". Ders., "*Der christliche Glaube*", S.355.

8

Bezüglich des Nachdenkens über die Sakramente gibt es im 20. Jahrhundert zwei bedeutende Diskussionen.[6] Eine dieser Diskussionen handelt von der Auseinandersetzung mit Barths Tauflehre, die er im letzten Band seiner Kirchlichen Dogmatik vertritt.[7] Hier hat Barth eine neue Sakramentsauffassung präsentiert, die im Widerspruch zu der Sakramentslehre der evangelischen Theologie steht. Barth lehnt nicht nur die Kindertaufe ab,[8] sondern auch das Sakramentsverständnis der Kirche überhaupt, in dem das Sakrament als Heilshandeln Gottes interpretiert wird. Das christliche Sakrament ist für Barth keinesfalls das Heilshandeln Gottes.[9] Anstatt in Gott sieht er in dem Menschen das Subjekt des Sakramentsgeschehens, wie er dies als das Zentralanliegen seiner Beschäftigung mit der Taufe am Anfang dieses Bandes erklärt: "Es geht um die Frage, wie dieser Mensch selbst Subjekt dieses Geschehens, des Glaubens an Gott, der Liebe zu ihm, der Hoffnung auf ihn, ein Wollender und Handelnder in diesem positiven Verhältnis zu Ihm, aus seinem Feind zu seinem Freund, aus einem für Ihm Toten zu einem für Ihn Lebenden wird"[10]. Diese Schrift hat aus dieser Absicht dann nur die Aufgaben, die Sakramentslehre der evangelischen wie auch der katholischen Kirche zu entkräften und das christliche Sakrament als die Antwort des Menschen auf Gottes Gnade zu begründen. Da die neue Sakramentsauffassung Barths der Sakramentslehre der Kirchen grundsätzlich widerspricht, hat sie sich viele Kritiken der zeitgenössischen Theologen zugezogen. Kurz nach der Erscheinung des letzten Bandes seiner *KD* wurden zahlreiche Abhandlungen veröffentlicht, die sich vor allem mit der neuen Sakramentslehre Barths auseinandersetzten, wobei sie sich vor allem mit den exegetischen Begründungen Barths beschäftigten oder aus der kirchengeschichtlichen Perspektive argumentierten.[11] Es fehlen jedoch bis heute ausführliche Diskussionen über die Sakramentsauffassung Barths, die

---

6   Vgl. Kühn, a.a.O., S.19.
7   Der letzte Band der Kirchlichen Dogmatik Barths erschien im Jahr 1967 mit dem Titel *"Das christliche Leben — die Taufe als Begründung des christlichen Lebens"*.
8   Barths erste Taufschrift *"Die kirchliche Lehre von der Taufe"*, 1943 gegen die Kindertaufe erschien bereits etwa 20 Jahre vor dem letzten Band seiner *KD*.
9   Obwohl Barth im letzten Band seiner *KD* nur das Thema "Taufe" behandelt hat, versteht er das christliche Sakrament einschließlich des Abendmahls nur im Sinne der christlichen Ethik als die dem göttlichen Gnadenwerk und -wort (*KD* IV/1-3) entsprechende freie menschliche Tatantwort und also als das christliche Leben (*KD* IV/4, S.IX).
10 *KD* IV/4, S.4.
11 Vgl. Kapitel 2 und Literaturverzeichnis.

INHALTSVERZEICHNIS

vor allem von der dogmatischen Perspektive aus geführt werden. Die vorliegende Arbeit unternimmt den Versuch, die Sakramentstheologie Barths in Anbetracht seines dogmatischen Gedankens zu untersuchen, die nicht nur durch die mangelnden Diskussionen in diesen Zusammenhang,[12] sondern auch dadurch, daß Barths Sakramentsauffassung mit seinem dogmatischen Gedanken unmittelbar verbunden bzw. dogmatisch begründet ist, gerechtfertigt wird.

Versucht wird in dieser Arbeit die Darstellung von Barths dogmatischen Gedanken über die Gnade Gottes und über das Werk des Menschen in Auseinandersetzung mit der evangelischen Theologie und die Beantwortung der Fragen, inwiefern man die Sakramentslehre Barths akzeptieren bzw. ablehnen soll, und inwiefern die evangelische Sakramentslehre neu formuliert werden müßte. Behandelt werden hier nur die Sakramente Taufe und Abendmahl, weil sowohl die evangelische Theologie im allgemein, als auch Barth in seiner Diskussion über das christliche Sakrament nur von Taufe und Abendmahl sprechen. Die vorliegende Arbeit ist folgendermaßen aufgebaut:

1. Die Begründung der Sakramentslehre Barths
   - In welchem Zusammenhang spricht Barth vom Sakrament?
   - Aus welcher Perspektive ist die Sakramentslehre Barths begründet?
   - Welche theologischen Voraussetzungen haben bedeutende eine Rolle für seine Sakramentsauffassung gespielt?
2. Die Bedeutung der Sakramentslehre Barths
   - Hat Barth die Fehler der traditionellen Sakramentslehre der Kirchen und das richtige Sakramentsverständnis aufgezeigt?
   - Was für einen Beitrag hat die Sakramentslehre Barths zum Sakramentsverständnis geleistet?

---

12 Nach der Sakramentskontroverse zwischen Barth und seinen Zeitgenossen in den sechziger Jahren bis Anfang der siebziger Jahre ergab sich in der Dogmatik kein bedeutender Streit mehr um das Thema "Sakrament". Im ökumenischen Gespräch ist "Sakrament" selbstverständlich ein bedeutendes Thema. Jedoch findet sich dort keine unüberbrückbare Meinungsverschiedenheit über das Heilshandeln Gottes im Sakrament. Vgl. H. Meyer und G. Graßmann, "*Rechtfertigung im Ökumenischen Dialog — Dokumente und Einführung*", 1987; H. Schütte (Hg.), "*Einig in der Lehre von der Rechtfertigung*" mit Beiträgen von H. G. Pöhlmann und V. Pfnür, 1990 und T. Mannermaa, "*Einig in Sachen Rechtfertigung? Eine lutherische und eine katholische Stellungnahme zu Jörg Baur*", in: *Theologische Rundschau*, 55, 1990.

3. Die Bedeutung des Sakraments für die Gegenwart
   - Ist das Sakrament nach dem Nachdenken über die traditionelle
     Sakramentslehre und über die Sakramentsauffassung Barths ver-
     ständlicher geworden?
   - Was für Bedeutungen hat das Sakrament für die heutigen Menschen
     oder was für Bedeutungen des Sakraments sollen bewahrt werden?

Als erstes wird die Entwicklung des Sakramentsgedankens Barths
dargestellt. Durch die Darstellung des Forschungsstandes über Barths
Sakramentstheologie im zweiten Kapitel wird versucht, das Sakramentsverständnis aus unterschiedlichen Perspektiven objektiv zu formulieren.
Darüber hinaus sollen die grundlegenden dogmatischen Gedanken Barths
über die Gnade Gottes und über das Werk des Menschen im vierten und
fünften Kapitel behandelt werden, die für das Verstehen der Sakramentstheologie Barths von wesentlicher Bedeutung sind. Im Kapitel 2 wird
versucht, die Bedeutung der Sakramentslehre Barths durch Bewertungen
seiner Zeitgenossen herauszufinden. Zum Schluß wird der Versuch unter-
nommen, das Sakrament für den heutigen Menschen möglichst verständlich
darzustellen, nachdem das Sakrament als die Begegnung des Wortes Gottes
mit der Antwort des Menschen sowohl in der Auseinandersetzung mit
Barth, als auch mit der evangelischen Theologie im fünften Kapitel erörtert
worden ist.

Kapitel 1

DAS ZENTRALE ANLIEGEN DER SAKRAMENTS-THEOLOGIE K. BARTHS

A. Das Sakramentsverständnis Barths – Entwicklung seiner Sakramentstheologie

In den zwanziger Jahren stimmte Barth noch mit der konfessionellen Sakramentslehre überein, vor allem mit der reformierten Lehre.[1] In seinem Vortrag "*Die kirchliche Lehre von der Taufe*" aus dem Jahre 1943 lehnte er dann jedoch die Kindertauflehre und die Kindertaufpraxis der Kirche ab. Die Ablehnung der Sakramentalität der kirchlichen Taufe wird ausdrücklich in seiner *KD* IV/4 formuliert. Diese Meinungsänderung bezeichnet den Entwicklungsgang der Sakramentstheologie Barths. Im vorliegenden Kapitel soll die Entwicklung des Sakramentsverständnises Barths dargestellt werden.

1. Auseinandersetzung mit den Sakramentslehren der Konfessionskirchen

a. *"Ansatz und Absicht in Luthers Abendmahlslehre"*, 1923

Der erste Aufsatz über das Sakrament, den Barth im Jahre 1923 veröffentlicht hat, lautet "*Ansatz und Absicht in Luthers Abendmahlslehre*". Die erste zu klärende Frage ist, ob Barths Position von Anfang an überhaupt in absolutem Gegensatz zu Luthers Abendmahlslehre steht: Ist Barths Entwurf zur Sakramentslehre in diesem Aufsatz klar genug herausgearbeitet?

Deutlich ist es vor allem, daß Barth in dieser Untersuchung den Hauptgedanken der Abendmahlslehre Luthers erörtert hat. Er hat in seiner fünfzigseitigen Abhandlung den Zentralgedanken der Abendmahlslehre Luthers, die Absicht dieser Lehre und ihren Aufbau klar aufgezeigt. Das ist aber noch nicht alles. Barth wollte Luthers Abendmahlslehre nicht nur rekapitulieren und erläutern, sondern er hatte auch die Absicht, den calvinischen Vorbehalt gegen Luther zur Geltung zu bringen, d.h. das "Ja"

---

[1] Vgl. Barth, "*Ansatz und Absicht in Luthers Abendmahlslehre*" und "*Die Lehre von den Sakramenten*".

12

in Luthers Abendmahlslehre in ein "Aber" zu verändern.[2] Der Inhalt dieses Aufsatzes zeigt, daß sich der frühe Barth in der Abendmahlslehre nicht sehr von Luther unterscheidet. E. Busch meint sogar, daß Barth Luther zu folgen versuchte.[3]

Barth ist sich dessen bewußt, daß Luthers Abendmahlslehre im Grunde genommen aus Einwänden gegen die katholische Abendmahlslehre in der Reformationszeit gebildet worden ist – erstens zur Abwehr der Gleichsetzung von Sakrament und Opfer, zweitens zur Abwehr der Gleichsetzung von Sakrament und sakramentalem Element,[4] also zur Abwehr der Transsubstantiationslehre. Diese Einwände betrachtet Barth als die Absicht der Abendmahlslehre Luthers.

Um Luthers Einwände gegen die katholische Abendmahlslehre zu verstehen, sind drei Begriffe von großer Bedeutung, nämlich das "Wort Gottes", "Realpräsenz" und "Verheißung und Glaube". Nach Luther wird das Sakrament selbst durch Gottes Wort gewirkt, benedeiet und geheiligt.[5] Nur durch das Wort Gottes ist das Sakrament, was es ist.[6] Was im Sakrament geschieht, ist nicht das Tun des Menschen, sondern das Handeln, Reden und Wirken Gottes durch den Priester. Barth geht davon aus, daß Luther unter "Wort Gottes" die Einsetzungsworte Christi beim letzten Abendmahl versteht. Diese Worte – Sinn und Inhalt des Abendmahls – machen das Sakrament aus.[7] Die Speise und der Trank sind geistlich, weil das Wort Gottes bei Blut und Wein und bei Leib und Brot da ist; dahinein hat Gott sein Wort gesetzt.[8] Luther schreibt: "Sollt nicht daran zweifeln, daß Christus da sei, bleib nur darauf, daß Fleisch und Blut das ist nach den Worten, da er sagt: Das ist ...! Daran halte dich, laß die Fantasie anstehen, ...Glaub das allein, er wird es wohl machen. Gedenke nun mit diesem Brot, das ist Christi Leichnam, dein arme, schwache und kraftlose Seele zu stärken"[9]. Von daher ist Luthers Realpräsenzlehre abgeleitet, nämlich die leibliche Gegenwart des Herrn in Speise und Trank beim

---

2 Vgl. Barth, "*Ansatz und Absicht in Luthers Abendmahlslehre*", S.75, auch E. Busch, "*Karl Barths Lebenslauf*", S.156.
3 Vgl. Busch, a.a.O.
4 Vgl. Barth, a.a.O., S.26-28.
5 Vgl. *WA* 10/III, 68-71 (1522).
6 Vgl. Barth, a.a.O., S.26.
7 Vgl. ebd., S.31.
8 Vgl. *WA* 15, 490, 24-26 (1524).
9 *WA* 9, 648 (1521).

Abendmahl oder das reale Dasein des wahren Leibes und Blutes Christi im Abendmahl. Die Einsetzungsworte beim Abendmahl, die dem Sakrament den Sinn und Inhalt gegeben haben, enthalten eine Zusage, nämlich eine göttliche Verheißung, in der Luther das Wort Gottes erkennt: "Wo Gottes Wort verheißen ist, ist da der Glaube ..., der Anfang unseres Heils ist der Glaube, der von dem Wort Gottes abhängt ...".[10] "Das Sakrament für sich selbst ohne den Glauben wirkt nichts."[11] "Nur durch den Glauben und durch nichts sonst wird das Sakrament empfangen."[12] "Ja, Gott selber, der doch alle Dinge wirkt, wirkt und kann mit keinem Menschen Gutes wirken."[13] "Siehe dich vor, daß du dir nicht einen falschen Glauben machest, wenn du gleich glaubst, daß dir Christus da gegeben sei und dein sei; und wo der Glaube allein ein menschlicher Gedanke ist, den du angerichtet hast, so bleibe von diesem Sakrament. Denn es muß ein Glaube sein, den Gott macht, du mußt wissen und empfinden, daß solcher Gott in dir wirke, daß du es ungezweifelt dafür haltest, es sei wahr, daß dies Zeichen dir gegeben sei ..."[14]

Mit diesen Zitaten zeigt Barth die Beziehung zwischen Wort und Glauben bei Luther auf: "... die beiden durch die Begriffe 'Wort' und 'Glaube' bezeichneten Linien konvergieren in der Richtung desselben Punktes. An diesem Punkt wird das Wort nicht mehr bloß Wort und ...Glaube nicht mehr bloß Glaube sein. Wie das Geschenk des göttlichen Wortes von der einen, so tritt das Empfangen des menschlichen Glaubens von der anderen Seite auf die Schwelle des Sicht- und Greifbaren".[15] Zusammenfassend kann man das Wort "*est*" in den Einsetzungsworten – das ist mein Leib – als die Begründung für Luthers Abendmahlslehre ansehen. Barth schreibt: "Luthers dynamische Anschauung von den Begriffen 'Wort' und 'Glaube' erzwang es *a priori*, daß, als die Frage nach dem Sinn dieses Sätzchens aufgerollt wurde, *'est'* nicht *'significat'*, sondern in alle Ewigkeit *est* heißen mußte"[16]. Diese drei Hauptbegriffe von Luthers Abendmahlslehre hat Barth in seinem Aufsatz "*Ansatz und Absicht in Luthers Abendmahlslehre*" richtig dargestellt. Der Aufsatz zeigt, daß Barth

---

10 Ebd., V 38 (1520).
11 Ebd., 27, 164 (1520).
12 Barth, a.a.O., S.36.
13 *WA* 27, 164 (1520).
14 Ebd., II, 185 (1523).
15 Barth, a.a.O., S.57.
16 Ebd., S.74.

die Abendmahlslehre Luthers zu jener Zeit zwar nicht verneint, auch nicht das "Ja"[17] Luthers, trotzdem ist er von Luthers Abendmahlslehre nicht völlig überzeugt. Aus der Perspektive der Reformierten hat er an Luther kritisiert,[18] daß er über das Anliegen seiner Gegner keinen Augenblick ernsthaft nachgedacht hat, sondern es einfach verachtete.[19]

Bedeutend ist aber, daß Barth zu jener Zeit schon gemerkt hat, daß die Forderung des persönlichen Glaubens nach Luther eine Voraussetzung für den Empfang des Sakraments ist. Zudem ist es für Barth fraglich, warum bei Luther statt von "Wort" von den "Einsetzungsworten Christi" die Rede ist, die das Abendmahl zum kräftigen Wort, zum Wort und Werk Gottes, zum wirklichen Sakrament machen,[20] und warum Luther alles an "den Worten liegt" und das Abendmahl mit ihrem Inhalt identifiziert.[21] Was in der Einsetzung des Abendmahls gesagt wurde, ist gerade das, woran man glauben muß. Daraus folgt schließlich, daß Barth die Gleichsetzung von Zeichen und Sache in Frage stellt,[22] die seiner Meinung nach in der Abendmahlslehre Luthers nicht ausreichend begründet worden ist. Trotzdem ist weder Barths Sakramentstheologie in diesem Aufsatz vollständig dargestellt noch tritt seine Position zur lutherischen Abendmahlslehre klar hervor.

---

17 Barth bezeichnet Luthers Behauptung von den Einsetzungsworten als das Wort Gottes mit dem Wort "Ja".

18 Barths Kritik an Luther lautet: "Mit dem Einwand der Reformierten: der Bedrohung der Ehre Gottes durch die Annahme einer direkten Gegebenheit der kontingenten Offenbarung, mit dem Nachdruck, den sie auf die Himmelfahrt Christi legten, hatte diese unterdrückt-reformierte Theorie Luthers in ihrer negativen und positiven Form nichts zu tun. Er dachte an ihrem Einwand so vollkommen vorbei, daß er darauf antworten konnte: *Pius non sic quaeret gloriam Dei, ut Christum blasphemari ignoret* (End 5, 388, 1526), wenn er es nicht vorzog, geradezu ein Gelächter darüber anzustimmen: 'Wiewohl sie immer im Munde und in der Feder führen: Gottes Ehre, Gottes Ehre suchen wir.' (53, 363, 1526). Auch diese unterdrückt-reformierte Theorie konnte ihn also wirklichen Reformierten keinen Schritt weit entgegenführen". Barth, a.a.O, 1923, S.71f.

19 Vgl. ebd.

20 Vgl. ebd., S.31.

21 Vgl. ebd., S.33.

22 Barth meint, die Hauptbegründung für diese Gleichsetzung nach Luther sei die einfachste Interpretation der Einsetzungsworte, nämlich daß, es das ist, was die Worte sagen. Dieses Verständnis der Worte ist für Luther selbstverständlich vorausgesetzt. Aber genau diese Selbstverständlichkeit, mit der das Bedeutende mit

b. "Die Lehre von den Sakramenten", 1929

Vor allem ist bemerkbar, daß Barth in dem in Emden und Bern gehaltenen Vortrag "*Die Lehre von den Sakramenten*", der gleich danach im Jahr 1929 in "*Zwischen den Zeiten*" erschien, seine damaligen Gedanken über die Sakramente etwas umfassender und deutlicher dargestellt hat als in "*Ansatz und Absicht in Luthers Abendmahlslehre*". In diesem späteren Vortrag hat Barth eine Übersicht über die Entwicklung des mit "*De sacramentis*" bezeichneten Problems vorgelegt.[23] Sicherlich konnte Barth auf 34 Seiten kaum die in dem Vortrag erwähnten Probleme ausdiskutieren noch seine Sakramentstheologie ausführlich darlegen, dennoch ist sein Festhalten an der calvinischen Position bezüglich der Sakramentslehre zu erkennen.

Insgesamt gesehen kann dieser Vortrag als eine zweiteilige Darstellung des Sakramentsgedankens des frühen Barths betrachtet werden. Obwohl Barth am Anfang die Entwicklung des mit "*De sacramentis*" bezeichneten Problems als die Absicht seines Vortrags dargestellt hat, ist doch zu berücksichtigen, daß das, was Barth in der Diskussion über die Entwicklung der Sakramentslehre in der Theologiegeschichte erörtert hat, gleichzeitig von ihm zur Entwicklung seines aus der calvinischen Tradition stammenden Entwurfs der Sakramentslehre genutzt wurde, teils als Begründung dafür, teils aber auch als Objekt seiner Kritik. Dies bezieht sich auf den ersten Teil. Der zweite Teil stellt offensichtlich sein Festhalten an der reformierten Sakramentslehre dar. Deshalb bezieht sich die in dieser Arbeit zu behandelnde Aufgabenstellung auf drei Schwerpunkte, nämlich auf seine Zustimmung zu den dargestellten Sakramentslehren, auf seine Kritik an der konfessionellen Sakramentslehre bzw. an der zwinglischen, an der katholischen und an der lutherischen Sakramentslehre und schließlich auf die Basis seiner Sakramentstheologie.

Barth betrachtet das Sakrament als ein Ereignis in der Kirche. In diesem Ereignis ist die Entscheidung Gottes verhüllt durch unsere eigene Entscheidung,[24] denn im Sakrament ist über den Menschen entschieden,

---

dem Bedeuteten, das Zeichen mit dem Bezeichneten eins gesetzt wird, ist für Barth merkwürdig. Vgl. ebd., S.58-60.

[23] Die Entwicklung des mit "*De sacramentis*" bezeichneten Problems ist als die Absicht seines Vortrages "*Die Lehre von den Sakramenten*" zu sehen. Vgl. S.427.

[24] Vgl. Barth, "*Die Lehre von den Sakramenten*", S.428.

bevor er sich entschieden hat.[25] Diese als *a priori* bezeichnete Entscheidung Gottes ist nämlich die erste Voraussetzung des Sakraments. Da es vor
allem die Entscheidung Gottes für das Heil des Menschen ist, unterscheidet
es sich von unserem Werk, auch von dem Werk unseres Glaubens und
unserer Glaubenserkenntnis, es bezeichnet unserem Werk gegenüber das
apriori des göttlichen Werkes.[26] Es ist bloß die Gnade Gottes und liegt an
Gottes Erbarmen. In diesem Sinne hat das Sakrament den Gnadencharakter.
Der Mensch, der das Sakrament empfängt, ist ein Begnadigter und zugleich
ein Sünder gegenüber Gott. Er kann sich nur durch Gnade begnadigt und
durch Gott zu Gott gehörig wissen.[27] Wie bewirkt dies das Sakrament?
Barths Antwort ist: alles durch Gottes Wort. Barth hält daran fest, daß das
Sakrament die Gnade Gottes verkündigt, so wie das Wort Gottes uns durch
die Predigt verkündigt wird. Das Wort Gottes kommt zu uns als Sakrament.
Indem das Wort Gottes in der Kirche zwar im Zeichen zu uns geredet ist,
daß wir die Taufe und das Abendmahl empfangen haben, bezeugt es sich
unter uns als der unbegreifliche, aber auch unangreifliche Anfang von
oben, der mit uns vollzogen ist.[28] Das Wort Gottes im Zeichen ist deshalb
von großer Bedeutung als ein Begriff, mit dem Barth den Sakramentsbegriff
Augustins – Sakrament als das sichtbare Zeichen der unsichtbaren
Wirklichkeit – geltend gemacht hat. Was hier bedacht werden sollte, ist das
signum sensibile. Barth zitiert Calvins Auffassung vom Wesen des
Sakraments: "... der barmherzige Gott habe sich in ihm unserer
Fassungskraft angepaßt"[29]. Zu betonen ist aber, daß zwischen Gott und
Mensch keine direkte Vermittlung möglich ist. Das Wort Gottes im Zeichen
als die Offenbarung des Wortes Gottes betrachtet Barth als die göttliche
Zeichengebung, anders gesagt, das, was wir vernehmen können, ist geformt
zu einem Wort, das Gott zu uns gesprochen hat.[30] Die Betonung lautet hier:
Wir können durch die göttliche Zeichengebung Erkenntnis Gottes erlangen.
Auf Grund dessen teilt Barth die Zeichengebung als *signum sensibile* in
signum audibile und *signum visibile* – das gesprochene und das geschriebene Wort ein. Sowohl für Barth als auch für Luther sind die
Sakramente von Christus in das Wort gefaßt. In diesem Sinne ist das Wort

---

25 Vgl. ebd.
26 Vgl. ebd., S.429.
27 Vgl. ebd., S.428.
28 Vgl. ebd., S.430f.
29 Ebd., S.432, auch Calvin, *Instit.* IV, 14,3.
30 Vgl. Barth, ebd.

von den Sakramenten und sind auch die Sakramente von dem Wort untrennbar. Das gesprochene oder geschriebene Wort ist in der Tat das Sakrament. "Zur Sinnlichkeit gehört freilich auch das Gehör, durch welches das menschliche Wort zu uns kommen muß. Aber bezeichnender für die Sinnlichkeit als solche ist doch das Gesicht. Und gerade um das geht es, wenn wir im besonderen prägnanten Sinn vom Sakrament oder Zeichen reden: nicht um die Wahrheit, die durch unsere Vernunft, sondern um die Wirklichkeit, die durch unsere Sinnlichkeit zu uns redet ...nicht nur so ist das Wort Fleisch geworden, daß es in der unsichtbaren geistigen Welt des geschaffenen Logos zu uns redet, sondern so, daß es im Sakrament auch eine natürliche, eine 'wirkliche' Seite seines Wesens hat."[31] Nun ist mit Recht zu sagen, daß nach Barth das Wort Gottes im Sakrament in einer doppelten Weise unter uns gegenwärtig ist – gesprochen und geschrieben – und doch hier wie dort dasselbe eine Wort Gottes darstellt, weil das Wort auch Sakrament und das Sakrament auch Wort ist. Das Sakrament als Verkündigung des Wortes Gottes ist zugleich seine Verhüllung und Enthüllung.[32] Nach Barth haben die Zeichen – "das Untergetauchtwerden im Wasser der Taufe als Zeichen unseres Sterbens und Auferstehens mit Christus, das Essen und Trinken von Brot und Wein des Abendmahls als Zeichen unserer Erhaltung durch seine Hingabe, durch seinen Gang zum Vater"[33] – nur die Kraft, wenn das Wort da ist, weil die Zeichen dem Wort Gottes im Sakrament dienen und nur das Wort das Element der Sakramente zum Sakrament macht. Dieses bezeichnet Barth als die transzendente Kraft. Er erkennt diese Kraft aus dreierlei Gründen an:

1. Die Sakramente sind von Christus eingesetzt. Barth betrachtet sie als die Willenserklärung Gottes. "Wie das Wort der Predigt dadurch Gottes Wort wird, daß es im Gehorsam gegen Christus gesprochen ist, so wird hier das elementare Geschehen dadurch Sakrament, *verbum visibile*, daß es im Gehorsam gegen denselben Christus geschieht, der als das fleischgewordene Wort der Prototyp beider, des Predigtwortes und des Sakramentes, ist."[34]
2. Das natürliche Geschehen im Sakrament wird durch das begleitend gesprochene Wort der Kirche zum kräftigen Zeichen. "... das

31 Ebd., S.434.
32 Vgl. ebd., S.439.
33 Ebd., S.441.
34 Ebd., S.446.

menschliche Wort muß, wie es selber durch das sichtbare Zeichen eingeschränkt wird, nun auch seinerseits jenem einschränkend und eben damit prägend, bezeichnend, auszeichnend gegenübertreten, damit dieses Sakrament, Gottes Wort im Zeichen, werde ...dann und da, wo es von der *viva vox evangelii* – die lebendige Stimme des Evangeliums – begleitet ist, ist das Sakrament konsekriertes, kräftiges Sakrament im Unterschied zu einem bloßen '*Kilchengepreng* [Kirchengepreng]'".[35]

3. Zuletzt behauptet Barth, daß das Geschehen in der Aktualität der göttlichen Selbstoffenbarung gegenüber dem Empfänger des Sakramentes zum kräftigen Zeichen wird. "Gottes Kraft, die hier allein Bedeutung haben kann, ist Gottes freies Geschenk. Darum suchen wir die Aktualität, in der das Zeichen kräftiges Zeichen ist, jenseits des menschlichen Spenders und Empfängers, in der Aktualität der göttlichen Selbstoffenbarung."[36] Kurz gesagt, die Kraft des Zeichens im Sakrament ist nach Barths Meinung die eigene Kraft Gottes, die Kraft der Gnade.

Einzelne Elemente der oben gegebenen Darlegung der Entwicklungslinie des Sakramentsverständnisses Barths sind leicht in der Theologiegeschichte zu entdecken. Sie waren für Barth die Basis seiner frühen Sakramentstheologie. In der Reformationszeit sind einige dominierende Sakramentslehren entstanden. Der Vortrag Barths zeigt, daß er die calvinische Position[37] völlig befürwortet. Barth kritisiert und bestreitet die zwinglische Sakramentslehre,[38] die er als Spiritualismus oder

---

35 Ebd., S.447f.

36 Ebd., S.449.

37 D. Schellong hat über den Ort der Tauflehre in Barths Theologie untersucht und festgestellt, daß sich Barth dem Taufverständnis Calvins für lange Zeit angeschlossen hat. Vgl. D. Schellong, (Hg.) "*Warum Christen ihre Kinder nicht mehr taufen lassen*", 1969, S.109. R. Schlüter vertritt eine ähnliche Meinung: "Barth beruft sich lange Zeit auf Calvin, bis er in seinem letzten Band der Kirchlichen Dogmatik die Nähe zu Zwingli hervorhebt". R. Schlüter, "*Karl Barths Tauflehre – ein interkonfessionelles Gespräch*", 1973, S.18. Vgl. auch U. Kühn, "*Sakramente*", 1985, S.174ff.

38 Barth legt Zwingli dahingehend aus, daß nach ihm Jesus Christus im Zeichen insofern gegenwärtig und tätig ist, als die Austeilung und der Empfang des Zeichens Ausdruck unseres Glaubens bzw. des gemeinsamen Glaubens der Kirche an ihn ist, z.B. in der Taufe als Bekenntnisakt der Kirche und im Abendmahl als kirchlicher Gedächtnisfeier des Todes Christi. In diesem Sinne ist Christus nur wirksam, wenn dieses Bekennen und Gedenken unseres Glaubens stattfindet. Barth behauptet, daß im Unterschied zu Zwingli Calvin das Sakrament nicht spiritualistisch gesehen hat.

Idealismus bezeichnet.[39] Weiterhin erhebt Barth Einwände sowohl gegen die Auffassung der katholischen Lehre, die die Gegenwart des Zeichens als die Gegenwart Jesu Christi behauptet, und das Zeichen als solches nicht mehr als Element, sondern als Jesus Christus selber betrachtet, als auch gegen die der lutherischen, nach der das Gleichnis des sakramentalen Zeichens zur Gleichung, *significare* zum *efficere*, Verheißung zur Erfüllung, kurz gesagt, das Zeichen zur Sache gemacht wird.[40] Barth bezeichnet dies als Realismus[41] und sieht hierin das gemeinsame Mißverständnis des Sakramentes von Katholiken und Lutheranern. Wenn die katholische und lutherische Lehre Recht hätten, könnte man seiner Meinung nach sagen, daß das *significare* im Sakrament wahrlich ein *efficere*, daß Christus wahrlich im Zeichen und nicht nur in unserem Glauben, und zwar grundsätzlich zuerst im Zeichen und dann in unserem Glauben gegenwärtig und tätig ist.[42] Barths Kritik lautet aber: "Weil wir wissen, daß es ein göttliches *efficere* und Handeln auch im *signum visibile* gibt, werden wir die Aufhebung der Unterscheidung von *significare* und *efficere*, das Erlöschenlassen des Gleichnisses in einer Gleichung, also die Rede von einem 'Gotteswasser' und von einem leiblichen Essen und Trinken Christi nicht mitmachen, werden wir den Ursprung der Kraft des Zeichens nicht in das Zeichen selbst und als solches verlegen, werden wir die sakramentale Gnade nicht an einer anderen Quelle suchen als da, wo Gnade allein zu suchen und zu finden ist"[43].

Nachdem Barth seine Einwände gegen diese Sakramentslehren vorgebracht hat, behandelt er die reformierte Position. Er meint, Calvins Antwort auf die Frage nach der *res sacramenti*, nach dem Wesen der

---

Die Erkenntnis des Glaubens würde eine Art Selbstgespräch des Menschen: ich glaube als Glaubender, lieber Herr, hilf meinem Unglauben! Der Ausdruck dieses Wissens war bei Calvin das Sehen und die Anerkennung der Wirklichkeit des Sakramentes als eines Zeichens, das uns wie die Predigt unzweideutig gegeben ist, und ist darum einer freilich unseren Glauben angehenden und in ihn eingehenden, aber ihm grundsätzlich transzendenten, vorangehenden sakramentalen Gegenwart und Tätigkeit Christi. Unser Glaube ist eingeschlossen und gefangen in Christus, aber nicht umgekehrt. Vgl. Barth, a.a.O., S.451ff.

39 Vgl. ebd., S.452 und S.458.
40 Vgl. ebd., S.455ff.
41 Vgl. ebd., S.458.
42 Vgl. ebd., S.457.
43 Ebd.

Gottesmächtigkeit im Sakrament soll nicht falsch verstanden werden als seine Vermittlung zwischen der katholisch-lutherischen und der zwinglischen Ansicht. Diesen beiden Ansichten gegenüber hat Calvin die Majestät Gottes und die Freiheit seiner Gnade geltend gemacht — weder dem Glauben an sich noch dem Zeichen an sich wird hier die sakramentale Gnade zugeschrieben, weder das Subjekt, das Objekt noch ihre Beziehung an sich, sondern Gott als ihre Beziehung ist Calvins Sakramentsthema.[44] Folgende Zusammenfassung, die Barth für eine gute, notwendige und universalkirchliche Lösung gegenüber den zwinglischen und katholisch-lutherischen Lehren hält, kann als erste Entwicklungsstufe von Barths Sakramentstheologie gesehen werden:

1. *Sakramentale Gegenwart Christi heißt symbolische Gegenwart.*
Mit dem Begriff "symbolisch" soll eine bestimmte Form der Wahrheit bezeichnet werden: die Form des Bedeutens und des Bedeutetseins, die Form der Beziehung zwischen einem Bedeuten und einem Bedeutenden, die Form des Zeichens mit einem Wort.[45] "Die göttliche Wirklichkeit der Offenbarung ist ...eine Kategorie für sich, in einem umfassenden Jenseits jenes Gegensatzes... Indem das Sakrament das Symbol der Gnade Gottes, aber auch indem es das Symbol des Wassers, des Brotes und des Weines ist, ist Christus gegenwärtig, ist das Sakrament Wahrheit, Gottes Wort im Zeichen."[46]

2. *Sakramentale Gegenwart heißt geistliche Gegenwart.*
Barth schreibt: "Gegenwart durch den Heiligen Geist, in jener Aktualität der göttlichen Selbstoffenbarung ...also Gegenwart von oben, von Gott her im Ereignis der Offenbarung, im Gegensatz zu allem physischen oder psychischen *adesse*, Gegenwart aus freier Gnade, identisch mit jener letzten und entscheidenden Einsetzung des Sakramentes durch Christus, die nur im Gebet behauptet und verstanden, die nur verkündigt und geglaubt werden kann"[47].

3. *Sakramentale Gegenwart heißt virtuelle Gegenwart.*
Die Tat Gottes, die im Sakrament stattfindet, heißt aber seines Wortes Frucht und Wirkung. In der sakramentalen Gegenwart geschehen dann

---

44 Vgl. ebd., S.458.
45 Vgl. ebd.
46 Ebd., S.459.
47 Ebd., S.459f.

Rechtfertigung und Glauben, Heiligung und Gehorsam des Sünders.[48] Das sakramentale Zeichen versichert uns durch den Heiligen Geist die wahre Verheißung Gottes.

Aus der oben durchgeführten Untersuchung der Gedanken Barths über das Sakrament ist mit Recht zu schließen, daß sein Sakramentsverständnis vor den dreißiger Jahren der reformierten Position nahe stand. Es ist auch zu sehen, daß sich Barth auch damals mit seiner Sakramentstheologie keine scharfe Kritik zugezogen hat. Er erkennt im Grunde nur zwei Sakramente an, nämlich die Taufe und das Abendmahl. In vielen wichtigen Punkten stimmt Barth mit der Sakramentslehre der reformatorischen Kirchen überein, so in der Meinung über die Enthüllung des verhüllten Wortes Gottes durch das Sakrament und die Kraft des Einsetzungswortes, die sakramentale Kraft als die eigene Kraft Gottes und Kraft Gottes als Kraft der Gnade, die Gegenwart Gottes durch sein Wort im Sakrament, das symbolische Zeichen des Sakramentes als die Heilsverheißung Gottes, den Gnadencharakter und die Notwendigkeit des Sakramentes, den sakramentalen Charakter der Kirche und die Mitgliedschaft in der Kirche durch das Sakrament. Es ist für die hier vorliegende Betrachtung von großer Bedeutung, daß Barth in seinem Vortrag "*Die Lehre von den Sakramenten*" eine Bemerkung machte, die er in seiner späteren Sakramentstheologie verstärkt und verschärft verwendet hat, nämlich das Gleichsetzung von Predigt und Sakrament: "Die Feier des Sakramentes ist jedenfalls wie die Predigt auch ein menschliches Handeln und insofern jedenfalls auch ein Symbol des Glaubens der Kirche und ihrer einzelnen Glieder. Daß der Glaube im Sakrament eine Tat des Gedächtnisses und des Bekenntnisses Christi vollzieht und daß er in solcher Betätigung sich selber bestätigt und bestärkt"[49]. Außerdem wurde in diesem Vortrag sowie in dem Aufsatz "*Ansatz und Absicht in Luthers Abendmahlslehre*" noch einmal Barths Einwand gegen Luthers Abendmahlslehre erwähnt — die Gleichsetzung von Zeichen und Sache.

48 Vgl. ebd., S.460.
49 Ebd., S.452.

22

2. Ablehnung der Kindertaufe

a. "Die kirchliche Lehre von der Taufe", 1943

Vierzehn Jahre später, am 7. Mai 1943, hat Barth auf der Vierten Tagung der theologischen Fakultät der Schweiz in Gwatt am Thunersee einen entscheidenden Vortrag mit dem Titel "*Die kirchliche Lehre von der Taufe*" gehalten. In diesem Vortrag hat er seine Abwendung von der Tauflehre der Konfessionskirchen zum Ausdruck gebracht, genauer seine Ablehnung der Kindertaufe. In diesem Vortrag tritt er entschieden gegen die kirchliche Praxis des Taufens und die Lehren von der Taufe, die diese Praxis für legitim erklären.[50] Als ein reformierter Theologe hat er nicht nur die katholische und lutherische Lehre von der Kindertaufe kritisiert, sondern auch die reformierte. Der lutherische Gedanke vom primitiven Glaube der Unmündigen oder Calvins Sicht des durch den Heiligen Geist gewirkten Samens des künftigen Glaubens der zur Taufe gebrachten Kinder als Begründung für die Kindertaufe kommt für Barth überhaupt nicht in Frage.[51] Die Ansicht, daß die Unmündigen auf das Bekenntnis des Glaubens der Kirche oder ihrer Eltern oder Paten getauft werden könnten,[52] scheint für Barth unmöglich, denn er bleibt bei seiner Behauptung, daß es in der Frage der Taufe keine andere Stellvertretung gibt neben der des eigenen Glaubens.[53] Es soll nun ein Blick auf die in diesem Vortrag deutlich und systematisch dargestellte Tauflehre Barths geworfen werden.

Für seine Tauflehre hat Barth fünf Thesen formuliert, die im einzelnen zusammenfassend behandelt werden, um einen Gesamtüberblick über seine Tauflehre zu erhalten.

These 1:
Die christliche Taufe ist in ihrem Wesen das Abbild der Erneuerung des Menschen durch seine in der Kraft des Heiligen Geistes sich vollziehende Teilnahme an Jesu Christi Tod und Auferstehung und damit das Abbild seiner Zuordnung zu ihm, zu dem in ihm beschlossenen

---

50 Vgl. E. Jüngel, "*K. Barths Lehre von der Taufe*", S.5.
51 Vgl. Barth, "*Die kirchliche Lehre von der Taufe*", S.33.
52 Vgl. ebd.
53 Vgl. ebd.

und verwirklichten Gnadenbund und zur Gemeinschaft seiner Kirche.[54]

Für Barth besteht die Taufe aus Geisttaufe und Wassertaufe, d.h. auf der einen Seite unterscheiden sich die Geisttaufe und die Wassertaufe voneinander, auf der anderen Seite aber ist die Wassertaufe die wahre, rechte Taufe, die das Zeugnis von der durch Jesus Christus direkt auszurichtenden Geisttaufe ist.[55] Sie ist das Geschehen, durch das der Täufling in der Taufe an Jesu Christi Tod und Auferstehung teilnimmt. Barth wörtlich: "Nicht nur seine Sünde, und er nicht nur in seiner Eigenschaft als Sünder, sondern wirklich er selbst als Subjekt hat damals und dort seinen Tod gefunden, ist damals und dort begraben worden, ...nicht nur Gottes Gnade für ihn, sondern sein wirkliches Leben in Gottes ewigem Reich ..."[56]. In diesem Sinne ist der Täufling nicht nur der Behandelte, sondern auch der Handelnde. Er ist in der Taufe durch die Kraft des Heiligen Geistes mit Jesus Christus völlig vereint. Hier hat Barth zum ersten Mal den Gedanken von Hauptpersonen für die Sakramente vorgebracht. Die erste Hauptperson ist Gott selbst. Jesus Christus, der der primäre und eigentliche Täufer ist, hat die Taufe eingesetzt und kam selbst zu seiner Ehre in der Taufe, um sich von den Menschen erkennen zu lassen.[57] Die zweite Hauptperson ist der Täufling, der die verantwortliche Willigkeit und die Bereitschaft zur Taufe hat, die Zuwendung der ihm zugesagten Gnade empfängt und sich die Inpflichtnahme für den Dienst der Dankbarkeit, den er fordert, gefallen läßt.[58] Nur so ist der Täufling ein verantwortlicher Partner Gottes und nur so, daß er es mit ihm selbst in der Taufe geschehen läßt, ist es die Wirklichkeit, die in der Wassertaufe abgebildet ist.[59]

These 2:
Die Kraft der Taufe besteht darin, daß sie als Element der kirchlichen Verkündigung ein freies Wort und Werk Jesu Christi selbst ist.[60]

---

[54] Ebd., S.3.
[55] Vgl. ebd., S.6.
[56] Ebd., S.5.
[57] Vgl. ebd., S.10.
[58] Vgl. ebd., S.28.
[59] Vgl. ebd., S.6.
[60] Ebd., S.8.

Hier ist also die Frage zu beantworten, woher die Taufe ihre Kraft bekommt? Vom Element der Taufe? Von der kirchlichen Taufhandlung oder vom Priester? Barth stimmt zwar darin zu, daß die Taufe auch ein Element der kirchlichen Verkündigung und als solches eine menschliche Handlung ist, und daß die Kirche die von Jesus Christus eingesetzte Taufe verwaltet. Er hält jedoch an seiner Meinung fest, daß die Kraft der Taufe weder das *opus operatum* der korrekt vollzogenen Taufhandlung ist, in welchem diese durch sich selbst kräftig und wirkungsfähig ist, also am Einwand gegen die katholische Position,[61] noch daß diese Kraft die Kraft des Gotteswassers ist, also am Einwand gegen Luthers Behauptung, daß das Taufwasser göttlich, himmlisch, heilig und selig genannt werden soll, weil es den Tod und die Hölle vertreibt und ewig lebendig macht.[62] Wie Luther einmal in seinem Großen Katechismus sagte: "Die Gültigkeit und Wirksamkeit der Taufe ist abhängig vom Wort Gottes", so lautet Barths Antwort auf die oben gestellte Frage: "Gottes Wort im Wasser" heißt, "also Jesus Christus selbst als der Erste, der in dieser Handlung behandelt wurde und gehandelt hat, der mit diesem seinem eigenen Vorgang faktisch erteilte Befehl und Auftrag — das ist die Kraft der Taufe"[63]. Jesus Christus, die erste Hauptperson der Taufe hat die Taufe kräftig, lebendig und sprechend gemacht, deshalb ist die Kraft der Taufe keine selbständige Kraft und nicht an den Vollzug der Taufe gebunden, sondern an Jesus Christus, die erste Hauptperson, denn der Bereich des göttlichen Gnadenbundes ist größer als der Bereich der Kirche.[64]

These 3:
Der Sinn der Taufe ist die Verherrlichung Gottes im Aufbau der Kirche Jesu Christi durch die einem Menschen mit göttlicher Gewißheit gegebene Zusage der auch ihm zugewendeten Gnade und durch die über diesen Menschen mit göttlicher Autorität ausgesprochene Inpflichtnahme für den auch von ihm geforderten Dienst der Dankbarkeit.[65]

---

61 Vgl. ebd., S.13.
62 Vgl. ebd., S.14, auch *WA* 52, 102.
63 Barth, a.a.O., S.11.
64 Vgl. ebd., S.11 und 14.
65 Ebd., S.16.

Offensichtlich hatte Barth vor, uns hier seinen Gedanken der *cognitio salutis* vorzustellen. Er meint, die Ansicht der römischen, lutherischen und anglikanischen Tauflehre, daß "die von der Kirche erteilte Wassertaufe als solche kausatives oder generatives Mittel sei, durch das dem Menschen die Vergebung der Sünden, der Heilige Geist und sogar der Glaube mitgeteilt, durch das ihm die Gnade eingegossen, ...seine Wiedergeburt vollzogen ...werde",[66] solle nicht aufrechterhalten werden. Er behauptet: "Die Taufe ist das Abbild, das Siegel, das Zeichen, die Nachahmung, das Symbol unserer Errettung ...die Kraft der Taufe ist das freie Wort und Werk Jesu Christi"[67].

Wenn man über den Sinn der Taufe redet, sollte man über unser Tun in der Taufe nachdenken. Unser Tun in der Taufe ist nach Barth die *cognitio salutis*.[68] Was in der Taufe geschieht, ist die Verkündigung des Wortes und das Heilswerk Jesu Christi und unser Glaube an ihn, an seine verheißene Gnade. Der Glaube bedarf aber der Erkenntnis.[69] Gott selbst kommt zu seiner Ehre, indem er in der Taufe dem Täufling sich, sein Wort und sein Werk erkennen läßt. Deshalb ist für die Taufe die Erkenntnis des Täuflings von großer Bedeutung, daß ihm mit göttlicher Gewißheit die Zusage Gottes gegeben wird, daß im Tod und in der Auferstehung Jesu Christi Gottes Gnade auch ihm gilt und daß über ihm seine Inpflichtnahme für den von ihm geforderten Dienst der Dankbarkeit zur Verherrlichung Gottes im Aufbau der Kirche Jesu Christi mit göttlicher Autorität ausgesprochen wird.[70]

These 4:
Die Grundlagen der Ordnung der Taufe sind der verantwortlich übernommene Auftrag der Kirche auf der einen Seite und auf der anderen die verantwortliche Willigkeit und Bereitschaft des Täuflings, jene Zusage zu empfangen und jene Inpflichtnahme sich gefallen zu lassen.[71]

---

[66] Ebd., S.17.
[67] Ebd., S.17f.
[68] Vgl. ebd., S.18.
[69] Vgl. ebd.
[70] Vgl. ebd., S.22.
[71] Ebd., S.23.

26

Hier wird dargestellt, was Barth mit der Rolle des Menschen bzw. der Kirche und des Täuflings gemeint hat. Im Unterschied zu ihrem Wesen, ihrer Kraft und ihrem Sinn ist die Taufe eine Sache menschlicher Entscheidung und Gestaltung, und auch ein Element der Verkündigung der Kirche[72], deshalb soll in diesem Abschnitt auf die Ordnung und die Praxis der Taufe eingegangen werden. Obwohl Barth behauptet, daß das Wesen, die Kraft und der Sinn der Taufe von der Ordnung und Praxis der Taufe in der Kirche grundsätzlich unabhängig sind, ist bei ihm hier von der Taufpraxis die Rede. Er zeigt starkes Interesse an der rechten Taufpraxis. Der Schlüssel für seine Gedanken von der rechten Taufpraxis ist der Begriff "Verantwortlichkeit" — die Kirche soll das Taufen als ihren Auftrag verantwortlich übernehmen, also den Taufbefehl des Herrn Jesu Christi in der treuen und genauen Aufmerksamkeit auf seinen Willen, im Zusammenhang mit der reinen Verkündigung seines Wortes auszuführen,[73] und zugleich soll der Täufling als die zweite Hauptperson im Geschehen der Taufe ein verantwortlicher Partner Gottes sein. Barth äußert wörtlich: "...die verantwortliche Willigkeit und Bereitschaft des Täuflings, die Zusage der auch ihm zugewendeten Gnade zu empfangen und die Inpflichtnahme für den auch von ihm geforderten Dienst der Dankbarkeit sich gefallen zu lassen"[74]. Ohne diese Verantwortlichkeit ist die Taufe zwar wahr, wirklich und wirksam, dennoch ist sie eine nicht im Gehorsam, nicht ordnungsgemäß vollzogene und dadurch notwendig verdunkelte Taufe, also keine rechte Taufe.[75] Barths reformierte Position, das kognitive Verständnis der Taufgnade, ist hier eindeutig zu erkennen. Aus zwei Gründen – exegetischen und sachlichen – hat er die Kindertaufe in Frage gestellt. Zusammenfassend lautet seine Argumentation folgendermaßen:

1. Vom Neuen Testament her gesehen ist die Taufe die Antwort auf die Frage nach der göttlichen Gewißheit und nach der göttlichen Autorität des Wortes. "Sie antwortet auf sein Begehren nach dieser Versiegelung seines Glaubens und auf sein Bekenntnis dessen, was er als den Gegenstand seines Glaubens erkannt hat."[76] Dies gilt aber bei der Kinder-

---

72 Vgl. ebd.
73 Vgl. ebd., S.25.
74 Ebd., S.28.
75 Vgl. ebd.
76 Ebd., S.30.

taufe nicht, denn wie gesagt, Glaube bedarf der Erkenntnis, die gerade dem Unmündigen fehlt.

2. "Im neutestamentlichen Bereich wird man nicht zur Taufe gebracht, sondern man kommt zur Taufe.·[77] Aber de facto werden die Kinder in reiner Passivität getauft. Das stimmt nicht mit dem Neuen Testament überein.

3. Nach Joh 1,12f ist der neue Bund weder an die Geschlechterfolge noch an Familie und Volk gebunden, sondern kommt dadurch zustande, "daß es im Leben von einzelnen Menschen jetzt hier und so, jetzt dort und anders, zu einem 'Aufnehmen' Jesu, zum Glauben an seinen Namen kommt"[78]. Darum lehnt Barth es ab, daß die Kinder auf das Bekenntnis des Glaubens der Kirche oder ihrer Eltern oder Paten getauft werden.

4. Die Taufe ist keine vollständige, keine rechte Taufe, "wenn sie in einer Erkenntnisbeziehung zu Wiedergeburt und Glauben, zu der ganzen in ihr abgebildeten gottmenschlichen Wirklichkeit gar nicht stehen, wenn sie Vergewisserung und Inpflichtnahme der zweiten Hauptperson, des Täuflings, in einem faßbaren Sinn dieser Begriffe, wenn sie Entscheidung und Bekenntnis gar nicht sein kann"[79]. Dieser Behauptung zufolge ist die Position Calvins, daß die Säuglinge mit dem durch den Heiligen Geist gewirkten Samen künftigen Glaubens getauft werden können, wie auch Luthers Vorstellung von einem primitiven Glauben der Unmündigen unannehmbar.

Barth verurteilt diese nach ihm unverantwortliche Praxis der Kindertaufe. Zur Wiederherstellung einer rechten Taufpraxis richtet er einen Appell an die Kirchen und fordert: "...an Stelle der jetzigen Kindertaufe eine auch auf Seiten des Täuflings verantwortliche Taufe. Er muß ...aus einem passiven Objekt der Taufe wieder der freie, d.h. frei sich entscheidende und frei bekennende, der seinerseits seine Willigkeit und Bereitschaft bezeugende Partner Jesu Christi werden"[80].

These 5:
Die Wirkung der Taufe besteht darin, daß der getaufte Mensch ein für allemal unter das Zeichen der Hoffnung gestellt ist, laut dessen er den

---

[77] Ebd.
[78] Ebd., S.31.
[79] Ebd., S.35.
[80] Ebd., S.40.

Tod jetzt und hier schon hinter sich und nur das Leben vor sich hat
und laut dessen auf Grund der geschehenen Vergebung seiner Sünden
auch Licht zur Ehre Gottes unter den Leuten leuchten wird.[81]

In der Taufe ist es mit göttlicher Gewißheit vergewissert, "daß in Jesu
Christi Tod und Auferstehung auch er [der Täufling] gestorben und
auferstanden ist"[82]. Das ist der Inhalt dieser göttlichen Gewißheit und
zugleich die Wirkung der Taufe. Diese Wirkung ist weder abhängig von der
Reinheit oder Unreinheit, Würdigkeit oder Unwürdigkeit der Kirche und
ihrer Vertreter noch von der Art der Taufe.[83] Also für Barth ist das *ex*
opere operato noch von Bedeutung. Er meint, ein getaufter Mensch ist ein
Wiedergekommener, aber er hat sich nicht selbst dazu gemacht, sondern
die Kraft des Wortes und Werkes Jesu Christi, und so kann er auch nicht
durch sich selbst aufhören, es zu sein.[84] Er kann die Taufe nicht heiligen
oder rein machen, vielmehr soll er durch die Taufe geheiligt und rein
werden.[85] Hier bringt Barth den Einwand gegen die Wiedertaufe vor.
Weiterhin stellt er den Unterschied zwischen dem Getauften und dem Nicht-
Getauften heraus: "Ein getaufter Mensch ist im Unterschied zu einem nicht
getauften unter allen Umständen ein solcher Mensch, der unter das Zeichen
des Todes und der Auferstehung Jesu Christi als unter das Zeichen seiner
Hoffnung, seiner Bestimmung, seiner Zukunft, weil der über ihn gefallen
und ausgesprochenen göttlichen Entscheidung gestellt ist"[86]. Das hier
genannte Zeichen der Hoffnung bezeichnet Barth als ein eschatologisches
Zeichen: "Die Erscheinung der von ihm bezeichneten Wirklichkeit wird in
und mit der Erscheinung Jesu Christi als dem Ziel und Ende der mit seiner
Auferstehung begonnenen Zeit Ereignis werden"[87]. Mit der Taufe ist der
Getaufte in den Äon zwischen der Vergangenheit – Vergebung seiner
Sünden, also dem Tod hinter sich – und der Zukunft – Bestimmung seiner
Auferstehung, also dem ewigen Leben vor sich – eingegangen. "Wer dieses
Zeichen empfangen hat, der ist bestimmt und ausgerichtet zur
Verherrlichung Gottes im Aufbau der Kirche Jesu Christi, zum Zeugen des

---

81 Ebd., S.41.
82 Ebd.
83 Vgl. ebd., S.42.
84 Vgl. ebd., S.45.
85 Vgl. ebd., S.44. Barth zitiert hier Luthers Taufauffassung von *WA* 37, 665f.
86 Ebd.
87 Ebd., S.47.

kommenden Gottesreiches."[88] Gerade durch diese Bestimmung ist der Getaufte zu einem verantwortlichen Leben verpflichtet.[89] In diesem Vortrag hat Barth nur einmal den Begriff "verantwortliches Leben" erwähnt, und zwar am Ende. Gewiß ist mit "diesem Leben" hier das gegenwärtige Leben gemeint. Aber das hat er in diesem Vortrag nicht mehr weiter ausgeführt. Dennoch ist von Interesse, ob dieses "verantwortliche Leben" der Same seiner später entwickelten Tauflehre ist, da er im Jahre 1967 die letzte Arbeit über die Tauflehre mit der Überschrift *"Die Taufe als Begründung des christlichen Lebens"* veröffentlicht hat. Es soll im folgenden aufgezeigt werden, welche Rolle der Begriff vom verantwortlichen Leben in seiner Tauflehre spielt.

b. "Die christliche Lehre nach dem Heidelberger Katechismus", 1947

Im Sommersemester 1947 hat Barth in Bonn eine Vorlesung über *"Die christliche Lehre nach dem Heidelberger Katechismus"* gehalten. Dabei handelt es sich nicht um eine historische Exegese des Heidelberger Katechismus, sondern um eine dogmatische Darstellung des Evangeliums von Jesus Christus.[90]

In dieser Vorlesung sind 3 Punkte von großem Interesse: Der Modus der Allgegenwart Christi, Frage 47-48, der Modus des Verhältnisses zwischen Wasser und Abwaschung der Sünden, also die Lehre von der Taufe, Frage 72 und der Modus der Realpräsenz des Leibes und Blutes Jesu Christi in den Elementen, Frage 75-79.[91]

Barth stimmt der reformierten Antwort auf die Fragen 47 und 48 nicht zu.[92] Seiner Meinung nach steht das Verständnis von der Einheit der

---

88 Ebd.
89 Vgl. ebd., S.48.
90 Vgl. Barth, *"Die christliche Lehre nach dem Heidelberger Katechismus"*, S.12f und S.16. E. Busch hat Recht, wenn er in seinem Werk *"Karl Barths Lebenslauf"* sagt: "Wenn Barth seine Darstellung jenem Katechismus anschloß, so nicht, um einer 'reformierten Orthodoxie', das Wort zu reden, sondern um deutlich zu machen, daß das christliche Denken wie an die Schrift so auch - in freier Dankbarkeit - an die 'Väter' gebunden ist. In diesem Fall sinnvollerweise an jene reformierten Väter, weil ihre gemeinevangelische Erkenntnis ein Mittel gegen den Konfessionalismus sei ...". S.358.
91 Vgl. Barth, a.a.O., S.18.
92 Barths Meinung nach haben die Reformierten hier einen Fehler gemacht, da sie im Heidelberger Katechismus eine Unterscheidung zwischen der göttlichen und menschlichen Natur Jesu Christi treffen. Vgl. ebd., S.71.

göttlichen und menschlichen Natur in Jesus Christus im Zentrum der Antwort auf die Frage nach der Allgegenwart Christi. Wenn Christus wahrer Mensch und wahrer Gott ist, wie die Antwort auf die Frage 47 im Heidelberger Katechismus lautet, dann ist er es unter allen Umständen. Man muß die göttliche und menschliche Natur Jesu Christi immer in ihrer Einheit sehen. Glaubt man an Jesus Christus, glaubt man auch an den einen und wahren Menschen, der zugleich wahrer Gott ist.[93] Einerseits hat Barth der reformierten Lehre von der Allgegenwart Jesu Christi, besonders in bezug auf die Gegenwart Jesu Christi im Abendmahl, nicht zugestimmt. Andererseits äußert er sein Verständnis dafür, wie diese falsche reformierte Auffassung entstanden ist. Seiner Meinung nach stellten die Reformierten, um die lutherische Lehre von der Allgegenwart Christi, seiner Ubiquität zu widerlegen, die Behauptung auf, daß es sich im Abendmahl nicht um Allgegenwart, sondern um die Existenz Jesu Christi im Himmel handle; im Neuen Testament seien bezüglich des Abendmahls mit dem Wort "*est*" nicht die Elemente, sondern die Handlung gemeint; "Leib und Blut" dürfen deshalb hier nicht abstrakt als Leiblichkeit verstanden werden, sondern als Körperlichkeit.[94] Die Verteidigung Barths lautet: "...wie gefährlich es ist, wenn der theologische Gesprächspartner sich durch eine falsche These zu einer falschen Gegenthese verführen läßt. Die Reformierten hätten sich im 16. Jahrhundert durch Luthers 'Bärendienst' auf keinen Fall dazu verleiten lassen dürfen, nun ihrerseits zu spekulieren und zu spiritualisieren"[95].

Die Tauf- und Abendmahlslehre hat Barth im 16. Abschnitt über "Gottes Gerechtigkeit in Taufe und Abendmahl", im 17. Abschnitt über "Die Begründung des Glaubens im Zeugnis der Taufe" und im 18. Abschnitt über "Die Erneuerung des Glaubens im Zeugnis des Abendmahls" ausführlich diskutiert.

Die These von Gottes Gerechtigkeit in Taufe und Abendmahl hat Barth wie folgt formuliert:

> "Die ereignismäßigen Zeugnisse von Gottes gerechtem Handeln in Jesus Christus sind die Handlungen der Taufe und des Abendmahls, in welchen der Christ die Bestätigung seines Glaubens, in welchen also

---

93 Vgl. ebd.
94 Vgl. ebd.
95 Ebd., S.72.

*die Gemeinde die Bestätigung ihres Ursprungs in Jesus Christus und
ihres Lebens durch ihn zugleich darstellen und empfangen darf."[96]*

In Barths Vortrag *"Die Lehre von den Sakramenten"* war zu sehen, daß
er damals sehr viel über das sakramentale Zeichen gesagt hat. Barth war
traditionell und konfessionell in dem Sinne, daß er versuchte, seinen
Sakramentsgedanken mit dem Zeichenbegriff darzustellen,[97] ähnlich wie
Augustin und die Reformatoren es getan haben. Später hat Barth die
Sakramente unter einem anderen Aspekt betrachtet, und zwar die
Sakramente als ereignismäßige Zeugnisse von Gottes gerechtem Handeln in
Jesus Christus, anders gesagt, als Handlungen der Gemeinde. Es handelt
sich bei den Sakramenten um eine bestimmte Gestalt der Verkündigung.
Taufe und Abendmahl sind Tatgeschichte und die Predigt ist Wort-
geschichte. Sowohl der Tod und die Auferstehung Jesu Christi als auch die
Vergebung der Sünden und das ewige Leben werden dem Hörenden in der
Wortgeschichte und zugleich dem Sehenden in der Tatgeschichte
verkündigt. Die Gemeinde und der Christ sind an den Handlungen ebenso
wie an der Predigt als Subjekt und Objekt zugleich beteiligt, handelnd und
empfangend. Da die Sakramente die Handlung der Gemeinde sind, stellen
sie keine Privatangelegenheit dar.[98] Die Taufe und das Abendmahl sind an
sich geschöpfliche und menschliche Vorgänge. Aber Gott selbst kann die
sakramentalen Handlungen zu ereignismäßigen Zeugnissen machen. Der
Heilige Geist wirkt den Glauben in der Predigt und bestätigt seine Wirklichkeit für uns durch diese Handlungen. Obwohl er aber nicht an diese
Gestalten gebunden ist, tut er es dennoch in diesen Gestalten, also in der
Verbalgestalt und in der Realgestalt. Die Gemeinde und der Christ
empfangen die Bestätigung des Glaubens in der Feier der Taufe und des
Abendmahls durch den Heiligen Geist.[99]

Die These von der Begründung des Glaubens im Zeugnis der Taufe hat
Barth mit folgenden Worten ausgedrückt:

*"Die Taufe ist die Handlung, in der den Christen ereignismäßig be-
zeugt wird, daß sie in die Gemeinschaft des Todes Jesu Christi schon*

---

[96] Ebd., S.87.
[97] Wir sehen, daß das sakramentale Zeichen für Barth eine große Rolle gespielt hat.
Die Sakramente sind ohne die Begriffe: "Das Wort Gottes im Zeichen", "Das
Geheimnis des Zeichens" und "Die Kraft des Zeichens" für Barth undenkbar.
[98] Vgl. Barth, a.a.O., S.89f.
[99] Vgl. ebd., S.90.

32

eingetreten sind und also ihres Glaubens und im Glauben der Verge-
bung ihrer Sünden ein für allemal gewiß sein dürfen."[100]

Die zu beantwortende Frage in diesem Abschnitt lautet: Werde ich mit
Recht ein Christ genannt? Anders gesagt, es geht um die Frage nach der
Bestätigung der Verheißung, daß ich in der Taufe in die Gemeinschaft Jesu
Christi eingegliedert bin.

Nach Barth ist die Taufe selbst diese Bestätigung. Es ist mir also im
ereignismäßigen Zeugnis meiner Taufe gesagt, daß das alles mir gilt.[101]
Die Taufe, nach Tit 3,5 und Apg 22,16 dargestellt als ein Bad, eine
Abwaschung, läßt sich beschreiben als ein Untertauchen ins Todeselement
des Wassers, als ein Sterben des Menschen. "Dieses Untertauchen des
Menschen ins Wasser ist das *Homoioma*, das Gleichnis des Todes Christi,
und besagt: Indem Jesus Christus starb und begraben wurde, wurde in ihm
und mit ihm auch mein alter Mensch begraben, damit ein neuer Mensch zu
leben beginne."[102] Das ist die Bezeugung unserer Taufe. Dies alles gilt
mir, weil Jesus Christus die Taufe eingesetzt hat. Gegenüber der im
Heidelberger Katechismus genannten Stelle der Taufeinsetzung betrachtet
Barth also die Einsetzung nicht identisch mit dem Missionsbefehl in Mt
28,19, sondern mit der Taufe Jesu im Jordan. Seine Begründung dafür
lautet: "Wenn wir auf Seinen Namen [Jesu Christi] getauft werden, dann
müssen wir dorthin blicken. Seine Taufe ist ja in seinem eigenen Leben das
Homoioma seines Todes, die erste Inangriffnahme seiner Solidarität mit
dem sündigen Menschen. Wir sind in den Tod Christi hinein getauft. In
alten Taufbecken findet sich auf dem Grund eine Abbildung der Taufe
Christi im Jordan"[103]. Mit anderen Worten, Jesus selbst hat uns seine
Taufe im Jordan gezeigt, und unsere Taufe ist das Abbild seiner Taufe. In
dieser Weise bringt Barth eine gleichnishafte Darlegung der Taufe und
behauptet: "Wie ich und so gewiß ich getauft bin, so gewiß ist es auch
wirklich, daß ich eingetreten bin in die Gemeinschaft mit Christus, habe ich
in seinem Tod die Vergebung meiner Sünden, glaube ich also wirklich und
darf ich mich ein für allemal daran halten, daß ich glaube, daß ich von Gott
auf diesen Weg gestellt bin"[104]. Hier zeigen die Wörter "gewiß", "glaube"

---

[100] Ebd., S.91.
[101] Vgl. ebd., S.92.
[102] Ebd.
[103] Ebd., S.93.
[104] Ebd., S.94.

und "halten" die Rolle der Erkenntnis für die Taufhandlung auf. Es ist deshalb selbstverständlich, daß Barth in diesem reformierten Katechismus seine Position auch gegen die in der reformierten Kirche praktizierte Kindertaufe durchhalten muß, aus seiner Überzeugung heraus, daß der Täufling, der seinen Glauben bekennt und seine Taufe begehrt, ein glaubender Mensch sein muß. Die unmündigen Kinder können seiner Meinung nach nicht glauben und den Glauben nicht bekennen und ein stellvertretender Glaube kommt nicht in Frage. Nach der reformierten Kindertauflehre im Heidelberger Katechismus gibt es drei Gründe für die Kindertaufe, die Barth in dieser Vorlesung alle bestreitet:[105]

"1. Richtig ist, daß die Jungen wie die Alten in den Bund Gottes gehören und die Zusage des Heiligen Geistes ihnen allen gegeben ist. Aber damit ist nicht gesagt, daß diejenigen, die nicht glauben und also ihren Glauben auch nicht bezeugen können, zur Gemeinde gehörten. Kann ein lebendiges Glied der Gemeinde nur Objekt des Glaubens Anderer sein? Oder gehört man der Gemeinde an als Kind einer christlichen Familie?

2. Richtig ist, daß die Kinder der Gläubigen von anderen Kindern zu unterscheiden sind. Vgl. 1Kor. 7,14! Sie sind 'heilig', das heißt aber wiederum nicht, daß sie Glieder der Gemeinde sind, sondern nur dies, daß sie insofern ausgesondert sind, als durch die christlichen Eltern ein besonderes Angebot an sie ergeht. Von einer Nötigung zur Taufe dieser Kinder aber ist damit noch nichts gesagt.

3. Richtig ist, daß die Taufe die Beschneidung ersetzt... Israel wird zweifellos auf Grund des Blutes als Familien- und Volkszusammenhang konstituiert. Aber die Versammlung der Kinder Gottes - vgl. Jh. 1,12! - wird durch den Heiligen Geist berufen. Die Kinder Gottes sind nicht durch den Willen eines Mannes geboren, sondern sie sind die durch das Wort Herausgerufenen aus allen Völkern. Es ist einer der vielen Irrtümer der Kirchengeschichte, daß hier eine judaistische Auffassung sich durchsetzen und man von christlichen Völkern sprechen konnte. Die Kirche ist nicht mehr Israel, und Israel war noch nicht die Kirche, ...es läßt sich nur noch feststellen, daß es

---

[105] Ebd., S.95f.

sich in beiden Fällen um Bundeszeichen handelt, aber Bun-
deszeichnen verschiedener Art ... "

Obwohl Barth hier das Festhalten an der Kindertaufe als die
Entwertung der Taufe durch die Konfirmation beurteilt, wollte er nicht
bestreiten, daß solche Taufe, die seit Jahrhunderten geübt wird, die wahre
Taufe ist. Hier zu erörtern wäre lediglich die Frage nach der rechten
Ordnung der Taufpraxis gewesen, was Barth aber nicht getan hat.[106] Er hat
diesen Abschnitt ohne weitere Diskussion über diese rechte Ordnung
abgeschlossen.

Die These von der Erneuerung des Glaubens im Zeugnis des
Abendmahls hat Barth wie folgt formuliert:

"Das Abendmahl ist die Handlung, in der dem Christen ereignismäßig
bezeugt wird, daß er in der Gemeinschaft der Auferstehung Jesu
Christi je und je erhalten wird und also im Glauben seiner eigenen
Auferstehung immer wieder froh werden darf."[107]

Hiermit bringt Barth seine Meinung zum Ausdruck, daß das
Abendmahl ebenso wie die Taufe auch eine Handlung ist, in der dem
Christen ereignismäßig etwas bezeugt wird. Aber der Inhalt des Bezeugten
ist etwas anderes. Bei der Taufe geht es um die Bestätigung des
Christwerdens; der Täufling tritt in die Gemeinschaft des Todes Jesu
Christi ein. Beim Abendmahl hingegen handelt es sich um die Bestätigung
des Christseins; der Getaufte wird in der Gemeinschaft der Auferstehung
Jesu Christi behalten. Folglich kann man das Verhältnis von Taufe und
Abendmahl beschreiben als ein Verhältnis von Vorgang gegenüber Zustand,
aktiv gegenüber passiv und Tod gegenüber Auferstehung. Er meint, weil
Jesus Christus nicht nur für uns gestorben, sondern auch für uns
auferstanden ist und lebt, weil unser Glaube nicht nur einen objektiven
Grund, sondern auch objektive Dauer hat, wird uns in der Aktion des
Austeilens und Empfangens des Brotes und Weines im Abendmahl die
Zusage und Verheißung bezeugt: "Du wirst gespeist und getränkt, du wirst
erhalten, und du wirst in dieser Zeit für das ewige Leben existieren. Dein
Glaube wird nicht aufhören, sondern er wird je und je erneuert werden. Du

---

[106] Vgl. ebd., S.97f.
[107] Ebd., S.98.

darfst deines Glaubens froh werden"[108]. Dies alles ist wahr, weil das Abendmahl und die Taufe von Jesus Christus selbst eingesetzt wurden, er wollte es und deshalb gilt seine Verheißung. In der Zusammenfassung seiner Interpretation der Abendmahlslehre des Heidelberger Katechismus ist Barths Ansicht deutlich zu erkennen:[109]

> *"1. Der Katechismus hat – wie dies im 16. Jahrhundert allgemein der Fall war – die Begriffe Leib und Blut einseitig auf die physische Seite der menschlichen Natur Jesu Christi bezogen, statt auf den totus homo und totus Christus, den ganzen Menschen und den ganzen Christus, wie dies in der eben gegebenen Auslegung versucht wurde.*

> *2. Die Auseinandersetzung im 16. Jahrhundert bezog sich ebenfalls einseitig auf die Elemente des Abendmahls in der bekannten Debatte über 'Das ist...' und 'Das bedeutet...'. Demgegenüber wurde in meiner Darlegung betont, daß sich das 'Das ist...' auf die ganze Handlung bezieht. Es dreht sich im Abendmahl um ein Ereignis: da sind ein Hausvater und seine Gäste um einen Tisch versammelt, da wird Brot und Wein ausgeteilt, da wird gegessen und getrunken und der Lobgesang gesungen. Wie sich dieses Ereignis auch zum Passamahl verhalten möge, das ist sicher, daß die Worte 'das ist...' bei denen Jesus auf sich selber zeigt, auf seine Dahingabe für uns weisen. Ihr werdet durch mich gespeist und getränkt werden. Von hier aus gesehen ist der ganze Abendmahlsstreit, wie er im 16. Jahrhundert geführt wurde, eine überholte Sache.*

> *3. Ich bin mit Nachdruck jenen Indizien im Neuen Testament gefolgt, nach denen das Abendmahl auf das Leben des auferstandenen Christus in seiner Gemeinde zu beziehen ist. Im 16. Jahrhundert hat man die Gegenwart Christi zu einseitig auf die Erinnerung an den Gekommenen bezogen und damit auf den Karfreitag, während das Abendmahl eine Antizipation der Hochzeit des Lammes ist und also auf den Wiederkommenden zu beziehen ist ...*"

Obwohl Barth in den vierziger Jahren Calvins sakramenten- und tauftheologischer Konzeption folgt, da er die Taufe als ein freies Wort und Werk Jesu Christi und als sakramentales Geschehen würdigt, läßt sich

---

[108] Ebd., S.99.
[109] Ebd., S.105f.

feststellen, daß sich die Schriften Barths über das Sakrament in jener Zeit an einer neuen Perspektive orientieren: Der sakramentale Charakter der Kirche hat kaum mehr Platz in seiner Sakramentslehre. Vom Gnadencharakter des Sakramentes ist nicht mehr die Rede, sondern das Sakrament wird als ein ereignismäßiges Zeugnis gesehen. Das kirchliche Sakrament ist nur Abbild und Zeugnis der Erneuerung des Menschen. Gottes Handeln in Jesus Christus spielt eine große Rolle in seiner Sakramentslehre. Der Mensch muß dann an den Sakramenten aktiv teilnehmen und ein verantwortlicher Partner Gottes sein. Barth lehnt die Kindertaufe ab und fordert die rechte Taufpraxis. Auf dieser Basis hat Barth seine Sakramentslehre weiter entwickelt.

3. Ablehnung des kirchlich sakramentalen Handelns als Sakrament

a. *"Von der Taufe des Johannes zur Taufe auf den Namen Jesu"*, 1962

Bevor Barth den letzten Band seiner Kirchlichen Dogmatik *"Das christliche Leben - die Taufe als Begründung des christlichen Lebens"* veröffentlicht hat, war im Jahre 1962 ein kleiner Aufsatz mit der Überschrift *"Von der Taufe des Johannes zur Taufe auf den Namen Jesu"* erschienen. Dieser Aufsatz wurde später, im Jahre 1967, in den zweiten Hauptteil – "Die Taufe mit Wasser" – des letzten Bandes seiner Kirchlichen Dogmatik integriert.[110]

In Barths dogmatischer Erörterung des Heidelberger Katechismus konnte man sehen, daß nicht der Missionsbefehl in Mt 28, sondern die Taufe Jesu selbst im Jordan als die Einsetzung der Taufe betrachtet wird.[111] Weil die Frage nach der Einsetzung der Taufe eine bedeutende Rolle für die Diskussion über die Tauflehre spielt, interessiert hier, ob Barth in diesem Aufsatz die Behauptung des Heidelberger Katechismus klar erklärt hat oder nicht. Bedauerliche Weise findet sich aber in diesem Aufsatz kein einziges Argument, für das vorliegende Thema relevant wäre.[112] Die Absicht dieser Untersuchung ist hier hauptsächlich eine

---

[110] Vgl. *KD* IV/4, S.83-94. Der Aufsatz *"Von der Taufe des Johannes zur Taufe auf den Namen Jesu"* ist leicht verändert in die *KD* IV/4 eingegangen.

[111] Vgl. Barth, *"Die christliche Lehre nach dem Heidelberger Katechismus"*, S.93, dazu auch *KD* IV/4, S.57.

[112] Es ist wirklich eine Enttäuschung, weil man eine klare Darstellung der Behauptung Barths von der Taufe Jesu am Jordan als Einsetzung der christlichen Taufe erwartet, wenn er diesen Aufsatz mit dem Satz "Von der Taufe des Johannes zur Taufe

Darstellung der Unterschiede zwischen der Taufe auf den Namen Jesu und der Johannestaufe.[113] Damit wollte Barth zeigen, daß das Ziel der Taufe mit Wasser die Taufe mit dem Heiligen Geist ist, weil sich das, was in der Taufe des Johannes geschehen ist und was die Johannestaufe gezeigt hat, auf das künftige Tun des Täufers mit dem Heiligen Geist richtet.[114] Mehr hat er hierzu nicht geäußert.

b. "Die Taufe als Begründung des christlichen Lebens", 1967

Im Jahr 1967, ein Jahr vor seinem Tod und fünf Jahre nach der Erscheinung seines Aufsatzes "Von der Taufe des Johannes zur Taufe auf den Namen Jesu", hat Barth sein letztes großes Werk – den letzten Band seiner *KD* "Das Christliche Leben (Fragment) - die Taufe als Begründung des christlichen Lebens" veröffentlicht. Es war eine Vorlesung, die Barth 1959/60 im Baseler Kolleg gehalten hat. In dieser Vorlesung wurde Barths

---

auf den Namen Jesu" überschreibt. Eine Ergänzung zu dieser Behauptung bringt er erst später in seiner *KD* IV/4.

[113] Barth hat hier 6 Punkte genannt, in denen sich die Taufe auf den Namen Jesu von der Johannestaufe unterscheidet (Vgl. *KD* IV/4, S.83-92):
1. Die Taufe auf den Namen Jesu geschah und geschieht im Unterschied zur Johannestaufe im Blick auf eine dringlichere, bedrohlichere, aber auch verheißungsvollere Nähe der Machtergreifung des Reiches Gottes unter den Menschen.
2. Die Taufe auf den Namen Jesu im Unterschied zur Johannestaufe beinhaltet die Begabung mit dem Heiligen Geist, d.h. in dieser Taufe werden die Menschen mit dem Heiligen Geist und mit Feuer getauft.
3. Die christliche Taufe nach Pfingsten geschieht im Unterschied zu der des Johannes insofern mit Nachdruck im Blick auf Gottes Gericht, als sie jetzt im Rückblick auf den gekommenen Richter, auf das von ihm vollzogene Gericht ausgeführt wird.
4. Im Unterschied zur Johannestaufe ist die christliche Taufe nach Pfingsten auf die Vergebung der Sünde ausgerichtet und daher entscheidend und beherrschend Bejahung der Tat Gottes als Heilstat, ihrer Offenbarung als Heilsoffenbarung und folglich als Evangelium.
5. Im Unterschied zu der Taufe des Johannes hat die christliche Taufe sichtbar sammelnden, vereinigenden, kundgebenden Charakter; sie formt eine Gemeinschaft, die zum neuen Volk Gottes der Endzeit gehört.
6. Die christliche Taufe ist im Unterschied zu der des Johannes die Taufe auf den Namen dessen, der der Messias Israels und der *Soter* der Welt ist. Sie hat ihre Existenz in der Einheit der gemeinsam gerichteten und begnadigten Juden und Heiden.

[114] Vgl. *KD* IV/4, S.84.

38

eigenartige Tauflehre dargestellt, die von der Auffassung der Taufe als Heilsmittel Abschied nahm.[115] Es läßt sich sagen, daß dieses Werk die Gesamtdarstellung der letzten Entwicklungsstufe seiner Tauflehre ist. Tatsächlich ist ja diese Veröffentlichung Barths die ausführlichste Diskussion seiner Tauflehre. Auf 247 Seiten versuchte Barth, seine geänderte, erneuerte Taufauffassung darzustellen. In diesem Band können seine Taufgedanken erfaßt werden, genauer die Begründung seiner Taufthesen. Hier soll weder eine Zusammenfassung noch eine Rekapitulation dieses Bandes vorgelegt werden. Vielmehr interessiert seine neue Behauptung, daß die christliche Taufe wie auch das Abendmahl "kein Sakrament",[116] sondern "eine auf das Tun und Reden Gottes antwortende, echt und recht menschliche Handlung" sei.[117] Gerade hier widerspricht seine neue Taufthese sowohl der Tauflehre der römisch-katholischen Dogmatik als auch der lutherischen und reformierten Tauftheologie, weil sie ausnahmslos die Taufe als Gottes Heilshandeln betrachten.[118] Ferner ist in diesem Band seine Auffassung von der menschlichen Tat und von Gottes Gnade nicht zu übersehen.

In dieser neuen Ansicht über die Taufe bleibt Barth aber bei seiner alten Meinung, daß die christliche Taufe von Jesus Christus eingesetzt ist, und zwar durch das Geschehen seiner Taufe im Jordan. Die Ablehnung der Kindertaufe nimmt auch einen Teil dieses Bandes ein. Aber viel umstrittener als die Ablehnung der Kindertaufe ist nun die Ablehnung der christlichen Taufe, ebenso wie auch des kirchlichen Abendmahls als Sakrament. Indem er die christliche Taufe als eine menschliche Tat

---

[115] Vgl. D. Schellong, *"Der Ort der Tauflehre in der Theologie Karl Barth"*, in: ders., (Hg.), *"Warum Christen ihre Kinder nicht mehr taufen lassen"*, 1969, S.109.
[116] Vgl. *KD* IV/4, S.IX und 112.
[117] Vgl. ebd., S.140.
[118] Ebd., S.33: "'Taufe mit dem Heiligen Geist' ...ist, von der Menschen vollzogenen Taufe mit Wasser... scharf unterschieden...eine solche Taufe, die nur Gott selbst bzw. Gottes von ihm gesendeter Sohn, der Messias Israels und Heiland der Welt vollziehen, die diesem Menschen nur unmittelbar durch ihn widerfahren kann". Diese Unterscheidung von Geisttaufe und Wassertaufe steht z.B. der Taufauffassung Luthers gegenüber unüberbrückbar: "Denn die Taufe, die wir von Menschenhand empfangen, ist nicht eines Menschen, sondern Christi und Gottes Taufe... Hüte dich also, den Unterschied bei der Taufe zu machen, daß die äußerliche dem Menschen, die innerliche Gott zuschreibst; schreibe beide allein Gott zu und nimm die Person des Taufenden nur an als das stellvertretende Werkzeug der Sünden verheißt, indem er auf Erden mit Menschenstimme zu dir spricht durch seines Dieners Mund". *WA* 6, S.530.

betrachtet, ist sie seiner Meinung nach auf keinen Fall das Heilshandeln Gottes, sie ist also kein Sakrament.

Die Absicht Barths ist völlig klar. Er versucht, die Geisttaufe und die Wassertaufe voneinander zu unterscheiden. Die Gliederung dieses Bandes ist dementsprechend in diese zwei Abschnitte geteilt. Im ersten Abschnitt wird von der göttlichen Wendung unter dem Titel "Die Taufe mit Heiligen Geist" gesprochen. In "Die Taufe mit Wasser" wird Barths Meinung von der christlichen Taufe als dem ersten Schritt des christlichen Lebens sowie seine Meinung über das verbindliche Bekenntnis des Gehorsames, über die Umkehr und die Hoffnung dargestellt. Aus der Unterscheidung zwischen Geisttaufe und Wassertaufe resultiert Barths Position, sein sakramentales Verständnis der Taufe.

Was versteht Barth unter Sakrament? Für Barth ist Jesus Christus allein das Mittel der Gnade Gottes. Als Gnadenmittel ist er das einzige Sakrament, also das Wort Gottes in der Gestalt der Menschwerdung des Sohnes.[119] Mit dieser Position schließt Barth alle menschliche Tat aus, weil das Sakrament rein das Heilshandeln Gottes sein kann. Barth hat für sein Argument vom christlichen Leben die wesentliche Frage nach der Möglichkeit dieses Heilshandelns Gottes gestellt und darauf geantwortet. Er meint, "in der Geschichte Jesu Christi ist der Ursprung und Anfang des christlichen Lebens, ist die göttliche Wendung, in der das Unmögliche nicht nur möglich, sondern wirklich wird"[120]. Seiner Meinung nach ist das eigene Leben eines Menschen als christliches Leben nur möglich und wirklich in seiner Einheit mit seinem Ursprung in Jesus Christus.[121] Barth bestreitet die Behauptungen, die er als künstliche Lösung betrachtet, näm- lich die christomonistische und die anthropomonistische Lösung. Nach seiner Ansicht soll man sie abweisen, weil im einen Extremfall, also in der christomonistischen Lösung, alle Anthropologie und Soteriologie in die Christologie verschlungen wären, im anderen Extremfall aber, nämlich in der anthropomonistischen Lösung die Christologie wiederum von einer sich selbst genügenden Anthropologie und Soteriologie verschlungen wäre.[122]

---

[119] Vgl. *KD* IV/4, S.112.

[120] Ebd., S.18.

[121] Vgl. ebd., S.19.

[122] Vgl. ebd., S.20ff. Die christomonistische Lösung besagt: Jesus Christus wird als das allein handelnde und wirkende Subjekt angesehen; die Heilstat wäre dann bloß ein Moment oder eine Erscheinung der Tat Gottes selber, die in Jesus Christus vollbracht ist. Zugleich ist sie kein Akt eines menschlichen Gehorsames, der durch die Gnade Gottes erweckt und ermächtigt, aber von ihm selbst mit Dank geleistet

Der Mensch, der nach Barths Auffassung als treuer Partner des Gnadenbundes mit Gott angesehen werden soll,[123] ist aufgrund einer allein im Ermessen Gottes liegenden Möglichkeit das freie Subjekt[124] des Geschehens seiner Treue gegenüber Gott. Anders gesagt, der Mensch ist seinerseits das freie Subjekt des Geschehens seiner der Treue Gottes entsprechenden Treue. In diesem Sinne ist dieses Geschehen eine menschliche Tat. Deshalb kommen diese künstlichen Antworten nicht in Frage. Für Barth geht es um Gott und den Menschen zusammen. Weder Anthropologie, Soteriologie noch Christologie sollen übersehen werden. Vielmehr ist seiner Meinung nach die von ihm mit *extra nos, pro nobis* und *in nobis* bezeichnete Lösung die richtige Erklärung dieser Möglichkeit: "Sie [die Geschichte Jesu Christi] ist als *extra nos* geschehende zugleich *in nobis* wirksame, nämlich ein neues Sein jedes Menschen auf den Plan führende Geschichte. Gewiß ganz *extra nos*, ist sie doch nicht um ihrer selbst willen, sondern ganz *pro nobis* geschehen"[125]. Mit anderen Worten: Jesus Christus handelt *extra nos, pro nobis* und auch *in nobis*. Weder die Kirche, indem sie tauft, noch der einzelne Mensch, indem er sich taufen läßt, machen einen Menschen zum Christen, sondern Jesus Christus selbst, er ganz allein macht den Menschen zum Christen.[126] Die christliche Taufe, die Barth als menschliche Antwort auf das in der Geschichte Jesu Christi zum Menschen gesprochene Wort Gottes betrachtet, ist dann nicht denkbar als Handeln Gottes zum Heil.[127] Aber in der Taufe mit Wasser wird ein Mensch in menschlicher Entscheidung zum Christen. "Die Geisttaufe widerfährt [dem] ...Menschen nicht damit und dadurch, daß er die Wassertaufe empfängt. Er wird zwar auch in seiner menschlichen Entscheidung, er wird auch darin ein Christ, daß er die Wassertaufe begehrt und empfängt. Er wird es aber nicht durch seine menschliche Entscheidung, nicht durch seine

---

wird, sondern ein passives Teilhaben des Menschen an dem, was in Jesus Christus Gott allein tut. Im Gegensatz dazu lautet die anthropomonistische Lösung: Jesus Christus und das, was in einer Geschichte *extra nos* geschehen ist, wäre als bloßes Prädikat und Mittel, nur als Geheimzeichen und Symbol dessen aufzufassen, was sich eigentlich und in Wahrheit nur *in nobis*, als eine Geschichte ereignete, deren Subjekt kein anderer wäre als der Mensch selber.

123 Vgl. ebd., S.4.
124 Vgl. ebd., S.5.
125 Ebd., S.23.
126 Vgl. ebd., S.36.
127 Vgl. ebd., S.25.

Wassertaufe."[128] Wenn man einen Blick auf die von Barth dargestellten
Unterschiede zwischen Geisttaufe und Wassertaufe wirft,[129] läßt sich
sagen, daß die Geisttaufe mit der Geschichte Jesu Christi, also mit dem
Sakrament identisch ist.

Für die Begründung des christlichen Lebens setzt Barth deshalb die
Auferstehung Jesu Christi von den Toten als die Tat Gottes voraus, in
welcher die Geschichte Jesu Christi als aller Menschen eigenste
Heilsgeschichte offenbar wurde und ist, und das Werk des Heiligen Geist
als die Tat Gottes, in welcher ihre für die Menschen erschlossene Offenbarung bestimmte Menschen erreicht. In fünf Punkten faßt Barth zusammen,
was er mit Geisttaufe meint:[130]

1. Jesus Christus allein macht zum Christen, tauft mit dem Heiligen Geist;
   "die Kirche ist weder Urheberin, noch Spenderin, noch Vermittlerin der
   Gnade und ihrer Offenbarung"[131].
2. Die Geisttaufe ist eine Gestalt der "einen allmächtig wirksamen, die
   Welt wirklich mit ihm [Gott] versöhnenden Gnade Gottes"[132]. Als
   solche ist sie die Selbstbezeugung und Selbstmitteilung Jesu Christi
   selbst. Die Wassertaufe ist dies nicht.
3. Die Geisttaufe fordert Dankbarkeit und Gehorsam; der Mensch findet in
   ihr seinen Herrn und steht vor der Aufgabe eines ihm antwortenden
   Ethos.[133]

---

[128] Ebd., S.36.

[129] Bezüglich dieser Unterschiede schreibt Barth: "Die Taufe bezieht sich auf das eine
in Jesus Christus geschehene Gotteswerk, das eine in Ihm gesprochene Gotteswort:
sie ist aber kein solches; sie ist das Werk und Wort von Menschen, die Jesus
Christus gehorsam geworden sind und ihre Hoffnung auf ihn setzen. Die Taufe geschieht als Wassertaufe von der Geistestaufe her und auf sie hin: sie ist aber nicht
als solche auch Geisttaufe; sie ist und bleibt Wassertaufe. Die Taufe geschieht in
tätiger Erkenntnis der rechtfertigenden, heiligenden und berufenden Gnade Gottes:
sie ist aber nicht Gnadenträger, nicht Gnadenmittel, nicht Instrument der Gnade.
Die Taufe antwortet auf das eine 'Mysterium', das eine 'Sakrament' der Geschichte
Jesu Christi, seiner Auferstehung, der Ausgießung des Heiligen Geistes: sie selbst
ist aber kein Mysterium, kein Sakrament". Ebd., S.112.

[130] Vgl. ebd., S.35-44.

[131] Ebd., S.35.

[132] Ebd., S.37, dazu auch: "Sie [die Geisttaufe] ist effektives, kausatives, ja kreatives
u. zw. göttlich wirksames, göttlich verursachendes, göttlich schöpferisches Handeln
am und im Menschen".

[133] Vgl. ebd., S.38ff.

4. Die Geisttaufe erlöst zur Mitmenschlichkeit, gliedert in das Volk Gottes ein, in den Leib Christi, unter die Fülle der Charismen.[134]
5. Weil Taufe mit dem Heiligen Geist ein einmal für alle Male und also in mehreren Malen sich ereignendes Geschehen ist, wird das neue Leben des Menschen den Charakter eines Anfangs haben, immer neu im Aufbruch und im Fortschreiten sein.[135]

Obwohl Barth hier fünf große Unterschiede zwischen Geisttaufe und Wassertaufe nennt, schließt er aber die Wassertaufe doch nicht aus. Die Geisttaufe macht die Wassertaufe nicht überflüssig, "sie ermöglicht und erfordert sie vielmehr"[136]. Die Wassertaufe setzt umgekehrt die Geisttaufe – auf sie zurück- oder ihr entgegenblickend – voraus.

Die christliche Taufe, nämlich die Wassertaufe als menschliche Tat gegenüber dem göttlichen Heilshandeln in der Geisttaufe hat ihren Grund ausschließlich in der Taufe Jesu am Jordan. Sie ist deshalb nur dann richtig begründet, wenn sie auf die Taufe Jesu bezogen ist. Ihr Ziel "liegt nicht in ihrem Vollzug, sondern als ihr echtes, wahrhaft göttliches Ziel vor ihr"[137]. Für Barth ist das "Telos" der Wassertaufe nicht immanent, sondern transzendent.[138] Es geht deshalb seiner Meinung nach in der Wassertaufe als menschlichem Werk nur darum, daß die Gemeinde und ihre Täuflinge sich gemeinsam auf dieses all ihrem Handeln transzendente Ziel hin orientieren und im Vollzug der Taufe einen ersten Schritt des Glaubens, des Bekenntnisses und des Dienstes diesem Ziel entgegen tun.

Auf die Frage nach dem Sinn der Wassertaufe antwortet Barth folgendes: "Die christliche Taufhandlung ist nach dem, was im Neuen Testament über sie zu lernen ist, mit hoher, um nicht zu sagen, höchster Wahrscheinlichkeit nicht als ein den Menschen reinigendes und erneuerndes göttliches Gnadenwerk ..., nicht als 'Sakrament' im Sinne der herrschend gewordenen theologischen Tradition zu verstehen. ...Ist die Taufhandlung aber nicht Sakrament, dann muß ihr Sinn doch wohl ...in ihrem Charakter als auf das Tun und Reden Gottes antwortende echt und recht menschliche Handlung gesucht werden"[139].

---

[134] Vgl. ebd., S.40ff.
[135] Vgl. ebd., S.42ff.
[136] Ebd., S.45.
[137] Ebd., S.78.
[138] Vgl. ebd., S.76.
[139] Ebd., S.140.

Obwohl die christliche Taufe an sich kein eigenes Heilshandeln Gottes ist, ist sie nach Barth als Taufhandlung nötig, weil sie die Umkehr des Menschen zu Gott ist, das Humanste, was Einer tun kann, ein "qualifiziert menschliches Tun".[140] Ferner hat die Wassertaufe den Sinn, dem deutlichen Taufbefehl genauso deutlichen Gehorsam zu leisten, im Bekenntnis der Schuld eine Absage und im Bekenntnis des Glaubens eine Zusage zu geben und in beidem eine "im Wählen und Verwerfen, Bejahen und Verneinen" echte, freie "menschliche Entscheidung" zu treffen.[141] Mit dieser Entscheidung hat das Dasein des Christen als ein Dasein in Hoffnung begonnen.[142]

Die Möglichkeit dieses Daseins des Christen ist, wie gesagt, nur möglich als Heilshandeln Gottes. Als treuer Partner des Gnadenbundes mit Gott ist der Mensch nicht nur das Objekt des Geschehens der Wendung Gottes zu ihm, sondern auch das Subjekt des Geschehens seiner Treue gegenüber Gott. Als treuer Partner des Gnadenbundes mit Gott ist er Gottes Gnade gegenüber nicht nur passiv; er läßt die Heilstat Gottes in der Geschichte Jesu Christi nicht gedankenlos an sich geschehen, sondern er wählt auch aktiv in seiner eigenen Entscheidung das, was Gott schon zuvor in seiner Gnade für ihn gewählt hat.[143] Der Mensch als solcher spielt deshalb eine bedeutende Rolle für Barths Erklärung dieser Möglichkeit. Die Lösung für das Problem der Möglichkeit des Heilshandelns Gottes ist weder die christomonistische noch die anthropomonistische, sondern die dritte: Jesus Christus handelt *extra nos pro nobis* und auch *in nobis*, und der Mensch nimmt die in der Geschichte Jesu Christi geschehene Erneuerung des Menschen als Gottes Gnade an als das von Gott ermächtigte und aufgeforderte Tun des Menschen.[144] In diesem Zusammenhang wird dann der Unterschied und die Beziehung zwischen Gottes Gnade und Menschenwerk in Barths Sakramentstheologie offensichtlich.

Die Gnade Gottes ist die von Gott frei geschenkte Gnade, die durch die und in der Geschichte Jesu Christi in seinem Gehorsamsakt als die Offenbarung Gottes sichtbar geworden ist.[145] Diese Gnade hängt allein von

---

[140] Ebd., S.157.
[141] Vgl. ebd., S.179.
[142] Vgl. ebd., S.218.
[143] Vgl. ebd., S.6.
[144] Vgl. ebd., S.23, 46 und 177.
[145] Vgl. ebd., S.71 und 219.

44

Jesus Christus ab,[146] der in seinem Gehorsamsakt die dem Menschen
gegebene freie Gnade Gottes ist. Wo Jesus Christus ist, da ist der Empfang
seiner Gnade möglich, weil er der Täter und Schenker der treuen Gnade
ist.[147] Durch ihn, also durch die Gnade als göttliche Wendung zum
Menschen, hat sich Gott mit der Welt versöhnt.[148] Zugleich ermächtigt und
erweckt die Versöhnungsgnade den menschlichen Gehorsam.[149] Es läßt
sich deshalb sagen, daß für die Heilstat Gottes in der Geschichte Jesu
Christi das Primäre die freie Gnade Gottes und das Sekundäre dann das
Menschenwerk ist. Die Gnade Gottes ist unabhängig vom Menschenwerk,
vielmehr hängt das Menschenwerk als die dem göttlichen Gnadenwerk und
Gnadenwert entsprechende Tatantwort[150] und als solche zugleich sichtbare
Umkehr zu Gott in der Taufhandlung unmittelbar von Gottes Gnade ab.

Für Barth stellen in der Taufhandlung der Gehorsam des Menschen
und seine Hoffnung auf Jesus Christus[151] den ersten Schnitt auf dem Weg
des christlichen Lebens dar.[152] In dieser Handlung ist das Menschenwerk
eine unwiderrufliche Tat, ein nicht mehr rückgängig zu machendes
Ereignis,[153] weil es dem einmaligen Heilsgeschehen in der Geschichte Jesu
Christi entspricht. Im Zusammenhang mit dem göttlichen Gnadenwerk
bezeichnet Barth dieses Menschenwerk als eine doppelte Antwort: "Indem
die Taufhandlung des Menschen doppelte Antwort auf die ihm in Jesus
Christus widerfahrene und offenbare göttliche Rechtfertigung und
Heiligung, Reinigung und Erneuerung und also zugleich die entsprechende
Absage und Zusage ist, dürfte es einleuchten: die Taufe, die Wassertaufe
ist... die der göttlichen Wendung zugunsten des Menschen folgende, die der
Geschichte Jesu Christi und der Taufe mit dem Heiligen Geist
entsprechende menschliche Entscheidung"[154]. Deutlicher gesagt, in der
Taufhandlung sagt der Mensch seiner Sünde und Schuld ab,[155] zugleich

---

[146] Vgl. ebd.
[147] Vgl. ebd., S.230.
[148] Vgl. ebd., S.37.
[149] Vgl. ebd., S.20.
[150] Vgl. ebd., S.IX.
[151] Vgl. ebd., S.148.
[152] Vgl. ebd., S.156.
[153] Vgl. ebd., S.166.
[154] Ebd., S.178.
[155] Vgl. ebd., S.176.

aber sagt er Jesus Christus als seinem Herrn und Haupt und seinem Stellvertreter zu.

B. Zusammenfassender Überblick über Barths Sakramentstheologie

Nachdem die Entwicklungslinie von Barths Sakramentstheologie verfolgt wurde, soll nun ein zusammenfassender Überblick über seinen Sakraments-gedanken geben werden. Bezüglich Barths Sakramentsgedanken werden drei Entwicklungs-stufen festgestellt:

1. Konfessionelles Verständnis des Sakraments,

2. Ablehnung der Kindertaufe und

3. Ablehnung des kirchlich sakramentalen Handelns als Sakrament.

Barths Sakramentsauffassung in ihrer ersten Entwicklungsstufe ist im Grunde traditionell und konfessionell bzw. reformiert bestimmt. In seinen frühesten Werken haben sowohl der sakramentale Charakter der Kirche als auch der Gnadencharakter des Sakramentes ihre Geltung.[156] Im Sakrament der Kirche ist die Verheißung des Heils Gottes versichert. Er betrachtet nur die Taufe und das Abendmahl als Sakramente. Daneben wird keine andere kirchliche Handlung von ihm als Sakrament anerkannt.[157] Auf der einen Seite behauptet er die Einsetzung der Sakramente durch Jesus Christus und bringt die transzendente Kraft des Sakramentes zur Vergebung der Sünden zur Geltung, auf der anderen Seite behauptet er jedoch, daß nur das Wort das Element zum Sakrament macht. Hier weicht Barth von Luther ab, der postuliert, daß die Einsetzungsworte: "Für euch gegeben und vergossen zur Vergebung der Sünden... Wer diesen Worten glaubt, hat er die Vergebung der Sünden"[158], das Sakrament erwirken. Barth unterscheidet Gottes Wort von den Worten, die Jesus bei der Einsetzung des Sakraments gesprochen hat. Für ihn ist nur das Wort Gottes im Zeichen das Sakrament,[159] das als

---

[156] Vgl. Barth, *"Die Lehre von den Sakramenten"*, S.428, 447, 457.

[157] Barth betrachtet die kirchlichen Handlungen Taufe und Abendmahl als Sakrament, in seinem spätesten Werk in der *KD* IV/4 verneint er sie allerdings. Trotzdem ist von Taufe und Abendmahl in seinen Werken von Anfang an immer die Rede, wenn er von Sakrament spricht.

[158] Luthers *Kleiner Katechismus*, 5. Hauptstück über das Sakrament des Altars.

[159] Vgl. Barth, *"Die Lehre von den Sakramenten"*, S.459.

Zeichengebung die Offenbarung Gottes ist.[160] Dadurch kann man Gott erkennen. Bemerkenswert in dieser frühen Stufe ist, daß Barth hier schon dem Menschen eine bedeutende Rolle bezüglich des Sakraments zugewiesen hat, indem er behauptet, daß die Entscheidung des Menschen im Sakrament die Entscheidung Gottes verhüllen kann,[161] d.h. der Mensch muß im Sakrament auch etwas tun — glauben, erkennen und entscheiden.[162] Der Begriff "*Apriori*" ist für seine Sakramentslehre von großer Bedeutung.[163] Außerdem ist zu berücksichtigen, daß Barth hier das Sakrament schon als ein Ereignis in der Kirche gesehen hat.[164] "Das Wort Gottes im Sakrament", "die Erkenntnis des Menschen" und "das Sakrament als Ereignis in der Kirche", diese drei Begriffe, die Barth auch in seine späteren Werke aufgenommen hat, sind für Barths Sakramentsgedanken von hoher Relevanz.

Die Abweichung der Sakraments- bzw. Tauflehre Barths von der konfessionellen Tauflehre ist in der zweiten Entwicklungsstufe ersichtlich. Erstens erhebt er nun einen Einwand gegen die Kindertaufe. Weder die lutherische Begründung mit dem primitiven Glauben der Unmündigen noch die calvinische mit dem Samen des Künftigen, der durch den Heiligen Geist wird, können nach Barth die Kindertaufe aufrechterhalten. Eine Stellvertretung des Glaubens kommt auch nicht in Frage. Seiner Meinung nach muß der Täufling, der die zweite Hauptperson in der sakramentalen Handlung ist, der sich frei entscheidende und frei bekennende Partner Gottes sein.[165] Das Tun des Menschen im Sakrament ist die *cognitio salutis*.[166] Er muß an Jesus Christus, an sein Heilswerk und seine verheißene Gnade glauben. Aber ohne Erkenntnis kann man nicht glauben. In der Tat können die Unmündigen nicht aktiv zur Taufe kommen. Vielmehr werden sie passiv zur Taufe gebracht. Indem sie sich nicht entscheiden und bekennen können, ist ihre Taufe keine vollständige, keine rechte Taufe.[167] Zweitens unterscheidet Barth im Gegensatz zur

---

[160] Vgl. Ebd., S.432.

[161] Vgl. Ebd., S.428.

[162] Vgl. Ebd., S.429.

[163] Barths Behauptung lautet: "Bevor sich der Mensch für Gott entschieden hat, hatte Gott sich schon für ihn entschieden". Barth, ebd., S.428.

[164] Vgl. ebd.

[165] Vgl. Barth, "*Die kirchliche Lehre von der Taufe*", S.6 und S.40.

[166] Vgl. ebd., S.18.

[167] Vgl. ebd., S.35.

konfessionellen Lehre die christliche Taufe bzw. die Wassertaufe von der Geisttaufe. Die Wassertaufe an sich ist nur die Abbildung der Geisttaufe.[168] Drittens ist für Barth die Einsetzung der Taufe nicht im Missionsbefehl Jesu Christi nach seiner Auferstehung, sondern auf Jesu eigener Taufe im Jordan gegründet.[169] Unsere Taufe ist nur eine Abbildung der Taufe Christi im Jordan.[170]

Barths Unterscheidung der Wassertaufe von der Geisttaufe, also der Taufe der Kirche von der Taufe Christi, zufolge sind beide miteinander nicht identisch. Obwohl Barth das Heil und die Gnade Gottes im Sakrament nicht verneint, liegt hier die Betonung weder auf Gottes Heil noch auf seiner Gnade, sondern auf dem ereignismäßigen Zeugnis. Das Sakrament, sowohl die Taufe als auch das Abendmahl, ist nach Barth ein ereignismäßiges Zeugnis und zugleich eine Bestätigung des Glaubens.[171] In der Taufe wird ereignismäßig bezeugt, daß die Täuflinge in die Gemeinschaft des Todes Jesu Christi schon eingetreten sind, und zugleich wird die Vergebung ihrer Sünden bestätigt.[172] Der Getaufte steht deshalb unter dem Zeichen der Hoffnung auf das ewige Leben. Ebenso wird im Abendmahl ereignismäßig bezeugt und bestätigt, daß die Teilnehmer der Abendmahlsfeier in der Gemeinschaft der Auferstehung Jesu Christi behalten werden.[173] Das Sakrament als ein ereignismäßiges Zeugnis ist aber eine Tatgeschichte, weil es im Sakrament um eine bestimmte Gestalt der Verkündigung geht. In diesem Sinne ist das Sakrament eine Handlung der Kirche, ein menschlicher Vorgang. Aber durch die Wirkung des Heiligen Geistes im Sakrament gilt es dem Menschen alles, daß er in Jesus Christus und mit ihm gestorben, begraben und auferstanden ist, so wie er starb, begraben wurde und auferstanden ist. Dies gilt nicht wegen einer korrekt vollzogenen Handlung, wie die katholische Kirche behauptet, auch nicht wegen der Kraft des Gotteswassers, wie Luther behauptet.[174] Vielmehr hat Jesus Christus, der als die erste Hauptperson im Sakrament wahrer Mensch und zugleich wahrer Gott ist, es kräftig und lebendig ge-

---

168 Vgl. ebd., S.6.
169 Vgl. Barth, *"Die christliche Lehre nach dem Heidelberger Katechismus"*, S.93.
170 Vgl. ebd.
171 Vgl. ebd., S.87.
172 Vgl. ebd., S.97.
173 Vgl. ebd., S.98.
174 Vgl. Barth, *"Die kirchliche Lehre von der Taufe"*, S.13f.

macht.[175] Deutlich ist hier die Unterscheidung von unserem und Gottes Werk in Barths Sakramentstheologie. Das Wort und die Gnade Gottes, Jesus Christus und der Heilige Geist stehen immer in der Mitte des Sakraments. In diesem Sinne bringt Barth das *ex opere operato* zur Geltung.[176] Aber der Mensch als die zweite Hauptperson hat seinen eigenen Anteil am Sakrament. Er muß vor allem Jesus Christus als die erste Hauptperson und sich als die zweite Hauptperson im Sakrament erkennen und dann die Verkündigung des Wortes und das Heilswerk Jesu Christi im Sakrament geschehen lassen. Schließlich muß er der ihm zum Heil gegebenen Zusage Gottes zusagen. Die Erklärung Barths Gedankens von der zweiten Hauptperson beansprucht einen großen Teil seiner Arbeit über die Taufe auf dieser Stufe.

Die letzte Entwicklungsstufe von Barths Sakramentstheologie findet sich hauptsächlich im letzten Band seiner *KD*. Der Grundstoff seiner Sakramentstheologie – die Einsetzung des Sakraments durch Jesus Christus als Grund der sakramentalen Handlung, die Gnade Gottes für die Menschen im Sakrament, die Entscheidung und die Erkenntnis des Menschen als Voraussetzungen der sakramentalen Handlung in der Kirche, die Kraft und Wirkung von Wort und Werk Gottes im Sakrament, Jesus Christus als die erste Hauptperson und der Mensch als die zweite Hauptperson im Sakrament, die Unterscheidung von Geisttaufe und Wassertaufe, das Sakrament als Ereignis in der Kirche usw. – findet sich nach wie vor auch in diesem Band. Er hält weiterhin an der Ablehnung der Kindertaufe fest. Allerdings hat Barth in diesem Werk eine neue Behauptung aufgestellt: "Sie [die Taufe] ist aber kein Mysterium, kein Sakrament"[177].

Barths Begriffsbestimmung von Sakrament lautet: Die Taufe ist weder Gnadenträger noch Gnadenmittel noch Instrument der Gnade.[178] Das in der Kirche geschehende Sakrament ist nur die Antwort des Menschen auf Gottes Wort,[179] auf die Heilstat Jesu Christi, die für den Menschen geschehen ist. Es ist deshalb kein Heilshandeln Gottes, sondern nur ein Tun des Menschen. Das Heilshandeln ist nur das Wort und das Werk Gottes in Jesus

---

175 Vgl. ebd., S.11 und 14.

176 Vgl. ebd., S.45.

177 *KD* IV/4, S.112. Außerdem setzt Barth das Abendmahl mit der Taufe gleich als die dem göttlichen Gnadenwerk und -wort entsprechende freie menschliche Tatantwort. (S.IX) In diesem Sinn ist das Abendmahl ebenfalls kein Sakrament.

178 Vgl. ebd., S.112.

179 Vgl. ebd., S.140ff.

Christus. Er ist Gottes Gnade, die dem Menschen und für den Menschen gegeben ist. In dieser Stufe hat Barth die Unterscheidung zwischen dem Werk Gottes und dem des Menschen sehr konkret dargestellt und entfaltet. Daraus folgt für ihn die Ablehnung des kirchlich-sakramentalen Handelns als Sakrament.

Für Barth ist sowohl die christomonistische als auch die anthropomonistische Erklärung nicht überzeugend für die Möglichkeit des Heilshandelns, also des christlichen Lebens in der Geschichte Jesu Christi.[180] Es geht weder um Jesus Christus allein noch bloß um den Menschen. Vielmehr ist es das Geschehen mit Jesus Christus, der *extra nos*, *pro nobis* und *in nobis* handelt, und mit dem Menschen, der aus eigener Entscheidung Christ werden will. Jesus Christus steht als die erste Hauptperson im Heilshandeln auf der einen Seite des Gnadenbundes Gottes mit dem Menschen und der Mensch als die zweite Hauptperson auf der anderen Seite. Das Primäre aber ist die Entscheidung Gottes, daß er zuvor aus Gnade für die Menschen in Jesus Christus gewählt hat. Das Sekundäre ist die Entscheidung des Menschen, der als das Subjekt des Geschehens seiner Treue Gottes Gnade annimmt. Das Sakrament bzw. die Geisttaufe sind nur Jesus Christus und seine Geschichte, mit dem die kirchlichen Sakramente als menschliche Handlung unmöglich identisch sein können. Die Geisttaufe als göttliche Wendung, zugleich als Ursprung und Anfang des christlichen Lebens überhaupt, ist schon einmal geschehen als die Offenbarung des Wortes Gottes. Die Wassertaufe als sakramentales Geschehen in der Kirche kann deshalb nur die Antwort auf dieses offenbarte Wort sein. In diesem Sinne ist das kirchliche Sakrament auch nötig und notwendig,[181] obwohl es an sich kein Heilshandeln Gottes ist, weil es untrennbar mit dem Mysterium und mit der Geschichte Jesu Christi verbunden ist. Es hat seinen Grund in der Einsetzung durch Jesus Christus.[182] Es hat zum Ziel die Versöhnungstat Gottes in Jesus Christus durch den Heiligen Geist.[183] Es hat den Sinn, den Befehl Jesu Christi durchzuführen. Mit der Wassertaufe hat das Dasein des Christen begonnen.[184] Sie ist deshalb der erste Schritt ins christliche Leben, und als solchen soll man sie nicht ignorieren.

---

180 Vgl. ebd., S.20ff.
181 Vgl. ebd., S.53.
182 Vgl. ebd.
183 Vgl. ebd., S.79.
184 Vgl. ebd., S.28.

Barths Sakramentsgedanken läßt sich kurz folgendenmaßen zusammenfassen: Barth hält an der Unterscheidung zwischen Werk des Menschen und Werk Gottes fest. Was Gott für unser Heil getan hat, für das wir gar nichts beitragen können, ist als das Mysterium Jesu Christi schon einmal und nur einmal in seiner Geschichte geschehen. Was wir tun können, ist nur die Absage an unsere Sünde und zugleich die Zusage zu Gottes Gnade in unserer eigenen Entscheidung, die als das Abbild der Geschichte Jesu Christi in kirchlichen, sakramentalen Handlungen geschieht. Der Getaufte ist mit ihm gestorben und auferstanden und lebt in ihm. Bei diesem Ereignis bedarf es aber des Glaubens und der Erkenntnis des Menschen, und deshalb ist dieses Geschehen eine verantwortliche Handlung und eine Antwort des Menschen auf das Wort Gottes.

Kapitel 2

FORSCHUNGSSTAND ÜBER BARTHS SAKRAMENTS-THEOLOGIE

Im ersten Kapitel wurde bereits dargestellt, daß Barths Abend-mahlstheologie in seinen Werken keine bedeutende Rolle spielt. Außer dem Aufsatz *"Ansatz und Absicht in Luthers Abendmahlslehre"* aus früheren Jah-ren hat er keine weiteren Schriften veröffentlicht, die das Thema "Abendmahl" behandeln bzw. seine Abendmahlslehre darstellen. Deshalb gibt es auch keine veröffentlichte Forschungsarbeit über Barths Abend-mahlslehre. Dagegen ist die Auseinandersetzung über seine Tauflehre in der theologischen Diskussion unübersehbar. Kurz nach der Erscheinung von Barths *KD* VI/4 *"Die Taufe als Begründung des christlichen Lebens"* werden viele Abhandlungen über dessen Tauflehre veröffentlicht. Die wichtigsten Veröffentlichungen sind z.b. eine Reihe von Artikeln, die im 57. Jahrgang 1968 der Zeitschrift *"Pastoraltheologie — Wissenschaft und Praxis"* mit Beiträgen von G. Bauer, J. D. Fischer, H. Ruppel u.a. erschie-nen sind, ein Sammelband *"Zu Karl Barths Lehre von der Taufe"*[1] aus dem Jahre 1971, und das Buch von H. Huberts *"Der Streit um die Kindertaufe"* aus dem Jahre 1972 sowie R. Schlüters *"Karl Barths Tauflehre — ein inter-konfessionelles Gespräch"*[2] und viele andere einzelne Beiträge. Aus diesem Grund konzentriert sich der folgende Überblick über die Auseinanderset-zung mit Barths Sakramentstheologie vor allem auf die Diskussion über Barths Tauflehre. Es wird jedoch angestrebt, durch die Auseinandersetzung mit den Untersuchungen, die sich mit seiner Tauflehre aus exegetischer, geschichtlicher und dogmatischer Perspektive beschäftigen, auch Barths Sa-kramentstheologie aus den eben erwähnten Perspektiven zu verstehen.

A. Kritiken

1. Aus exegetischer Sicht

Inwieweit hat Barth seine Tauflehre exegetisch begründet? Ist seine Tauf-lehre nach den neutestamentlichen Aussagen gerechtfertigt? Ausgehend von

---

1   Hg. von F. Viering mit Beiträgen von W. Kreck, E. Jüngel, J. Beckmann u.a.

2   Erschienen im Jahre 1973.

diesen zwei Fragen werden im folgenden die Forschungsarbeiten zu Barths Tauflehre unter exegetischem Aspekt betrachtet. Zuerst werden die exegetischen Begründungen seiner Tauflehre erörtert, dann die unterschiedlichen Meinungen zu Barths Tauflehre aus exegetischer Perspektive analysiert.

a. Barths exegetische Begründung

Die exegetische Erläuterung der Tauflehre Barths findet sich in seiner *KD* IV/4 Seite 99 bis 110 und 120 bis 140. Er versucht hier, vor allem die Stelle Mt 28,19 als Mission im Sinne des Heils des gekreuzigten, gestorbenen und von den Toten auferstandenen Herrn Jesu Christi über die Heiden zu interpretieren, während sie von der Kirche als Begründung ihrer Taufaufgabe und als offizielle Taufformel betrachtet wird. Nach Barth bedeutet Mission ein herausbrechendes Heil und die Offenbarung Gottes aus den Grenzen Israels hinaus zu den Völkern der Welt: "[Mission ist also] der Schritt, in welchem sich der Messias Israels als der Heiland der Welt zu erkennen gibt"[3]. Diesen Befehl, den die Kirche ausdrücklich als Taufbefehl betrachtet, interpretiert Barth aus dem Zusammenhang der Mission. Seiner Ansicht nach sollte der Taufbefehl in Mt 28,19 nicht anders verstanden werden als die Einladung und Ermunterung für die Heiden, um das Heil des auferstandenen Herrn zu erlangen. In der Taufe können die Heiden ihre Umkehr konkret durch ihre Waschung mit Wasser sichtbar machen und sich dem Namen des Herrn zuwenden, um in der Macht seines Namens gerettet zu werden.[4] Barths Meinung zum Taufverständnis lautet wörtlich: "Wir haben unser Verständnis der Taufe nicht auf Mt 28,19 gegründet"[5]. Er zieht diese Stelle sogar in Zweifel und überlegt, ob Mt 28,19 nicht nachträglich ins Evangelium eingetragen worden ist.[6] Obwohl diese Stelle als Bericht über den Missionsbefehl Christi und nach seinem Wort auch nicht von der Taufe zu trennen ist, ist aber für Barth die christliche Taufe in der Taufe Jesu selbst am Jordan gegründet. Zudem stammen für Barth alle anderen neutestamentlichen Berichte über die Taufe, außer eben Mt 28,19 und der Bericht über Jesu Taufe am Jordan von den Evangelisten, und kommen nicht als Lehre von der Taufe in Betracht, sondern dienen nur zur Unter-

---

3 *KD* IV/4, S.106.
4 Vgl. ebd., S.105.
5 Ebd., S.104.
6 Vgl. ebd.

streichung und Illustration der Erzählung von allerlei überraschenden Fortschritten in der Verkündigung und Ausbreitung des Evangeliums.[7]
 Der Taufbefehl nach Mt 28,19 ist für Barth demnach von einge-
schränkter Wichtigkeit. Vielmehr hat Barth der Wendung "auf den Namen"
größte Bedeutung zugeschrieben. Er legt dar, wie wichtig der Begriff
"Name" in der alt- und neutestamentlichen Denk- und Sprechweise ist: "In
seinem 'Namen' tritt einer als der, der er ist und tut, was er tut, handelnd
oder sprechend, nach außen, gibt er sich zu erkennen, öffnet er sich selbst
für den Verkehr mit Anderen, steht und wirkt er im Verkehr mit ihnen,
geht er unter die Leute ist, er schon unter und mit ihnen — der Name ist
der Träger selbst"[8]. Taufe auf den Namen Jesu Christi ist, so Barth, die
Taufe, "die im Blick auf ihn in seiner Selbstoffenbarung vollzogen und
empfangen wird"[9]. Der Name ist für Barth hier "der Ort, wo das Heil für
die Menschen Ereignis ist, und zugleich der Ursprung, die Autorität und
Kraft, in der die Christen, indem sie es dort ergreifen, ihrerseits handeln,
reden, wirken dürfen und sollen"[10]. In allen diesen Zusammenhängen interpretiert Barth den Taufbefehl, "taufet sie auf den Namen des Vaters und des
Sohnes und des Heiligen Geistes", rein christozentrisch: "Die Nennung von
Vater, Sohn und Heiliger Geist ist ...die Aufzählung der Dimensionen des
einen Namens Gottes, d.h. seines einen Werkes und Wortes, seiner einen
Heils- und Offenbarungstat, auf die hin wie geglaubt, geliebt, gehorcht, ge-
dient werden darf, so auch die Heiden 'zu Jüngern gemacht', zur Umkehr
und damit zur Taufe gerufen, zum Betreten und Begehen des Weges Jesu
Christi angeleitet werden sollen. Die Worte 'Vater', 'Sohn', 'Heiliger
Geist' bezeichnen miteinander ...die Expansion des einen Namens, Werkes
und Wortes Gottes. Darum treten sie gerade hier auf: gerade im Zusammenhang des Missionsbefehls"[11]. Die Tauflehre hat nur mit der Taufe Jesu
am Jordan und mit der Erzählung des Missionsbefehls in Mt 28,19 zu tun.
 Was meint Barth nun zu den anderen Stellen, mit denen die Konfessionen die kirchliche Taufe als Heilstat Gottes und die sakramentale Heilskraft
der Taufe begründen? In seiner *KD* IV/4 unterbreitet Barth seine Untersuchung der 12 neutestamentlichen Stellen, die als die Begründungen der
kirchlichen Tauflehre dienen. Für ihn sind aber diese Stellen eher als Be-

7 Vgl. ebd., S.122.
8 Ebd., S.101.
9 Ebd., S.102.
10 Ebd., S.103.
11 Ebd., S.106.

schreibung und Illustration der Verkündigung und Ausbreitung des Evangeliums zu verstehen. In einigen Erläuterungen dieser Stellen tritt Barths exegetische Position in der Frage nach der biblischen Begründung der kirchlichen Taufhandlung deutlich hervor:

1. Zu der in Eph 5,25f. erwähnten Reinigung und Heiligung der Gemeinde durch das Wasserbad meint Barth: "Dann schreibt dieser Satz bzw. Satzteil dieser Reinigung und also der Taufhandlung zweifellos einen 'sakramentalen' Sinn zu — Christus selbst handelt dann nicht nur in seiner Liebe und Selbsthingabe, sondern auch in der Taufe und in und mit ihrem Vollzug geschieht dann faktisch die Reinigung der Gemeinde"[12]. Er hält jedoch diese Reinigung der Gemeinde durch das Wasserbad nicht für die Heiligung an sich, denn "die in der Liebe und Selbsthingabe Jesu Christi geschehene Heiligung ist die eigentliche Reinigung der Gemeinde durch das ihr eigentlich widerfahrende 'Wasserbad', auf welche die Taufhandlung zielt, ...welche aber natürlich nicht in und mit ihrem Vollzug geschehen ist. Ihre in Jesus Christus am Kreuz von Golgatha geschehene Heiligung kann aber ihre eigentliche Reinigung sein und ist sie faktisch, indem sie ...als das Werk Jesu Christi auch sein gegenwärtig lebendiges Wort ...zu den Christen ...unter und in ihnen wirksam wurde und ist"[13].

2. Auf ähnliche Weise bejaht Barth den sakramentalen Sinn des Bades der Wiedergeburt und der Erneuerung im heiligen Geist: "...die an ihnen vollzogene Taufhandlung wäre dann das Mittel gewesen, durch das diese Menschen in jenen neuen Stand versetzt, durch das sie Christen, d.h. durch die Gnade Jesu Christi gerechtfertigte Erben der ewigen Hoffnung wurden"[14]. Zugleich aber mahnt Barth: "Wer aber hier mehr als eine Anspielung auf die Taufe, ...eine Aussage über ihren Sinn ...als das Medium jener Erneuerung zu finden meint, ...der hat sich mit ...erheblichen Schwierigkeiten auseinanderzusetzen"[15]. Die Meinung Barths könnte man hier folgendermaßen präzisieren: Die Menschen werden nicht durch das Taufbad zu Christen, sondern durch die erneuernde Ausgießung des Heiligen Geistes.

3. Weiter hebt Barth ausdrücklich hervor, daß es nicht gerechtfertigt sei, die Taufe, die in Gal 3,27f. in der Auseinandersetzung mit der jüdischen Be-

---

12 Ebd., S.124.

13 Ebd., S.125.

14 Ebd.

15 Ebd., S.126. Außerdem hat Barth hier fünf Schwierigkeiten genannt.

schneidung erwähnt wurde, sakramental auszulegen.[16] Es kann zwar nicht widerlegt werden, daß die Beschneidung, die als Eingang zum Heil und als Anfang eines neuen Lebens nach dem mosaischen Gesetz gefordert wird, für die Getauften nicht mehr gilt, weil die Getauften den Eingang und Anfang im Ereignis ihrer Taufe auf Christus schon hinter sich haben, und nun frei und nicht mehr mit dem Sklavenjoch gebunden sind.[17] In Gal 3,27 erkennt Barth aber nicht nur eine Anspielung auf die Taufe, sondern auch und vor allem eine Aussage über den Sinn der Taufe: "...die Glaubenden werden als Getaufte angeredet"[18]. Folglich ist hier also nicht von der Taufe, sondern von dem Getauftsein im Glauben die Rede, also vom neuen Sein als Söhne Gottes, weil die logische Konsequenz des Gedankens von Paulus im Galaterbrief aufrechterhalten werden muß. Deshalb soll diese Stelle als eine Erneuerung des menschlichen Seins nicht durch die Taufe selbst, sondern durch die Heilstat Gottes in Jesus Christus verstanden werden: "...finden wir dort wie sonst die Gottestat und Gottesoffenbarung in Jesus Christus selbst, den Glauben an Ihn, das Werk des Heiligen Geistes als jenen Eingang und Anfang, als die eine große Erneuerung des menschlichen Seins und also als die effektive Abrogation des mosaischen Gesetzes angegeben und beschrieben"[19].

4. Die Sakramentalität der kirchlichen Taufhandlung, die mit Röm 6,3-4 begründet ist, daß nämlich die Einheit der Christen mit Christus – mit ihm gestorben, begraben und auferstanden – durch die kirchliche Taufe ermöglicht wird, versucht Barth in jedem Fall zu entkräften: "So verstanden unterstreicht der V.3-4 gegebene Hinweis auf die Taufe die Aussage des ganzen Zusammenhanges: Indem die Christen sich – auf den Tod Christi hin, in welchem als Sünder auch sie starben – taufen ließen und getauft wurden, haben sie selbst es und wurde es ihnen dokumentiert, daß es auf ihrem Weg kein Zurück gibt, wohl aber ein ihnen von dem Punkt aus, hinter den sie nicht mehr zurück-können, verheißenes, erlaubtes und gebotenes Vorwärts. Ihre Existenz als Sünder liegt, im Tod Christi ein für allemal erledigt, hinter ihnen, vor ihnen gerade nur ein der Erweckung Jesus Christus von den Toten entsprechender Wandel in einem neuen Leben. Das ist die große Veränderung ihrer Situation, die durch ihr Begräbnis mit Christus und also durch

---

16 Vgl. ebd., S128.
17 Vgl. ebd., S.127f.
18 Ebd., S.127.
19 Ebd.

ihre Taufe... handgreiflich markiert ist"[20]. Diese große Veränderung einer Lebenssituation des ganzen Zusammenhanges[21] verlangt eine Entscheidung, ein menschliches "Ja" zu Gottes Gnade und zu seiner Offenbarung. Mit anderen Worten: In Röm 6,3-4 ist für Barth weder von der Sakramentalität der Taufe noch von der Taufe als Gnaden- oder Offenbarungsmittel die Rede. Ausschließlich geht es um ein grundlegendes, menschliches "Ja" zu Gottes Heilstat und seiner Gnade in Jesus Christus.[22]

5. Die in Kol 2,12 erwähnte Beschneidung, in der viele Ausleger die christliche Taufe erkennen wollen, ist nach Barth nicht mit der Taufe gleichzusetzen. Die Meinung, daß der für die Christen geschehene, ihr Leben umgreifende Kreuzestod Christi jene den Christen widerfahrene Beschneidung meint und bezeichnet, lehnt Barth ab. Die Bedeutung einer Forderung zur Beschneidung ist nur in dem Sinne denkbar, daß Gott sich in Jesus Christus, "wie es ja der Sinn der alttestamentlichen Beschneidung war (wir denken an Tit 2,14), ein Volk zu seinem Eigentum reinigte. Und dann (nur dann) hängt auch die Erinnerung an die Taufe als an der Christen 'Begrabenwerden mit Christus' V.12a nicht in der Luft"[23].

6. Im Unterschied zu den von der Kirche vertretenen Meinungen hält Barth das Wort Jesu in Joh 3,5 über "geboren aus Wasser und Geist" nicht für die kirchliche Taufhandlung. Vielmehr versucht er, dieses Wort im Zusammenhang mit der ganzen Erzählung von V.1-8 so zu interpretieren, daß der Akzent nicht falsch auf den ersten Begriff des Begriffspaares "Wasser und Geist" gelegt werden darf, wie es üblicherweise verstanden wird, daß nämlich einer durch die Taufe ins Reich Gottes kommt, weil in ihr und mit der Wirkung des Wassers auch die Wirkung des Heiligen Geistes stattfinde. Der Schwerpunkt liegt für ihn hier vielmehr vor allem auf dem zweiten Begriff, auf dem Begriff "Geist" überhaupt:[24] "Was das 'Wasser' ist, durch das Einer 'von oben erzeugt' wird, das wird restlos und also exklusiv durch 'Geist' erklärt. Es gibt in der Funktion, die ihm hier zugeschrieben wird, kein 'Wasser' außer und neben dem des 'Geistes'... In dieser Funktion kann kein 'Wasser' den 'Geist' ergänzen, kein 'Wasser' ihn als Sekundärursache vermitteln, keines ihn offenbaren 'Wasser' in dieser Funktion ist allein

---

20 Ebd., S.129.
21 "des ganzen Zusammenhangs" ist hier der Komplex Röm 5-8 und besonders Röm 6,1-11 gemeint. Vgl. ebd., S.128.
22 Vgl. ebd., S.129.
23 Ebd., S.131.
24 Vgl. ebd., S.132f.

durch 'Geist' zu definieren... Er, der Geist allein, ist das 'lebendige Wasser'"[25].

7. Zu den Stellen Mk 16,16 und 1Petr 3,21, in denen die Taufe im Zusammenhang mit der Rettung ohne ein Wort über den Geist erwähnt wird, meint Barth: "Die Taufe 'errettet', sofern sie wie der Glaube und mit ihm zusammen ein Element des Tuns ist, das den durch Gott künftig zu Errettenden, in der Hoffnung auf ihn doch schon jetzt hier Erretteten anvertraut und anbefohlen, wie der Glaube ein diesem ihrem Stand schlechthin angemessenes, unentbehrlich eigentümliches menschliches Werk ist. Ein 'sakramentaler' Sinn der Taufe ist aus diesen beiden Stellen kaum abzuleiten"[26].

8. Barth bestreitet weiterhin die Auffassung, die Taufe sei ein Mittel göttlicher Selbstbezeugung.[27] Nach Barth ist in der Stelle 1Joh 5,5-8 nicht von der Taufe als Zeichen der Errettung die Rede. Entscheidende Bedeutung hat der Zusammenhang: "...'nicht im Wasser allein' ist er gekommen, sondern 'im Wasser und im Blut': in dem Geschehen am Jordan und ...in dem auf Golgatha"[28]. Es ist hier eben ein Fehler, wenn man das Begriffspaar "im Wasser und im Blut" als die Sakramente "Taufe und Abendmahl" versteht und bezeichnet. Richtig ist aber, daß der Autor des ersten Johannesbriefes die wahre, echte Menschlichkeit nicht abstrahieren wollte, sondern sie mit den beiden Begriffen "Wasser" und "Blut" darstellt: "Von Jesu geschichtlichem Gekommensein als dem Erweis seiner Gottessohnschaft soll ja die Rede sein... Gewiß muß man ...an eine Taufe denken, aber hier nun eben nicht an die kirchliche Taufaktion, sondern an das Geschehen, in welchem diese ihren Grund hat, und also an Jesu Jordantaufe — und an diese in ihrer proleptischen Beziehung nicht zum Abendmahl, wohl aber zu Jesu Tod am Kreuz im Vergießen seines Blutes"[29].

Um Barths exegetische Untersuchung der Taufe zu rekapitulieren, ist es sinnvoll, die Zusammenfassung seiner Erläuterung der vorangehenden zwölf neutestamentlichen Stellen zu zitieren:

"Ich gruppiere zunächst unsere einzelnen Ergebnisse. Uns sind Stellen begegnet – es waren die zwei hier zuletzt besprochenen 1Jh

---

25 Ebd., S.133.
26 Ebd., S.134.
27 Vgl. ebd.
28 Ebd., S.135.
29 Ebd.

58

5,5-8 und Jh 19,33-37 – die zur Beantwortung unserer Frage
darum nichts Direktes beitragen, weil es sich in dem in beiden
gewiß gewichtig genug auftretenden Begriff des 'Wassers' nicht
um die christliche Taufhandlung, sondern in der ersten um Jesu
Taufe am Jordan als Antizipation seines Todes auf Golgatha, in
der zweiten um die in seinem Tod begründete Ausgießung und
Gabe des Heiligen Geistes (nicht um die 'Wassertaufe', sondern
um die 'Geisttaufe' also) zu handeln scheint. Wir fanden weiter,
daß in den Stellen Hebr 10,22, Eph 5,25f., Tit 3,5 ohne ausdrück-
liche Nennung der Taufe – Gal 3,27, indem sie ausdrücklich ge-
nannt wird – zwar eine Erinnerung an sie vorliegt: aber doch nur
in vergleichendem Rückblick auf den eigentlichen Inhalt dieser
Texte, ein Hinweis nicht auf eine Kraft der Taufe, sondern auf die
des Todes Christi und des Heiligen Geistes, auf die Tragweite der
den Christen eben durch den Heiligen Geist widerfahrenen
'Überkleidung', ihrer völligen Verbindung mit Christus. Wiederum
begegnete uns Jh 3,5 ein Wort – es besagt, daß nicht die Taufe,
sondern allein der Geist des Menschen Erneuerung von Gott her
bewirkt! – das zwar die Taufe als solche voraussetzt und gelten
läßt, gerade ihren sakramentalen Charakter aber deutlich in Fra-
ge stellen dürfte. Und wir fanden die Taufhandlung Act 22,16,
1Petr 3,21 verstanden als das den Christen zwischen ihrem Ster-
ben mit Christus und ihrer künftigen Auferstehung mit ihm (als
nachträgliche Bestätigung des ersteren) widerfahrene Begräbnis
mit ihm, und wir fanden sie Mk 16,16 als ein dem Glauben beige-
ordnetes Werk beschrieben — lauter Aussagen, die, indem wir sie
sehr ernst nehmen, jedenfalls auf einen ganz anderen Sinn dieser
Handlung hinzuweisen scheinen."[30]

Als notwendige Konsequenz folgt daraus, daß die Frage nach einer biblischen Begründung der Taufhandlung negativ beantwortet werden muß.
Barths Schlußfolgerung aus seiner Untersuchung lautet: "Daß die eine und
andere unter den besprochenen Stellen sakramental verstanden werden
könnte, wurde hier jeweils, auch wenn es nur zu diesem 'könnte' kam,
nicht verschwiegen. Eine Stelle, die durchaus so verstanden werden müßte,
ist uns gar nicht begegnet"[31]. Was Barth mit seiner Untersuchung sagen
wollte, scheint nun eindeutig. Nach seinem biblischen Befund ermöglicht

---

30 Ebd., S.139f.
31 Ebd., S.140.

nicht die Taufe selbst, auch nicht ihr Vollzug das Heil, sondern Jesus Christus und der Heilige Geist sind vielmehr das Heil. Die Essenz der Tauflehre Barths liegt darin, daß die christliche Taufhandlung weder als ein den Menschen reinigendes und erneuerndes göttliches Gnadenwerk und Gnadenwort noch als "Mysterium" oder als "Sakrament" im Sinne der herrschenden theologischen Tradition zu verstehen ist.

b. Exegetische Beurteilung

Im vorangehenden Abschnitt ist anhand seiner *KD* IV/4 der Versuch Barths dargestellt worden, die Tauflehre exegetisch zu begründen. Im folgenden soll nun die Frage diskutiert werden, ob die exegetischen Argumente der Tauflehre Barths gerechtfertigt werden können.

In der Tat gibt es in den zahlreichen Untersuchungen zwar viele Kritikpunkte an Barths Tauflehre vor dem biblischen Hintergrund des jeweiligen Kritikers. Es mangelt jedoch an Auseinandersetzungen mit Barths eigenen exegetischen Argumenten. Ein Dialog zwischen Barths exegetischen Erläuterungen und biblischen Kritiken anderer Theologen ist deshalb kaum vorzufinden. Dieser Abschnitt zeigt darum hauptsächlich die exegetischen Positionen der Kritiker in der Frage zur Taufe auf. Die Darstellung greift deren kritische Stellungnahme zu Barths Tauflehre entsprechend ihrer biblischen Überzeugung und nach ihrem exegetischen Befund auf.

Zunächst soll die neutestamentliche Ortsbestimmung der Taufe, mit der die Kritiker allgemein übereinstimmen, mit Hilfe von neun Leitsätzen dargestellt werden:

1. Taufe ist Gnade Gottes und seine Heilstat
Die Taufe ist kein ethischer, menschlicher Akt. Im Neuen Testament ist sie als der Akt verstanden, in dem Christus als der sich hingebende Herr am Menschen handelt. In der Taufe wurzelt das christliche Leben als in der Gnadengabe Gottes.[32] In seinem Beitrag zur Taufschrift *"Zu Karl Barths Lehre von der Taufe"* schreibt E. Dinkler: "In der Taufe wird eine verbindliche Übernahme des Täuflings ins Eigentum und in den Schutz Gottes vollzogen, wobei Gott handelndes Subjekt und der Mensch Objekt

---

[32] Vgl. J. Beckmann, *"Berichte und Analysen — ist die Taufe ein Sakrament?"*, in: *Evangelische Kommentare*, 1, 1968, S.331f.

ist. Darum ist die Taufe eine die neue Schöpfung heraufführende Tat Gottes, nicht aber menschliche Tat"[33].

2. *Taufe ist Heilsgeschehen in Jesus Christus bzw. das gegenwärtige Heilsereignis in der Handlung am Menschen*

Die Taufe ist nach den Paulusbriefen[34] nicht nur als die Gnade und als Spende von Gott, von Christus und vom Heiligen Geist zu verstehen, sondern es ist im Neuen Testament auch erkennbar, daß das Heilsereignis in der Taufe gegenwärtig wird, um den Täufling mit ihm zu einigen.[35] Neutestamentlich gesehen ist die Taufe ihrem Wesen nach eine Handlung, die im Vollzug ihres Geschehens kausativ das Heil des Getauften an diesem bewirkt.[36] Die Wassertaufe ist nicht nur die Antwort, sondern sie ist zugleich Zeugnis des "ein für allemal" gültigen Heilshandeln Gottes.[37] Daß die Taufe als Heilsgeschehen bezeichnet wird, ist in den späteren Briefen des Paulus grundsätzlich beibehalten. In diesem Sinne behauptet R. Schlüter in seiner Untersuchung: "Die Taufe steht immer im Zusammenhang mit dem Heilsgeschehen in Jesus Christus und gewinnt von dorther ihre Bedeutung"[38]. Auf ähnliche Weise bezeichnet Dinkler die Taufe als eine Handlung am Menschen, die eine reale Wirkung hinterläßt.[39] Auch E. Jüngel ist davon überzeugt, daß nach Paulus eine Taufe ohne Taufpraxis bzw. ohne Taufritus undenkbar ist: "...knüpft Paulus an die ihm vertraute Taufpraxis an, in der sich die Taufe als ein durch den Taufritus reale Wirkungen am und im Menschen auslösendes Ereignis zu verstehen gab"[40]. Seiner Meinung nach ist neben den paulinischen Briefen - so z.B. in Apg 22,16 - die Reinigung des Menschen von seiner

---

33 E. Dinkler, *"Die Taufaussagen des Neuen Testamentes. Neu untersucht im Hinblick auf Karl Barths Tauflehre"*, in: F. Viering (Hg.), *"Zu Karl Barths Lehre von der Taufe"*, S.152.

34 Besonders bemerkenswert sind 2Kor 1,21; Tit 3,5; 1Kor 6,11; Eph 5,25f. und 12,13.

35 Vgl. H. Schlier, *"Zur kirchlichen Lehre von der Taufe"*, in: *Theologische Literaturzeitung*, 72, 1947, S.328.

36 Vgl. ebd., S.324.

37 Vgl. W. Kreck, *"Karl Barths Tauflehre"*, in: F. Viering (Hg.), *"Zu Karl Barths Lehre von der Taufe"*, S.22.

38 R. Schlüter, *"Karl Barths Tauflehre — ein interkonfessionelles Gespräch"*, S.243.

39 Vgl. E. Dinkler, a.a.O, S.141.

40 E. Jüngel, *"Zur Kritik des sakramentalen Verständnisses der Taufe"*, in: F. Viering (Hg.), *"Zu Karl Barths Lehre von der Taufe"*, S.36.

Sünde als durch die Taufhandlung bewirkt vorzustellen. Der Taufvorgang selbst ist als das Ereignis der Sündentilgung zu verstehen.[41]

3. Taufe ist Gnadenmittel und das heilswirkende Werkzeug Jesu Christi
Beckmann hält es für umstritten, daß alle Auslegungen der neutestamentlichen Taufe die Formulierungen sind, die die Taufe als Heilsmittel bzw. als Sakrament interpretieren.[42] Ähnlich denkt auch Dinkler: "Mit Karl Barth ist vom Neuen Testament aus die dogmengeschichtliche Signatur 'Sakrament' in Frage zu stellen und damit dem volkstümlichen Mißverständnis zu wehren, als folge notwendig der Glaube und das endzeitliche Heil aufgrund der Taufe. Insofern ist Barth in der Kritik am Begriff *sacramentum* zuzustimmen, nicht aber in seiner Verneinung der Taufe als Gnadenmittel"[43]. Gegen Barths Taufthese, die Barth in seinem Vortrag 1943 über die kirchliche Tauflehre aufgestellt hat, brachte Schlier den Einwand vor, daß die Taufe nicht ein *signum formale* ist wie das Wort, sondern ein *signum instrumentale*. Sie wirkt nicht kognitiv, sondern instrumentaliter.[44] Für ihn ist die Taufe nach den paulinischen Schriften ein Werkzeug Christi und zugleich des Heiligen Geistes, an das diese sich gebunden haben, um das Heil zu erwirken.[45]

4. Die Taufe ist unlöslich an den Glauben gebunden
In der Frage über die unlösliche Bindung der Taufe an den Glauben stimmen einige Kritiker mit Barth überein. In seinem Aufsatz "*K. Barths Tauflehre*" schreibt W. Kreck: "Der Glaube ist Voraussetzung der Taufe, und der Taufakt ist mit dem Bekenntnis des Glaubens seitens des Täuflings verbunden. Dieser exegetische Tatbestand ist unverkennbar …sie [Taufe] steht im engen Zusammenhang mit dem Hören des Wortes, dem glaubenden Bekennen …"[46]. Dinkler erklärt sich auch für Barth, wenn er schreibt: "Exegetisch richtig ist an Barths Entwurf der Hinweis darauf, daß in der Regel im Neuen Testament der Glaube der Taufe vor-

---

41 Vgl. ebd., S.34.

42 Vgl. J. Beckmann, "*Kritische Fragen an die Tauflehre Karl Barths*", in: F. Viering (Hg.), "*Zu Karl Barths Lehre von der Taufe*", S.160.

43 E. Dinkler, a.a.O., S.153.

44 Vgl. H. Schlier, a.a.O., S.324; auch E. Jüngel, "*Karl Barths Lehre von der Taufe — ein Hinweis auf ihre Probleme*", S.10.

45 Vgl. H. Schlier, a.a.O., S.328.

46 W. Kreck, a.a.O., S.21.

62

angeht, und daß der Glaube als Geschenk Gottes ohne Wirken des heiligen Geistes nicht denkbar ist"[47]. Nach Schlier führt der Glaube notwendig und selbstverständlich zur Taufe.[48] Dinklers Ansicht zufolge drängt der Glaube zur Taufe.[49] Das unmittelbare Verhältnis von Glaube und Taufe wird von Schlier folgendermaßen formuliert: "Es gibt nach dem Neuen Testament kein christliches Leben ohne Glaube und Taufe... Dieser aktuelle Glaube ist zugleich die notwendige Disposition des Täuflings für die Taufe und also die Bedingung der Taufe"[50]. Anhand einer Untersuchung der paulinischen Schriften kommt R. Schlüter zu der Ansicht, daß kein Glaube ohne Taufe und keine Taufe ohne Glauben besteht, weil der Glaube bei der Taufe mit einem Bekenntnis formuliert wurde.[51] Insofern ist das unlösliche Verhältnis von Glaube und Taufe für Barth und für seine Kritiker unumstritten.

5. Der Taufvorgang ist Sündentilgung und Rechtfertigung
Die Taufe bezeichnet in ihrem Vollzug – im Unter- und Auftauchen des Täuflings im Wasser – das Sterben, das Begrabenwerden und das Auferstehen mit Christus. Dieser Taufvorgang ist mit Recht als das Ereignis der Sündentilgung zu verstehen, wie man in 1Kor 6,11 und Hebr 10,22 lesen kann — das Abwaschen des Leibes auf die innere Reinigung und das Abwaschen der Sünden.[52] Die Taufe wird nicht nur in paulinischen Briefen als Sündentilgung verstanden, sondern auch die ersten drei Evangelien nehmen diesen Sinn auf: "...nach den Synoptikern wird 'Taufe' mit der Vergebung der Sünden verbunden und als 'Abwaschung', wirksam in Christus und für Christus, verstanden"[53]. Ebenso wird in Apg 22,16 die Reinigung des Menschen von seiner Sünde als durch die Taufhandlung bewirkt vorgestellt.[54] Für Jüngel hat die Taufe als Rechtfertigung eine große Rolle in den Paulusbriefen gespielt: "In der von Paulus

47 E. Dinkler; a.a.O., S.150.
48 Vgl. H. Schlier, a.a.O., S.332.
49 Vgl. E. Dinkler, a.a.O., S.153.
50 H. Schlier, a.a.O., S.332.
51 Vgl. R. Schlüter, a.a.O., S.241.
52 Vgl. H. Schlier, a.a.O., S.324 und E. Jüngel, *"Zur Kritik des Sakramentalen Verständnisses de Taufe"*, in: F. Viering (Hg.), *"Zu Karl Barths Lehre von der Taufe"*, S.34.
53 H. Stirnimann, *"Barths Tauf-Fragment"*, in: *Freiburger Zeitschrift für Philosophie und Theologie*, 15, 1968, S.17.
54 Vgl. E. Jüngel, a.a.O., S.34.

vorgefundenen Taufpraxis scheint das Ereignis der Taufe das Ereignis der Rechtfertigung bzw. Heiligung auszulegen... Das Ereignis der Taufe kann das Ereignis der Rechtfertigung des Sünders auslegen... Weil der paulinische Rechtfertigungslehre von der Auferstehung Jesu her den Tod Jesu Christi als das vollkommene und vollbrachte Werk unserer Rechtfertigung versteht (Röm 3,21-26 und 4,24), geschieht diese Interpretation so, daß das Ereignis der Taufe von der Wirksamkeit der Sache des Sakraments (*res sacramenti*) her gegen die sich selbständig machende Bedeutung des sakramentalen Zeichens (*signum sacramentale*), kritisch zur Geltung gebracht wird"[55]. Mit anderen Worten soll man wie Paulus, der in seiner theologischen Interpretation von der Rechtfertigung her denkt,[56] die Taufe und die Rechtfertigung in Zusammenhang sehen.

6. Die Taufe ist ein Zeichen, ein Siegeln der Heilstat Gottes an den Menschen
Die Taufe bezeichnet in ihrem Vollzug das Sterben, das Begrabenwerden und das Auferstehen des Täuflings mit Christus. Sie ist somit ein Zeichen.[57] Dinkler versteht sie auch als ein Siegel, indem sie eine Handlung am Menschen ist, die eine reale Wirkung hinterläßt und nicht etwa nur zur Erkenntnis von Gottes *gratia praeveniens* führt. Wenn im Neuen Testament von der Taufe die Rede ist, spricht Paulus auch vom Versiegeln.[58]

7. Die Taufe ist notwendig zum Heil und für das Christsein
Obwohl sich die Heilsnotwendigkeit der Taufe vom Neuen Testament aus nicht beweisen läßt,[59] ist Schlier davon überzeugt, daß die Taufe notwendig für das Heil ist: "Diese Selbstverständlichkeit[60], mit der man nach dem Neuen Testament die Taufe allgemein voraussetzt und übt, läßt an sich schon den Schluß zu, daß sie ein dem Heil dienendes und für das

55 Ebd., S.34f.
56 Vgl. W. Kreck, a.a.O., S.21.
57 Vgl. Schlier, a.a.O., S.324.
58 Vgl. ebd., S.331, dazu auch J. Beckmann, a.a.O., S.333.
59 Vgl. E. Dinkler, a.a.O., S.140.
60 Schlier schreibt ausdrücklich, daß die Taufe in allen Schriftgruppen des Neuen Testamentes selbstverständlich als heilsnotwendig vorausgesetzt ist. H. Schlier, a.a.O., S.326 und S.334.

Heil notwendiges Mittel war"[61]. Seiner Meinung nach hat diese Aussage eine biblische Begründung in Jh 3,5, und in Apg 10 und 8.[62]

8. Taufe ist eine Wiedergeburt, ein neues Sein

Jüngel hat in einem Aufsatz aufgezeigt, daß Paulus in seinen, die menschlichen Taten betreffenden Paränesen sehr wohl auf die Taufe rekurriert. Aber mit seinen Taufaussagen bezieht sich Paulus nicht auf die menschliche Tat, sondern auf ein bestimmtes menschliches Sein, dem sich die Taten der Getauften verdanken.[63] Unverkennbar ist aber nicht nur, daß das neue Sein als die Wiedergeburt durch das Wort und durch die Taufe zur Vergebung der Sünden geschieht,[64] sondern auch, daß die Taufe im Zusammenhang mit dem neuen Sein des Getauften kein seltenes Thema im Neuen Testament ist. Die Wiedergeburt, das Wiedergeborensein, das neue Leben sind gerade eine Beschreibung der Wassertaufe als Heilsgeschehen.[65] Um die Taufe biblisch zu begründen, sagt Schlier ausdrücklich: "...daß der Mensch in der Taufe neugeboren und damit eine neue Schöpfung wird. Sowohl Paulus (2Kor 5,17; Eph 2,9f.; Kol 3,10; Tit 3,5), als auch die johanneischen Schriften (Jh 3,5; 1Jh 3,9), als auch 1Petr 1,3ff. (1,23) kennen diesen Begriff"[66].

9. Taufe ist Eingliederung in den Leib Christi bzw. die Angliederung an die christliche Gemeinschaft

Indem Christus als der vergebende Herr in der Taufe am Menschen handelt, wird der Mensch durch die Gnade in die Gemeinschaft Christi aufgenommen.[67] Das ist eine Wirkung der Taufe, wie Schlier behauptet: "Durch die Taufe wird der Getaufte zum Gliede des Leibes Christi geformt. Das geschieht aber in eins damit, daß er im Grunde seines Daseins ein lebendiges Glied Christi wird"[68]. In diesem Sinne betrachtet auch

---

61 Ebd., S.326.
62 Vgl. ebd., S.328.
63 Vgl. E. Jüngel, a.a.O., S.50.
64 Vgl. H. Schlier, a.a.O., S.330.
65 Vgl. J. Beckmann, a.a.O., S.159.
66 H. Schlier, a.a.O., S.329. Im Gegensatz zu Barth sagt er, daß der Getaufte nach neutestamentlichen Schriften ein neuer Mensch geworden ist, und nicht als der alte Mensch in den Schatten steht, wie Barths Ausführung lautet. Vgl. S.331.
67 Vgl. J. Beckmann, a.a.O., S.160f.
68 H. Schlier, a.a.O., S.329. Schlier ist davon überzeugt, obwohl die Eingliederung des Getauften durch die Taufe in die Kirche als in den Leib Christi nicht überall im

Stirnimann die Taufe als Eingliederung in die Kirche, weil die Taufe bei
Paulus offensichtlich als Hineinnahme in Jesu Tod und als Eingliederung
in den Christusleib bezeichnet wurde.[69]

Die oben angeführten neun Leitsätze bezeichnen die Position der Kritiker. Der Verfasser enthält sich hier einer grundsätzlichen Beurteilung dieser Positionen. Im folgenden werden die Kritiken aus unterschiedlichen De-
nominationen an Barths Tauflehre kurz zusammengefaßt:

1. Heilstat Gottes gegenüber der ethischen Tat des Menschen
Offensichtlich hat die christliche Taufe im ethischen Sinne die zentrale
Rolle für Barths Tauflehre gespielt. Ein ethischer Sinn der Taufe ist ge-
nerell nicht zu verleugnen. Jedoch darf aus der greifbaren Affinität von
Taufe und Ethik im Neuen Testament nicht die Schlußfolgerung gezogen
werden, daß die Taufe zur Ethik gehöre.[70] Man soll die Taufe nicht rein
ethisch betrachten, wie Beckmann gegen Barth sagt: "Der Sinn der Wassertaufe ist bei Barth nichts als menschliches Handeln, Gehorsam, Entscheidung, Bekenntnis, Gebet. Sie wird also rein ethisch verstanden. Aus
den Texten des Neuen Testamentes, die Barth einer Auslegung unter-
zieht, ist dies Verständnis nicht zu entnehmen. Vor allem bleibt es frag-
würdig, wenn er seine Tauflehre auf Grund einer Auslegung entwickelt,
bei der er selbst immer wieder eingestehen muß, daß seine eigenen Ent-
scheidungen gegen ein sakramentales Verständnis der Taufe sich nicht
eindeutig und zwingend aus den Texten ergeben. Gewiß hat die Taufe
auch ethische Bedeutung, aber sie ist nicht als solche lediglich ein ethischer Akt, sondern gerade im Neuen Testament durchweg als der Akt
verstanden, in dem Christus als der vergebende Herr am Menschen handelt..."[71]. Dinkler versucht, die Problematik der Tauflehre Barths, daß
nämlich die Taufe eine rein ethische Tat des Menschen ist, deutlicher
aufzuzeigen, wenn er sagt: "In der Taufe wird eine verbindliche Über-

Neuen Testament bezeichnet, und nicht überall in seiner Bedeutung betont wird, ist
es der Sache nach überall vorausgesetzt, was die Taufe im Vollzug ihres Geschehens bewirkt, kann nicht anders als die Eingliederung in der Gemeinde Jesu Christi
verstanden werden.
69 Vgl. H. Stirnimann, a.a.O., S.17.
70 Vgl. E. Dinkler, a.a.O., S.140.
71 J. Beckmann, a.a.O., S.159.

nahme des Täuflings ins Eigentum und in den Schutz Gottes vollzogen, wobei Gott handelndes Subjekt und der Mensch Objekt ist. Darum ist die Taufe eine die neue Schöpfung heraufführende Tat Gottes, nicht aber menschliche Tat"[72]. Obwohl die Taufe in unlösbarer Beziehung mit dem Glauben steht und der Mensch in diesem Sinne eine Beteiligung an dem Taufgeschehen einzuräumen ist, ist Gottes Heilshandeln in der Taufe weder an menschliche Voraussetzung, noch an den Glauben als menschliche Antwort auf Gottes Handeln zu binden. Die Taufe fordert nicht den Glauben als Vorleistung.[73] Barths Verständnis der Taufe, die unter anderem auch ein Sich-Festlegen des Täuflings durch seine Antwort auf die Treue Gottes bedeutet, stimmt mit den Taufaussagen des Paulus nicht überein, weil die Taufe bei Paulus ein Festgemachtwerden des Täuflings durch Gott ist.[74]

2. "Heil-Wiederfahrnis" gegenüber "im-Blick-auf"

Die Kritik Beckmanns an Barths Auslegung der Taufformel, daß das Wort Jesu Christi in Mt.28,19 "auf den Namen" im Sinne der Mission als "im Blick auf" interpretiert werden soll, wird in seinem Aufsatz "*Kritische Fragen an die Tauflehre Karl Barths*" formuliert: "Die von Barth unternommene Auslegung der Taufformel (auf den Namen Jesu oder des dreieinigen Gottes) widerspricht nicht nur der traditionellen kirchlichen Exegese, sondern ebenso der einmütigen Auslegung in der historisch-kritischen Schriftforschung unserer Zeit. '...auf den Namen' kann auf keinen Fall heißen: 'im Blick auf', sondern weist gerade darauf hin, daß in der Taufe durch den Zuspruch des Namens Gottes oder Jesu Christi dem Täufling das in diesem Namen beschlossene Heil widerfährt. Gerade in Röm 6 (auf Christus getauft werden, ist in seinem Tod getauft werden!) ist der 'sakramentale' Charakter dieser Formel offenkundig"[75]. Die denknotwendige Folgerung aus Beckmanns Kritik wäre demnach die These, daß die Taufe selbst ein Heilsgeschehen und von Jesus Christus vor seiner Himmelfahrt bestimmt sein muß.

---

72 E. Dinkler a.a.O., S.152.
73 Vgl. ebd., S.153.
74 Vgl. ebd., S.150.
75 J. Beckmann, a.a.O., S.159.

3. Signum instrumentale gegenüber signum formale

Schlier kritisiert die kognitive Auslegung der Taufe bei Barth.[76] Er stimmt Barth einerseits zu, daß die Taufe nach dem Neuen Testament das Abbild von Tod und Auferstehung Christi und damit das Abbild der Erneuerung des Menschen ist, weist aber andererseits darauf hin, daß die Taufe im Neuen Testament wesentlich eine Handlung ist, die im Vollzug ihres Geschehens kausativ das Heil des Getauften an diesem bewirkt. Das Neue Testament weiß nichts von einer kognitiven Wirkung der Taufe.[77] Die Taufe als ein Abbild ist nicht nur ein Symbol oder ein Zeichen, mit dem man zu erkennen gibt, daß der Täufling in der Taufe mit Christus gestorben und auferstanden ist. Diese kognitive Interpretation darf das Zentrum der Taufe nicht besetzen. Vielmehr ist das Heilsgeschehen mit dem Täufling das wichtigste in der Taufe. Deshalb erhebt Schlier den Einwand gegen Barth: "...die Wirkung dieses zeichenhaften Handelns beruht nicht darauf, daß es solches Zeichen ist und gibt, sondern darauf, daß diese Handlung am Täufling geschieht. Die Taufe ist ein *signum*. Aber sie ist nicht ein *signum formale* wie das Wort, sondern ein *signum instrumentale*"[78].

4. Handlung gegenüber Erkenntnis

Die Auslegung der Taufe Barths im Sinne einer "Erkenntnis" ist in der Diskussion noch immer umstritten. Ist sie ein Erkenntnisakt, wie Barths Behauptung lautet, dann steht aber im Brennpunkt der Taufe nicht das Heilsgeschehen Gottes. Doch für viele Theologen besteht kein Zweifel, daß bei Paulus wie bei den anderen Autoren des Neuen Testamentes überhaupt die Taufe eine Handlung am Menschen ist. Die Taufe als menschliche Handlung hinterläßt eine reale Wirkung und führt nicht etwa nur zur Erkenntnis von Gottes *gratia praeveniens*,[79] obwohl die Taufe in der Urgemeinde allgemein als Gelöbnis und Bekenntnisakt verstanden wurde und als solche die Verbindung mit dem Bekenntnis des Glaubens bedeutet.[80] Aus diesem Grund kritisiert Dinkler Barth: "Die neue Bedeu-

---

[76] Vgl. H. Schlier, a.a.O., S.324.

[77] Vgl. ebd.

[78] Ebd.

[79] Vgl. E. Dinkler, a.a.O., S.141.

[80] Vgl. R. Schlüter, a.a.O., S.216. Dazu U. Kühn, *"Die Taufe — Sakrament des Glaubens"*, in: *Kerygma und Dogma*, 16, 1970, S.289: "Eine Alternative zwischen

tung der Taufe ist vor allem den Paulusbriefen zu entnehmen und in ihrer soteriologischen und ekklesiologischen Sinngebung zu erblicken: Die Taufe gibt Anteil am Heilsgeschehen Jesu Christi, schenkt damit Sünden-vergebung und ein neues menschliches Sein, und gliedert in die Kirche als Leib Christi ein. Taufe ist insofern ein Geschehens- und nicht ein Er-kenntnisakt"[81].

5. Menschliches Sein gegenüber menschlicher Tat

Die Taufe hat also ohne Zweifel eine ethische Bedeutung. Im Neuen Testament ist der ethische Zusammenhang für die paulinischen Taufaussagen unverkennbar.[82] Jedoch rekurriert Paulus mit seinen Taufaussagen nach Jüngels Meinung nicht auf die menschliche Tat, sondern auf ein bestimmtes menschliches Sein.[83] Jüngel versucht, diesen Gedanken mit Barths existentialer Interpretation zu verbinden, so daß er nicht nur von einem Sich-Festlegen des Täuflings sprechen kann, wie Barth es tut, sondern auch von einem Sich-Festlegen-Lassen von Gott und vor Menschen.[84] Weiterhin interpretiert Jüngel das Getauftsein im existentialen Sinn als Ansprechbar-Sein: "Die Taufe bringt mit ihrer Einmaligkeit eine unwiderrufliche Ansprechbarkeit des Getauften auf das ihm zuteilgewordene 'Leben im Geiste' zur Geltung. Paulus pointiert zwar nicht die Unwiderruflichkeit dieses Lebens, sondern die unwi-derrufliche Ansprechbarkeit auf dieses Leben, aber diese doch eben im Sinne eines Ansprechbar-Seins"[85].

6. Kritiken an Barths Methode

Die Methode Barths in seiner Tauflehre ist ein weiterer Punkt der Kritik der Theologen. So meint Dinkler: "Insofern ist man es K. Barth schuldig, seine exegetische Basis zu prüfen. Man wird dabei darüber hinwegsehen müssen, daß Barth keine Zeichen einer Auseinandersetzung mit exege-

---

dem Verständnis der Taufe als Gelöbnis des Täuflings und demjenigen als Gesche-hen aus Täufling kennt die alte Kirche nicht".

81 Dinkler, a.a.O., S.152.

82 Vgl. E. Jüngel, a.a.O., S.50.

83 Vgl. ebd.

84 Vgl. W. Kreck, a.a.O., S.22.

85 E. Jüngel, *"Karl Barths Lehre von der Taufe — ein Hinweis auf ihre Probleme"*, S.50.

tischen Arbeiten gibt, sondern – auf der Basis von Markus Barths Taufbuch – in direktem Dialog mit dem Text sich bewegt"[86]. Barths Methode unter exegetischer Perspektive erscheint auch Beckmann fraglich. Er sagt: "Bei der Exegese der neutestamentlichen Texte durch Barth liegt eine völlige Mißachtung jeder historisch-kritischen Forschung vor, die eigentlich nicht zu rechtfertigen ist, da sie von einer dogmatischen *petitio principii* getragen ist. Die Methode, mit der Barth statt dessen exegesiert, ist deshalb fraglich, weil sie in gar keiner Weise sich bemüht, den historischen Wirklichkeiten der neutestamentlichen Texte Rechnung zu tragen"[87]. Schlüter stellt folgenden Fehler in der exegetischen Methode Barths fest: Barths Ablehnung der als Sakrament im Neuen Testament nicht zu belegenden Taufe ist auf seine Gleichstellung von "nicht-sakramental" und "rein menschlich" zurückzuführen. Dies ist für Schlüter unzulässig. Außerdem sei auch der Sakramentsbegriff Barths problematisch: "Bezüglich der Fragestellung Barths ist festzustellen, daß ein magisches Verständnis der Wirkweise der Taufe, gegen das er sich wendet, wobei er einen Sakramentsbegriff zugrunde legt, der von Mysterienvorstellungen bestimmt ist und das Sakrament verstehen läßt als 'Vergegenwärtigung des Kultgottes', die Taufe damit als ein Kultmysterium in der Art einer Zwischeninstanz in der Beziehung des Glaubenden zum Heilsgeschehen, 'als verborgenes Gotteswerk und Gotteswort und so als Mysterium, Sakrament und Gnadenmittel', im Neuen Testament nicht zu belegen ist. Das läßt aber noch keineswegs die Schlußfolgerung zu, daß die Taufe, da kein sakramentales Geschehen, eine rein menschliche Handlung sei. Methodisch illegitim ist es, wie eingangs festgestellt wurde, bestimmte im Laufe der Theologiegeschichte erarbeitete Begriffsdefinitionen von Sakrament an die neutestamentlichen Texte heranzutragen. Ebenso unerlaubt dürfte es sein, wenn Barth, zwar nicht die Sakramentalität, wohl aber die Nichtsakramentalität der Taufe aus dem Neuen Testament beweisen will, für deren Erweis er das Nichtvorhandensein eines von Mysterienreligionen beeinflußten Sakramentsbegriffes, für den es nach den exegetischen Erkenntnissen keine Grundlage in den neutestamentlichen Aussagen gibt, aufweist. Durch diese doch wohl zu einfache Konstruktion, noch erhärtet durch die Gleichstellung von 'nicht-sakramental' – besser wäre zu sagen 'nicht-magisch' – und 'rein menschlich', kommt Barth zu dem Ergebnis, das ihm

---

[86] E. Dinkler, a.a.O., S.144.

[87] J. Beckmann, a.a.O., S.159.

durch seine systematischen Überlegungen schon vorgegeben war, zu der
Erkenntnis, daß die christliche Taufe eine rein menschliche Handlung
ist"[88].

Nach diesen Kritikern ist Barths exegetische Methode kaum aufrechtzuerhalten. Die Evangelische Kirche der Union nimmt auch in diesem Sinne
eine kritische Stellung zu Barths Methodik in der Frage der Taufe
überhaupt ein, ohne sie jedoch pauschal zu verurteilen: "Der Ausschuß
[Taufausschusses der Evangelischen Kirche der Union] ist sich darin einig,
daß die von Barth gegebene exegetische Begründung seiner Tauflehre
methodisch anfechtbar ist, daß aber mit dieser Kritik noch nicht über die
Begründung der Barthschen Tauflehre durch das Christuszeugnis des Neuen
Testamentes entschieden ist"[89].

Es ist nun mit Recht zu sagen, daß die Kritiken, die oben zitiert
wurden, im Grunde weniger eine Auseinandersetzung mit Barths
exegetischen Begründungen der Tauflehre, sondern seiner Tauflehre
überhaupt darstellen. Die Kritiker sind sich in dem Punkt einig, daß nach
ihrer exegetischen Überzeugung und Kenntnis die Taufe in ihrem Wesen
weder als Abbild noch als Erkenntnisakt betrachtet werden darf, wie Barths
These lautet. Vielmehr ist die Taufe wesentlich das Gnadenmittel, mit dem
im Vollzug der Taufe das Heilshandeln Gottes am Menschen geschieht.

Somit lassen sich zwei Behauptungen festhalten, die sich widersprüchlich zueinander verhalten. Die eine Position vertritt Barth, derzufolge
die kirchlichen Sakramente in exegetischer Hinsicht für ungültig gehalten
werden sollen. Die andere Ansicht äußern seine Kritiker, derzufolge die
kirchliche Sakramentslehre bzw. die Sakramentalität der Taufe und des
Abendmahls zufolge ihrer biblischen Überzeugung stichhaltig bleibt. Jede
Behauptung scheint ihre biblische Begründung zu haben. Auf die Frage,
wie Barths Tauflehre aus exegetischer Perspektive kritisiert wurde, wurde
in diesem Abschnitt bereits eine kurze Antwort gegeben. Es bleibt noch zu
fragen: Können diese Kritiken an Barths Tauflehre gerechtfertigt werden?
Die Beantwortung dieser Frage stößt jedoch auf objektive und subjektive
Schwierigkeiten. Barth verneint die Sakramentalität der kirchlichen
Sakramente — der Taufe und des Abendmahls zugleich, die für die Kritiker

---

88 R. Schlüter, a.a.O., S.244f.

89 *"Votum des Taufausschusses der Evangelischen Kirche der Union zu Karl Barths
    Lehre von der Taufe"* in: Fritz Viering (Hg.), *"Zu Karl Barths Lehre von der Tau-
    fe"*, S.167.

jedoch als unumstritten gilt. M.E. beantwortet das Neue Testament dies weder positiv noch negativ. Obwohl Schlüter Barth scharf kritisiert und ihm einen unbiblischen, den Mysterienreligionen entliehenen Sakramentsbegriff nachsagt, um neutestamentlich die Nichtsakramentalität der Taufe zu beweisen,[90] gesteht Schlüter zugleich: "...ein Gebrauch dieses Begriffes[91] zur Bezeichnung der Taufe findet im Neuen Testament nicht statt"[92]. Die Taufe als Sakrament ist gewiß nicht im Neuen Testament zu belegen.[93]

Eine andere Schwierigkeit besteht darin, daß die Aussagen des Neuen Testamentes über das Wesen der Taufe nicht einheitlich sind.[94] Die Taufe ist nach den Synoptikern mit der Vergebung der Sünden verbunden und als Abwaschung, wirksam in Christus und für Christus, zu verstehen. Aber für Paulus geschieht die Reinigung von den Sünden durch den Glauben. Die Taufe ist in seinen Briefen anders dargestellt als die Eingliederung in Christus und Angliederung an die Kirche. Sie wird auf den einen Geist hin gespendet. Nach johanneischen Schriften steht die Taufe in Beziehung mit dem neuen Leben aus und unter dem Geist.[95] Angesichts dieser Grenze meint H. Huberts: "Die Taufe ist mehr Thema der Tradition als der biblischen Theologie"[96].

---

90 Vgl. Schlüter, a.a.O., S.260.

91 Mit "dieses Begriffes" ist hier das Mysterium-Sakrament gemeint.

92 *KD* IV/4, S.118.

93 Vgl. R. Schlüter, a.a.O., S.245 und E. Dinkler, a.a.O., S.142. Er meint, eine Gleichsetzung von lateinischem Sprachgebrauch "sacramentum" für Taufe fehlt im griechischen Neuen Testament. Genauer sagt er mit Paulus: "Paulus spricht außerdem in heilsgeschichtlichen Termini, nicht in liturgisch-sakramentalen. Daraus folgt, daß er niemals in seinen Ausführungen auf das Christusereignis im Sakramentalen Zeichen zurückblickt ...".

94 Vgl. "*Votum des Taufausschusses der Evangelischen Kirche der Union zu Karl Barths Lehre von der Taufe*", in: Fritz Viering (Hg.), "*Zu Karl Barths Lehre von der Taufe*", S.168 und W. Kreck, a.a.O., S.21: "Bekanntlich sind im Neuen Testament die Taufaussagen nicht so einheitlich und nicht so reflektiert, daß man eine explizite Lehre von der Taufe daraus einfach ablesen könnte".

95 Vgl. H. Stirnimann, a.a.O., S.17. Ausführlicher dazu ist R. Schlüters Ausführung über die bibeltheologische Beurteilung der Tauflehre K. Barths in seinem Buch "*Karl Barths Tauflehre — ein interkonfessionelles Gespräch*", S.168-248 instruktiv.

96 H. Hubert, "*Der Streit um die Kindertaufe*", S.199. Er hat diese These mit Recht gegründet: "Keine der unter dem Titel 'biblische Tauflehre verfaßten Arbeiten gleicht der anderen, die Unterschiede sind oft recht erheblich und stehen sich in ihren Ergebnissen dann am nächsten, wenn man theologisch aus dem gleichen Lager kommt".

Zudem wird im Laufe der vorliegenden Untersuchung immer klarer, daß die Kritiker die Position ihrer Tauflehre gegenüber Barth auf einer ganz anderen Grundlage aufgebaut haben. Die Ortsbestimmung der Tauflehre Barths gründet nur auf der Taufe Jesu am Jordan und ist abgeleitet von Mt 28,19. Barth verneint alle anderen Stellen im Neuen Testament, die zur Begründung einer neutestamentlichen Tauflehre gebraucht werden könnten.[97] Für die Kritiker können aber alle neutestamentliche Stellen über die Taufe im allgemeinen zur Erläuterung des Wesens der Taufe dienen und eine neutestamentliche Tauflehre begründen. In diesem Sinne reden Barth und seine Kritiker aneinander vorbei, ohne sich je begegnet zu sein, weil sie von verschiedenen exegetischen Positionen ausgehen. Fest steht aber lediglich, daß Barths Behauptung, die Tauflehre sei nur in der Erzählung von Jesu Taufe am Jordan und mit Mt 28,19 zu begründen,[98] und seine Differenzierung der Taufe in Geisttaufe und Wassertaufe biblisch unhaltbar bleiben.

2. Aus historischer Sicht

Im folgenden soll der Streit über die Tauflehre aus historischem Aspekt behandelt werden. Vor allem ist hier zu berücksichtigen, daß dieser Streit in der Tat nicht um die Sakramentalität der Taufe geht, sondern um die Kindertaufe. Im ersten Kapitel wurde bereits die Auffassung Barths über die Kindertaufe ausführlich dargestellt, deshalb sollen hier nur die Punkte von seiner Auffassung zu der Kindertaufe, die sich auf die Taufgeschichte bezieht, wiedergegeben werden. Dann werden die Einwände gegen Barths Einstellung in der Frage der Kindertaufe erörtert.

a. Die Stellungnahme Barths

Die Stellungnahme Barths scheint auf der Hand zu liegen. Er ist nach wie vor gegen die kirchliche Handlung der Kindertaufe. Ist sein Einwand gegen die Kindertaufpraxis aus der geschichtlichen Sicht gerechtfertigt? In seiner *KD* IV/4 hat Barth seine Meinung zur Entstehung der Maßnahme der Kindertaufe und ihre Rolle in den wichtigen Zeiten der Kirchengeschichte geäußert.

---

97 Vgl. ebd., S.122.
98 Vgl. ebd.

Barth verbindet die Kindertaufe im politischen Sinne mit dem Sieg der
Christenheit über die römische Unterdrückung. Er vertritt die Ansicht:
"...zur allgemeinen Regel, der sich dann auch die Reformationskirchen
gebeugt haben, wurde sie [Kindertaufe] doch erst im Zug des größten historischen Gestaltwandels, den die Christenheit bisher durchgemacht hat, der
sich mit dem Namen des Kaisers Konstantin I. verbindet: jenes Ein- und
Übergangs der Kirche in eine ontologische Einheit mit dem Volk, der Ge-
sellschaft, dem Staat, dem römischen Reich, die dann im mittelalterlichen
Corpus Christianum mit seinen zwei verschiedenen, aber nicht getrennten
Dominien ihre reifste Form gefunden hat... Sicher ist: mit der Regel der
Kindertaufe stand und fiel die Kontinuität und so die Existenz der Kirche im
Rahmen jener Einheit. Die Kirche lebte und blieb erhalten, indem die
Totalität der zum römischen Reich gehörigen Menschen mit der Totalität
ihrer Glieder identisch war und zu bleiben hatte — indem es in diesem
Reich außer den widerwillig geduldeten Juden keinen Menschen geben
konnte und durfte, der nicht als solcher, in der selben selbstverständlichen
Notwendigkeit, in der er zum Reich gehörte, auch zur Kirche zu gehören
und also eiligst ein Christ zu werden hatte, eiligst auch in die Kirche
aufzunehmen und also zu taufen war"[99]. Dieses Zitat macht Barths
Meinung zur Kindertaufe im Zusammenhang mit der Entwicklung des
Christentums deutlich. Er interpretiert die Kindertaufe nicht nur "politisch-
kirchenpolitisch", sondern er hält sie auch für die Angst der Kirche vor
ihrem Verfall in der Zeit des Untergangs des römischen Reiches wegen
ihrer Einigung mit ihm seit Konstantin I.[100] Er schreibt: "...in der den Zer-
fall jenes Reiches mehr oder weniger glücklich überdauernden Gestalt der
National-, der Volks-, und da und dort auch noch der Staatskirche steht und
fällt die Kirche auch heute mit der allgemeinen Kindertaufe"[101].

Das zweite Argument für seine Überzeugung, daß die Kindertaufe in
der kirchlichen Handlung nicht gerechtfertigt ist, bezieht sich auf seine
Untersuchung des Anliegens der reformatorischen Theologie. Barth hat
schon früher die Einwände gegen die Begründung der Kindertaufe der
Reformatoren, wie gegen Luthers und Calvins vorgebracht. Nun versucht
er die reformatorische Theologie aus einer anderen Perspektive von Nutzen
des Entwurfs seiner Tauftheologie zu betrachten. Das Argument Barths soll
hier ohne Mißverständnis erfaßt werden. So sagt er über Luther: "...hat

---

[99] Ebd., S.185.
[100] Vgl. ebd.
[101] Ebd.

74

Luther, nachdem er sich in den Jahren nach 1520 zu einer streng sakramentalen Auffassung der Taufe und des Abendmahls durchgerungen hatte,
die Kindertauflehre seiner sonstigen Tauflehre (im Großen Katechismus,
1529) in einem Exkurs zu dem, was er vom 'Empfang' der Taufe sagen
wollte, einzufügen gewußt. Immerhin: von den großen Hauptthemata seiner
Theologie – Gesetz und Evangelium, Rechtfertigung allein durch den
Glauben, Freiheit des Christenmenschen usw. – her ist man nun doch nicht
darauf vorbereitet, zu hören, daß man durch seine Taufe als Kleinkind ein
Christ werde"[102]. Mit Calvin sagt er: "Wogegen schon in der *Institutio*
Calvins (IV, 15-16) ...Tauf- und Kindertauflehre als zwei verschiedene
Reflexions- und Argumentationsreihen äußerlich, aber auch sachlich
merkwürdig aneinandergeklebt erscheinen und damit den Eindruck fast
unvermeidlich machen, daß man es in der Kindertauflehre nicht mit einem
originalen Element im Organismus theologischer Erkenntnis, sondern mit
einem ihm zufällig, d.h. von außen zugefallenen und dann zugewachenen,
nur notgedrungen in ihrem Kontext aufgenommen und hineingearbeiteten
Problem und insofern nicht mit einem ihr wesenhaft eigentümlichen
Gedankengebilde zu tun habe. Man könnte hier höchstens geltend machen,
daß Calvin immerhin schon in seinem Kapitel über die Sakramente im
Allgemeinen (14, 18-26) eingehend über die alttestamentliche Beschneidung
gesprochen hat, die dann in seinem Kindertaufkapitel (16) eine wichtige
Rolle spielt. Das ist aber auch Alles ...Daß es dabei, wie Calvin (IV,16,1)
es für sein Kindertaufkapitel in Anspruch genommen hat, zu einer 'klareren
Explikation' der Taufe als solcher, geschweige denn der christlichen Lehre
im Ganzen komme — gerade das läßt sich da (und das gilt doch schon für
die Darlegungen Luthers) nicht ernstlich behaupten, im Gegenteil: die
Linien pflegen sich zu verwirren, wenn die betreffenden Autoren jeweils
auf Sache zu sprechen kommen"[103]. Mit diesen Sätzen will Barth zum
Ausdruck bringen, daß die bedeutenden Reformatoren[104] das Recht der
Kindertaufe nicht aufrechtzuerhalten versucht haben, obwohl sie die Praxis
der Kindertaufe nicht ablehnten.

Man hätte Barth falsch verstanden, würde man denken, daß Barth die
Kindertaufe deswegen verneint, weil er die Kindertaufhandlung und die

---

[102] Ebd., S.186f.

[103] Ebd., S.187.

[104] Barth hat nicht nur Luther und Calvin genannt, sondern auch Melanchton, Zwingli
und Bullinger. Seiner Meinung nach sind sie sich in dem Punkt über das Recht der
Kindertaufe einig. Vgl. ebd., S.187.

Kindertauflehre durch Vorlegen von geschichtlichem Beweismaterial für
ungültig hält. "Der ursprünglich politisch-kirchenpolitische und also nicht-
theologische Charakter des hinter der Kindertaufe und ihrer Verteidigung
stehenden 'Anliegens' würde, wenn diese Vermutung richtig sein sollte, auf
der Hand liegen."[105] Barth bezeichnet es als historische Vermutung, was er
zur geschichtlichen Untersuchung der Kindertaufe gesagt hat. Er erhebt den
Einwand gegen die Kindertaufhandlung und Kindertauflehre nicht aus dem
Grund, daß er sie etwa mit Beweis widerlegen könnte. Vielmehr bildet die
Unbelegbarkeit der Kindertaufe den Grund für seine ablehnende
Haltung.[106]

b. Historische Beurteilung

An Barths Äußerung zur Kindertaufe aus historischer Perspektive wird
nicht stark kritisiert. Es erscheinen deshalb nur wenige Punkte
erörterungswürdig, die für die Auseinandersetzung Barths mit seinen
Kritikern wichtig sind. Der einzige Punkt, in dem sie miteinander
übereinstimmen, ist, daß sich die Kindertaufe in den Schriften des Neuen
Testamentes nicht nachweisen läßt. Eine Erzählung von der Kindertaufe ist
im Neuen Testament nicht zu finden.[107] Aber die politisch-
kirchenpolitische Interpretation der Kindertaufe durch Barth wird scharf
kritisiert. J. Fangmeier wollte dem Zusammenhang zwischen volkskirch-
lichem und sakramentalen Denken zustimmen, stellte aber die politisch-kirchenpolitische Interpretation der Kindertaufe in Frage. In seinem Aufsatz
"*Die Praxis der Taufe nach K. Barth*" schreibt er: "Als jenes nicht-theolo-
gische Anliegen vermutet K. Barth das volkskirchliche, dessen Exponent
Konstantin ist. K. Barth betont dabei, daß er mit der Bestimmung jenes
Anliegens als eines politisch-kirchenpolitischen selbst nur eine historische
Vermutung äußere. Man muß darauf hinweisen, daß bei Annahme der

---

[105] Ebd., S.185f.

[106] Vgl. ebd., S.186.

[107] Eine deutliche Formulierung steht in der *Realenzyklopädie für protestantische
Theologie und Kirche*, ³1907, Bd.19, S.403: "Die Übung der Kindertaufe ist in der
apostolischen und nachapostolischen Zeit nicht nachweisbar. Wir hören zwar mehr-
fach von der Taufe ganzer Hausgemeinden AG.16,15; 18,8; 1Ko 1,16. Aber die
letzte Stelle zusammengehalten mit Ko 7,14, spricht nicht zugunsten der Annahme,
daß damals auch die Kindertaufe üblich war". Feine, P., "*Taufe, I Schriftlehre*",
in: "*Realenzyklopädie für protestantische Theologie und Kirche*". Dazu vgl. auch
H. Schlier, a.a.O., S.333 und K. Aland, "*Taufe und Kindertaufe*", S.27.

76

necessitas medii salutis, der Heilsvermittlung und ihrer Notwendigkeit, die Taufe an kleinen Kindern längst vor Konstantin geübt worden ist und daß dieses Taufverständnis auch im Protestantismus Boden gewonnen hat. Wohl hängen volkskirchliches und sakramentales Denken zusammen, aber wohl doch nicht einfach im Politisch-kirchenpolitischen, sondern tiefer, wahrscheinlich auch verhängnisvoller, nämlich in der Religion"[108].

Schlier hält es durchaus für wahrscheinlich, daß bei den, in mehreren Stellen erwähnten Taufen ganzer "Häuser" auch Kinder mitgetauft wurden, obwohl die Kindertaufe sich im Neuen Testament weder beweisen noch bestreiten läßt.[109] Weiter sagt er: "Gewiß ist nur, daß Ende des zweiten Jahrhunderts n. Chr. Kindertaufen in der Kirche stattfanden. Das belegen Kirchenväterzitate und die neue Katakombenforschung. Zwar fehlt es nicht an Einspruch gegen die Taufe von Kindern. Tertullian (de bapt. 18) stellt die berühmte Frage: *quid festinat innocens aetas ad remissionem peccatorum*? Gregor von Nazianz möchte die Kinder lieber erst mit drei Jahren getauft haben (Orat. 40, 17, 28), damit sie schon etwas von der heiligen Handlung ahnen können. Die Pelagianer bestritten die Notwendigkeit der Kindertaufe im Zusammenhang mit ihrer Erb-sündenlehre. Aber bezeichnend ist dies: niemals bestritt man die Kindertaufe vom Begriff der Taufe und des Sakraments her... Die Kindertaufe wurde vielmehr auf apostolische Überlieferung zurückgeführt. (Vgl. Orig. Ep. ad Rom. 5,9; PG 14, 1047). Während auf der einen Seite im Laufe des dritten und vierten Jahrhunderts die Vorbereitung auf die Erwachsenentaufe immer sorgfältiger und systematischer wurde, wurde andererseits den Kindern dieselbe Taufe immer öfter gespendet... Auch in der Kirche des Mittelalters und in der Zeit der Glaubenspaltung findet sich kein nennenswerter Widerspruch gegen die Kindertaufe"[110]. Damit wollte Schlier sagen, daß die Kindertaufe schon früh in der Kirchengeschichte, mindestens seit Ende des zweiten Jahrhunderts bereits nachweisbar stattge-funden hat und im Laufe der Kirchengeschichte allgemein akzeptiert wurde. Über den Zeitpunkt, ob die Kindertaufe wirklich so früh, d.h. schon um Ende des zweiten Jahrhunderts stattfand, gibt es eine Auseinandersetzung

---

[108] J. Fangmeier, *"Die Praxis der Taufe nach Karl Barth"*, in: D. Schellong (Hg.), *"Warum Christen ihre Kinder nicht mehr taufen lassen"*, S.154.
[109] Schlier hat einige Stelle angegeben: Apg 10,44ff.; 16,14f.; 16,31ff.; 18,8f.; 1Kor 1,16. Vgl. a.a.O., S.333.
[110] Ebd.

zwischen K. Aland und J. Jeremias.[111] Unumstritten bleibt jedoch, daß die Kindertaufe in der Tat viel früher stattgefunden hatte, noch bevor Konstantin I. durch sein Bekenntnis das Christentum zur staatlichen Religion erhoben hat. Von daher verliert die Behauptung, daß die Kindertaufe aus der Angst vor dem Untergang der Kirche entsteht, ihre Begründung. Hervorgehoben werden muß jedoch, daß Barth niemals wörtlich behauptet hat, die Kindertaufe sei aus diesem Grund entstanden. Er hat lediglich die Kindertaufe vor einem zeitgeschichtlich-politischen Hintergrund mit der Entwicklung der Kirche in Zusammenhang gesehen.

Die Entstehung der Kindertaufe ist untrennbar mit dem Taufverständnis der Kirche verbunden. In diesem Sinne müßt man Beckmann Recht geben, wenn er sagt: "Der Widerspruch Barths gegen die theologisch-kirchliche Tradition der Tauflehre und -praxis scheint mir in seinen Ausführungen nicht beweiskräftig begründet zu sein. Karl Barth behauptet, die Kindertaufe sei eigentlich erst im Zusammenhang mit dem plötzlichen Sieg des Christentums im 4. Jahrhundert zur allgemeinen Sitte der Kirche geworden. Historisch ist dies anders gewesen. Die Tauformungen der Kirche zeigen allesamt – mit dem Neuen Testament übereinstimmend –, daß die Taufe als Gnadenmittel angesehen wurde, durch die der Mensch in das Reich Gottes hineingenommen und ihm die Vergebung der Sünden zugesprochen wird... Erst die Theologie Augustins führte durch ihre Auseinandersetzung mit der Pelagius dazu, daß die bisherige gemischte Taufpraxis wesentlich geändert wurde. Denn nun wurde gelehrt: Der Mensch, der in die Welt geboren wird, wird mit der Erbsünde geboren und ist dadurch in der Macht des Satans und der Dämonen. Darum muß jeder Mensch sofort nach seiner Geburt getauft werden, damit er dem Teufel und damit der Verdammnis entrissen wird. Dies wird die Tauflehre und Praxis der katholischen Kirche. Und die Reformation hat sich von ihr grundsätzlich nicht getrennt"[112]. Zu sehen ist nun eine neue Verknüpfung der Kindertaufe, nicht mit dem politisch-kirchenpolitischen Geschehen, sondern mit der Sündenlehre. Nach Hubert sollte die Kindertaufpraxis historisch gesehen früher als die Ausformung

---

[111] Vgl. J. Jeremias, *"Die Kindertaufe in den ersten vier Jahrhunderten"*, 1958 und *"Nochmals: Die Anfänge der Kindertaufe — eine Replik auf K. Alands Schrift: Die Säuglingstaufe im Neuen Testament und in der alten Kirche"*, 1962. Ebenso K. Aland, *"Die Säuglingstaufe im Neuen Testament und in der alten Kirche"*, 1961 und *"Die Stellung der Kinder in den frühen christlichen Gemeinden und ihre Taufe"*, 1967.

[112] J. Beckmann, a.a.O., S.157f.

der Erbsündenlehre entstanden sein, und in dieser Hinsicht kann die Erbsündenlehre nicht unbedingt notwendig zur Begründung der Kindertaufpraxis gebraucht werden.[113] Richtig ist aber auch, was Beckmann zu den Reformatoren gesagt hat, "...daß die Reformatoren bei dem Festhalten an der Kindertaufe sehr viel mehr von der theologischen Tradition der Kirche bestimmt waren als von den untheologischen Gründen der Erhaltung des *Corpus Christianum*"[114]. Häufig wird die Meinung vorgebracht, daß die Übung der Kindertaufe im neutestamentlichen Zeitalter und in der Alten Kirche einer Notwendigkeit der Praxis der Kindertaufe von heute gleich kommt und diese begründet.[115] Es ist jedoch fraglich: Muß heute unbedingt wiederholt werden, was in der Kirchengeschichte geschehen war? Müssen wir es heute ausnahmslos fortsetzen, was die Kirche früher gemacht hat? Die Frage, ob die Kindertaufe im neutestamentlichen Zeitalter oder in der Alten Kirche stattgefunden hat, hat demnach keinen Sinn, wenn man theologisch nicht begründen kann, warum die Kindertaufe überhaupt stattfinden soll.[116]

3. Aus dogmatischer Sicht

Um die Tauftheologie Barths aus dogmatischer Sicht zu bearbeiten, muß zuerst geklärt werden, was für eine dogmatische Grundposition Barth seiner Tauflehre zugrundegelegt hat. Im ersten Kapitel wurden die Entwicklungsphasen seines Sakramentsgedankens dargestellt. Hier soll nun versucht werden, seine Tauftheologie, die in seinem eigenen dogmatischen Entwurf enthalten ist, aufzuzeigen und die Auseinandersetzung der

---

113   Vgl. H. Hubert, a.a.O., S.56, 66 und 200. Aber mit "Sündenlehre" ist hier nicht die Ausformung der Erbsündenlehre oder die formale, dogmatische Sündenlehre der alten Kirche gemeint, sondern allgemein einen Glauben, der aus den neutestamentlichen Schriften mit Paulus betont: "Denn es ist hier kein Unterschied, sie sind allesamt Sünder und ermangeln des Ruhmes, den sie bei Gott haben sollten" (Röm 3,23).

114 J. Beckmann, a.a.O., S.158.

115 Vgl. K. Aland, "*Die Säuglingstaufe im Neuen Testament und in der alten Kirche*", S.83.

116 K. Aland ist der ähnlichen Ansicht: "Es ist eben nicht möglich, unsere Zeit und das neutestamentliche Zeitalter unmittelbar in eins zu setzen, sondern wir können immer nur von neuem versuchen, die Forderung des Neuen Testamentes in unserer Zeit neu zu verwirklichen. Und dazu gehört unter unseren Voraussetzungen heute die Übung der Säuglingstaufe". Ebd., S.85.

Forschung mit Barths Tauflehre aus dogmatischer Perspektive zu analy-
sieren.

a. *Dogmatische Grundposition Barths*

Die Gliederung der *KD* IV/4 Barths sieht unkompliziert aus. Sie beinhaltet
im Grunde nur zwei Teile — die Taufe mit dem Heiligen Geist und die
Taufe mit Wasser, kann aber Barths Tauflehre am einfachsten genau
beschreiben. In der Tat ist in der *KD* IV/4 von der Geisttaufe und von der
Wassertaufe die Rede. Aber vom Titel dieses Bandes her — *Das christliche
Leben (Fragment), die Taufe als Begründung des christlichen Lebens,* wird
das christliche Leben, also das getaufte Leben als Schwerpunkt angegeben.
Für die Diskussion über die Wassertaufe hat Barth fast zweihundert Seiten
geschrieben, etwa das Fünffache dessen, was er über die Geisttaufe
geäußert hat. Einerseits versucht er, die Geisttaufe im Sinne seiner
Christologie zu bestimmen, andererseits ist er zugleich bestrebt, die
Wassertaufe im Sinne seiner Anthropologie anzuordnen. Diese Position
Barths, die Differenzierung der Taufe in eine Geisttaufe und eine
Wassertaufe, ist in der theologischen Diskussion über die christliche Taufe
allgemein bekannt.

Wenn nun Barth die Taufe in Geist- und Wassertaufe trennt, muß er
erklären, was er unter Geisttaufe und Wassertaufe versteht. Kreck hat
Barths Auffassung von Geisttaufe resümierend wiedergegeben: "In fünf
Punkten charakterisiert Barth diese Geisttaufe näher: 1. Sie ist unmittelbare
Selbstbezeugung und Selbstmitteilung Jesu Christi. 2. Sie ist schaffendes,
kausatives Handeln Gottes an und in dem Menschen. 3. Sie fordert Dankbarkeit, ist unmittelbares Gebot Gottes. 4. Sie gliedert in die Gemeinschaft
der Heiligen ein. 5. Sie ist aber bei alledem Anfang, in die Zukunft
weisendes Geschehen, nicht Abschluß"[117]. Die Geisttaufe ist also nur
christologisch zu verstehen. Alles hängt von Jesus Christus und von seiner
Geschichte ab.[118] Er ist das Subjekt der Geisttaufe und die Geisttaufe ist
sein Werk. In diesem Sinne hat Barth die Geisttaufe streng christologisch
interpretiert. Aufgrund dieser Auffassung kann die Kirche weder als
Urheberin, Spenderin noch Vermittlerin der Gnade zum Heil und ihrer
Offenbarung angesehen werden — die Geisttaufe widerfährt dem Menschen

---

[117] W. Kreck, a.a.O., S.12.
[118] Vgl. *KD* IV/4, S.15ff.

nicht damit und dadurch, daß er die Wassertaufe empfängt. Also entspricht die Wassertaufe deshalb nicht der Geisttaufe.[119]

Im Gegensatz zur Geisttaufe ist die Wassertaufe nur als ein Handeln des Menschen bzw. der Kirche zu verstehen. Barths Ansicht nach ist die christliche Taufe[120] die erste Gestalt der der göttlichen Wendung entsprechenden menschlichen Entscheidung in der Begründung des christlichen Lebens.[121] Danach geht es in der Wassertaufe um das entscheidende Ja vor Gott, vor Menschen und vor sich selbst, um die Entscheidung und um das Handeln des Menschen, zu denen sich der Täufling durch die Erschließung des göttlichen Heilswerkes und Heilswortes aufgerufen findet, die ihm widerfährt.

Barth hat seine dogmatische Lehre von der Wassertaufe unter drei Gesichtspunkten ausgeführt:

1. Grund der Taufe

Der Grund der christlichen Taufe ist nur zu suchen in der Geschichte Jesu Christi, besonders in seiner Taufe am Jordan. Der Befehl zur Taufe ist nach Barth nicht auf der Erzählung in Mt 28,19 gegründet, sondern Jesus hat den Befehl zur Taufe in seinem Gehorsamsakt, daß er sich von Johannes taufen läßt, gegeben. Dieser Gehorsamsakt bezeichnet seine Unterwerfung unter Gott und seine Solidarisierung mit den Menschen, daß er den ihm befohlenen Dienst für Gott und Menschen angetreten ist.[122] In diesem Sinne und in diesem Auftrag soll die Kirche den Taufbefehl Jesu vollziehen. Barth wörtlich: "Will man das Gegebensein eines Grundes der christlichen Taufe ...verstehen, dann wird man diesen oder einen ähnlichen Gedankengang wagen müssen. War die Taufe Jesu die 'Stiftung', die 'Einsetzung' der christlichen Taufe, dann steht der Taufbefehl Mt 28,19 nicht in der Luft, dann ist die Selbstverständlichkeit, in der Kirche *semper ubique et ab omnibus* getauft und die Taufe empfangen worden ist, kein bloß als *factum brutum* zu respektierendes Phänomen, dann ist und bleibt der Vollzug der christlichen Taufe notwendig: *necessitate praecepti*"[123].

---

[119] Vgl. ebd., S.35f.
[120] Für Barth ist die christliche Taufe der Wassertaufe gleich. Vgl. ebd., Vorwort.
[121] Vgl. ebd., S.48f.
[122] Vgl. ebd., S.75.
[123] Ebd., S.75.

2. Ziel der Taufe

Das Ziel der christlichen Taufe ist eine Verheißung, die auf die Erfüllung in der Geisttaufe hinweist. Barth formuliert es folgendermaßen: "Das Ziel der Taufe ist Gottes Versöhnungstat in Jesus Christus durch den Heiligen Geist, Gottes Gerichts- und Gnaden-, Gottes Heils- und Offenbarungstat"[124]. Indem der Grund der christlichen Taufe die Taufe Jesu am Jordan selbst ist, hat die christliche Taufe kein anderes Ziel als das derjenigen von Johannes dem Täufer, die auf die Zukunft hinweist und auf dieselbe Gottestat, also auf den, der mit dem Heiligen Geist tauft, blickt: "Was in jenem Geschehen am Jordan von Johannes und von allen seinen Täuflingen visiert war, das war ja die in der Predigt des Johannes als unmittelbar bevorstehend angekündigte Zukunft, das kommende Reich, das kommende Gericht, die als Sündenvergebung kommende Gnade Gottes, der als der 'Stärkere' kommende Täufer mit dem Heiligen Geist"[125].

3. Sinn der Taufe

Beckmann hat Recht, wenn er sagt, daß der Sinn der Wassertaufe bei Barth nichts anderes ist als menschliches Handeln, Gehorsam, Entscheidung, Bekenntnis und Gebet. Sie ist also rein ethisch zu verstehen.[126] Die Frage nach dem Sinn der Taufe ist die Frage nach dem Sinn der menschlichen Taufhandlung. Diese Handlung ist auf keinen Fall ein Duplikat der Geschichte Jesu Christi, seiner Auferstehung und der Geistausgießung, nicht Gnadenmittel, nicht Sakrament, vielmehr ist sie eine freie menschliche Antwort auf Gottes Tat und Ruf. Der Mensch erteilt in der Taufe seinen Sünden eine Absage und nimmt die Gnade Gottes an. Nur wenn die Taufe auf diese Weise geschieht, bekommt sie ihren Sinn.

Barth versteht die Wassertaufe anders als die Geisttaufe. Für ihn geht es mit der Frage nach der Geisttaufe allein um Christologie und Soteriologie, also um das Werk Gottes. Im Gegensatz dazu geht es bei der Wassertaufe um Anthropologie und Ethik, also um das Werk des Menschen. Er hat die Geisttaufe von der Wassertaufe getrennt, oder besser gesagt, die Taufe in eine Geist- und eine Wassertaufe geschieden. Das bedeutet jedoch keineswegs, daß Barth sie gegenseitig ausschließen läßt,

---

[124] Ebd., S.79.

[125] Ebd., S.76.

[126] Vgl. J. Beckmann, a.a.O., S.157.

vielmehr knüpft er sie gerade durch diese Trennung wieder zusammen:[127] Das menschliche Werk der Taufe mit Wasser steht also der Geisttaufe als ihr entsprechendes, aber nicht mit ihr identisches menschliches Werk gegenüber. Was in der Geisttaufe geschieht, das geschieht auch auf analoge menschliche Weise in der Wassertaufe.

b. Dogmatische Beurteilung

Am Anfang seiner Schrift "*Kritische Fragen an die Tauflehre Barths*" hat Beckmann gefragt: "...warum für ihn [Barth] alles an der grundsätzlichen Unterscheidung und praktischen Scheidung von Geist- und Wassertaufe gelegen ist"[128]. Diese Frage ist, wie schon der Titel betont, als eine kritische Frage gemeint, die nach den Begründungen fragt. Dahinter steht der Einwand gegen diese Stellungnahme. Es gibt zwar eine Menge Kritiken, die an einzelnen Punkten die Tauftheologie Barths im dogmatischen Sinne in Frage stellen, wie z.B. bei Schlier, der die Lehre Barths von der Wirkung der Taufe für widersprüchlich hält.[129] Stirnimann kritisiert die Gleichsetzung von "Mysterium" und "Sakrament".[130] Schellong hält die ethische Interpretation der Taufe Barths für zu einseitig.[131] Hier sollen

---

127 Vgl. *KD* IV/4, S.36, 45.

128 J. Beckmann, a.a.O., S.157.

129 Schlier äußert wörtlich: "...einerseits behauptet er die unwiderstehliche Wirkung der Taufe, andererseits sagt er, daß es dem Menschen gar nichts hilft, wenn das Zeichen 'nicht im Glauben immer wieder ergriffen und erkannt' wird. Der Vortrag [Barths Vortrag "*Die kirchliche Lehre von der Taufe*", 1943] meint jedenfalls, daß das Zeichen insofern 'unwiderstehlich wirksam' ist, als es auch bei seiner Ablehnung, ohne seine Zeichenkraft zu verlieren, immer über dem Getauften zu Mahnung" in dem Sinn, daß es unwiderstehlich auch dem Nichtglaubenden die Gnade wirkt, kann es doch wohl nicht sein". "*Zur kirchlichen Lehre von der Taufe*", S.331.

130 Seine Kritik lautet: "Wie kommt man dazu, das Wort "Sakrament" auf die Bezeichnung der objektiven göttlichen Wendung einzuschränken? Die Gleichsetzung 'Mysterium' = 'Sakrament', wie sie Barth an entscheidenden Stellen der *KD* IV/4 (112,140) vollzieht, ist dogmengeschichtlich problematisch. Wir sprechen von 'Mysterien' angesichts der 'Großtaten' Gottes, die exemplarische Heilsgeschichte. Das schließt nicht aus, daß wir auch die 'subjektive' Inanspruchnahme des Menschen als Heilsgeschehen versehen und dann auch Taufe und Herrenmahl – allerdings in einem anderen Sinn! – mit dem Wort 'Sakrament' bezeichnen". Stirnimann, a.a.O., S.20.

131 Schellong meint, daß man beide Seiten – das Tun Gottes und das menschliche Tun – beachten und erkennen muß, damit die Taufe nicht zu einem "Geistlosen" Tun er-

allerdings nur zwei Stellungnahmen, diejenigen von Schlüter und von Jüngel, erörtert werden, weil sie den Kern des dogmatischen Anliegens Barths und seines dogmatischen Verständnis von der Taufe betreffen.

Schlüter versucht, Barths Tauflehre auf der Grundlage seiner Dogmatik zu verstehen. Er meint: "Barths Zuordnung der Taufe zum Bereich der Ethik basiert also nicht auf exegetischen Erkenntnissen, sondern ist Folge seines dogmatischen Grundansatzes, der Trennung zwischen Gott und Mensch"[132]. Er betrachtet Barths Tauflehre als eine Erweiterung seines Grundgedankens in seinem Römerbriefkommentar — "Gott ist Gott und der Mensch ist Mensch". Auf Grund dieses Grundgedankens ist Barths Tauflehre aus seiner dogmatischen Konstruktion jedoch ohne biblische Basis entstanden.[133] Schlüter äußert wörtlich: "Diese christologisch bedingte Unterscheidung[134] und zugleich Entsprechung findet in der Tauflehre ihre Fortführung in der Trennung von Geist- und Wassertaufe, die beide aufeinander bezogen sind, sich gegenseitig bedingen und die Entsprechung und Unterscheidung von göttlichem und menschlichem Handeln zum Ausdruck bringen"[135]. Obwohl Gott sich auf der einen Seite vom Menschen unterscheidet und zugleich dem Menschen in Jesus Christus als im Gott-Menschen entspricht, stehen Mensch und Gott in keiner Hinsicht auf der gleichen Ebene. Gerade hier liegt der kritische Punkt, warum Barth die Sakramentalität der kirchlichen Sakramente ablehnt: "Aus diesen Überlegungen wird deutlich, daß Barth eine Überhöhung des Sakramentes, in seinem Verständnis als 'Vergegenwärtigung des Kultgottes', ablehnen muß auf Grund der Betonung der Souveränität Gottes, des Stellvertretungsgedankens, der Gegenwart des Wortes im Geist und des von Gottes Wort gewirkten Glaubens, der die Versöhnung für den einzelnen bewahrheitet... Die ganze Stoßrichtung der Theologie Barths geht somit gegen 'die Selbstüberhebung des Menschen', einschließend auch die der

---

niedrigt wird. Vgl. Schellong, *"Der Ort der Tauflehre in der Theologie K. Barths"*, in: *"Warum Christen ihre Kinder nicht mehr taufen lassen"*, S.136.

[132] R. Schlüter, a.a.O., S.247.

[133] Vgl. ebd., S.102.

[134] Nach Barth kommt die Unterscheidung von Gott und Mensch als rettende Wahrheit zur Geltung durch seine Lehre von Jesus Christus als dem Gott-Menschen. Damit meint Schlüter "christologisch".

[135] R. Schlüter, a.a.O., S.106.

Kirche"[136]. Auf der anderen Seite hat der Mensch in der Taufe die sekundäre Rolle zu spielen, weil die Taufe ein Moment der Selbstbestimmung des Menschen ist. Barth hat die Geisttaufe von der Wassertaufe unterschieden, vollzieht jedoch keine Trennung zwischen ihnen, sondern verbindet sie[137]: "...der Mensch wird der Gnade aktiv teilhaftig, der er passiv schon teilhaftig ist, er gestaltet sich, ohne daß es zu einem Synergismus kommen muß, in Entsprechung zu Jesus Christus. Indem er sich selbst bestimmt, auf Grund des göttlich begründeten Anfangs christlichen Lebens, wird der Mensch der Gnade aktiv teilhaftig durch seine Tat. Damit aber findet die Neubestimmung des Menschen durch das lebendige Wort Gottes ihre Entsprechung im menschlichen Vollzug der Selbstbestimmung. Somit wirken Gott und Mensch bei der Begründung christlichen Lebens zusammen, durch die Geisttaufe und in der Wassertaufe"[138]. In diesem Zusammenhang läßt sich daraus die Folgerung mit Schlüters Worten ziehen: "Für Barth dient der exegetische Nachweis der Nichtsakramentalität nicht als Grundlage für seine Tauflehre, sondern eher als Bestätigung seines im Gesamtduktus der kirchlichen Dogmatik angelegten Verständnisses von Taufe"[139].

Die Kritik Schlüters an Barths Tauflehre geht von der Frage nach der Einheit von göttlichem und menschlichem Handeln aus, die sich im Problem des spannungsreichen Verhältnisses von göttlicher Geisttaufe und menschlicher Wassertaufe konkretisiert:

1. "Jesus Christus verkündigt sich selbst, 'aber nicht ohne den Dienst des ihn bezeugenden, verkündigten und gehörten Menschenwortes'. Das heißt, nur im Wort und im Tun der Gemeinde ist das Wort Gottes wirklich und wirkend, im Tun der Gemeinde als Leib Christi, in der der Geist lebt, ist Gott am Werk."[140]
2. "Eine faktische Trennung von Geist- und Wassertaufe bei Barth ausfindig zu machen, erscheint also unmöglich... Das Wort Gottes kann konkret – auch nach Barth – keinen anderen Weg zum Menschen nehmen als durch den Menschen, so daß die von Barth betonte grundlegende Gottestat der Geisttaufe keine andere Gestalt haben kann als die Verkündigung des

---

[136] Ebd., S.269. Vgl. dazu Schellong, a.a.O., S.128.
[137] Vgl. ebd., S.270f. und E. Jüngel, a.a.O., S.47.
[138] Schlüter, a.a.O., S.270.
[139] Ebd., S.262.
[140] Ebd., S.275.

Evangeliums und der Wassertaufe. Gerade durch die Betonung der Gebetsdimension der Taufe als Beweis dafür, daß in der Wassertaufe die Geisttaufe wirkmächtig ist, hat die Wassertaufe Anteil am sakramentalen Charakter der Geisttaufe, ist sie ein Geschehen, in, mit und unter dem Gott effektiv handelnd am Werk ist."[141]

Auf ähnliche Weise bemerkt auch Jüngel, daß Barth in der Tauffrage ausschließlich den christologischen Aspekt sieht. Er sagt: "Hatte Barth also damals bereits dem Sakramentsbegriff einen vorzüglichen Ort in der Christologie angewiesen, so stellt er heute die ganze Tradition des von der protestantischen Orthodoxie einfach 'vorangesetzten, von der römischen Kirche übernommenen Sakramentsbegriffs' radikal in Frage und tritt für eine exklusiv christologische Verwendung des Begriffs Sakrament ein"[142]. Jüngel übersieht nicht die Unterscheidung oder Trennung von Gott und Mensch, von Gottes Tat und Menschentat, von Geist- und Wassertaufe bei Barth,[143] behandelt aber die Frage der Tauflehre Barths im Unterschied zu Schlüter im großen und ganzen aus der Sicht der Ethik. Jüngel verknüpft sie mit der Frage nach der Sünde und der Rechtfertigung: "Im Zusammenhang mit dem Gebot des Versöhners sollte also vom christlichen Leben die Rede sein — speziell von der Taufe, vom Herrengebet und vom Abendmahl. Das heißt, daß Taufe, Herrengebet und Abendmahl ethisch verstanden werden"[144]. Die Taufe ethisch zu verstehen, bezieht sich unmittelbar auf das Sündenbekenntnis — der Täufling sagt der göttlich schon abgetanen Sünde ab.[145] Damit ist der Täufling gerechtfertigt, weil er sich in der Taufe zur Umkehr entschließt. Jüngel hat diesen Gedanken Barths, nämlich den Zusammenhang von Sündenvergebung, Entscheidung und

[141] Ebd., S.276.
[142] E. Jüngel, "*Das Sakrament — was ist das*", in: *Evangelische Theologie*, 26, 1966, S.334.
[143] Z.B. schreibt er über die menschliche Tat als die Taufe in Bezug auf die göttliche Tat schreibt er: "Denn rettend ist diese Tat [Wassertaufe] nicht, indem sie Sündenvergebung wirkt, sondern indem sie die schon gewirkte und wirkende Sündenvergebung als gewirkt und wirkend anerkennt. So entspricht die menschliche Tat der göttlichen Tat... Es kann nur darum gehen, klar zu stellen, daß der Mensch in seiner Menschlichen Tat der Gnade aktiv teilhaftig wird, weil er derselben Gnade passiv schon teilhaftig ist". Jüngel, "*Karl Barths Lehre von der Taufe — ein Hinweis auf ihre Probleme*", S.32f.
[144] Ebd., S.15.
[145] Vgl. ebd., S.31.

86

Umkehr, im existentiellen Sinne formuliert: "Die menschliche Entscheidung zur Umkehr, der Vollzug dieser Entscheidung als Umkehr und der Ausdruck der als Umkehr vollzogenen Entscheidung bilden eine existentiale Einheit"[146]. Für Jüngel hat Barths Ablehnung der These von der Alleinwirksamkeit Gottes in der Frage nach der Wassertaufe im existentiellen Sinn eine positive Bedeutung, weil nur so eine positive Aussage über den Menschen als Subjekt seiner selbst möglich ist und das menschliche Handeln menschlich bleiben kann.[147] Nur wenn das menschliche Handeln menschlich bleibt, wird der Mensch in der Taufe als ein Ereignis der Begründung christlichen Lebens zum ersten Mal er selbst. Darauf begründet Barth seine existentielle Interpretation der Geschichte Jesu Christi[148] und verbindet sie mit der Kirche als der Existenzform Jesu Christi unter uns: "Jesus Christus ...als wahrhaftiger Zeuge ist ...das seine eigene Geschichte verkündigende Wort Gottes, der Vollstrecker und Inhaber des prophetischen Amtes. Freilich, insofern Jesus Christus die christliche Gemeinde zum 'Dienst an seinem prophetischen Wort' beruft und ihr diesen Dienst 'anvertraut', bekennt er sich zu dieser Gemeinde 'als zu seiner eigenen irdisch-geschichtlichen Existenzform'. Aber der 'Zeugendienst' der Gemeinde ist jetzt pointiert als menschliche Tat dem zu bezeugenden wahren Zeugen Jesu Christi gegenübergestellt"[149]. Zusammenfassend läßt sich sagen, daß auf der einen Seite Barth mit der Frage nach Grund und Ziel der Wassertaufe christologisch das interpretiert hat, was sich als die kirchliche Taufhandlung im Namen des dreieinigen Gottes vollzieht, und dies als richtig und wichtig anerkennt. Auf der anderen Seite liefert er mit der Frage nach dem Sinn der Taufe eine existentiale Interpretation, die seine eigentliche Absicht mit der Tauflehre

---

146 Ebd., S.24.
147 Vgl. ebd., S.16.
148 Jüngel vertritt folgende Meinung: Der Begriff der existentialen Interpretation müßte nicht so und nur so verstanden werden, wie bereits das divergierende Verständnis des Begriffs in der Bultmannschule zeigt. Für ihn besagt der Begriff der existentialen Interpretation eine Interpretation der Geschichte Jesu Christi als einer die christliche Existenz begründenden Geschichte und insofern dann Interpretation der christlichen Existenz im Horizont der sie begründenden Geschichte Jesu Christi. Vgl. ebd., S.37.
149 Ebd., S.40.

verfolgt. Bis zu diesem Punkt ist Barths Tauflehre für Jüngel noch akzeptabel. Dann stellt Jüngel aber kritische Fragen zu seiner Lehre:[150]

- *Ob das Taufen nicht ein spezifisch menschliches Werk ist?*
- *Ob also nicht der Hinweis des 'Täufers mit Wasser' auf den nach ihm kommenden stärkeren 'Täufer mit Geist' diesen Menschen als in besonderer Weise zu Gott gehörig qualifizieren soll?*
- *Ob Barth nicht das Taufen mit dem Heiligen Geist als spezifischen Erweis des Menschseins Jesu Christi, hingegen das Getauftwerden Jesu im Jordan als spezifischen Erweis seiner Gottheit hätte verstehen müssen?*
- *Barth hatte behauptet, daß Geist- und Wassertaufe zwei verschiedene Taten zweier verschiedener Subjekte in demselben Ereignis sind. Aber wie?*
- *Was leistet die Wassertaufe als solche der Geisttaufe als solcher für einen Dienst?*
- *Gehören aber Wasser- und Geisttaufe wie Zeugnis und zu Bezeugendes in einem Ereignis zusammen, dann muß die Einmaligkeit der Wassertaufe dabei eine Funktion haben. Inwiefern leistet die Wassertaufe mit ihrer Einmaligkeit der Geisttaufe einen Dienst?*
- *Läßt sich der Täufling aufgrund der Geisttaufe als göttlicher Begründung seines christlichen Lebens mit Wasser taufen, wie kann dann die Wassertaufe der Taufe mit dem Heiligen Geist erst entgegensehen?*

Mit diesen Fragen erhebt Jüngel die Behauptung, daß eine eindeutige Unterscheidung von der Taufe mit dem Heiligen Geist und vom erneuten Kommen des in dieser Taufe gekommenen Geistes für Barths Tauflehre unerläßlich ist.[151] Diese Differenzierung wurde aber nicht von Barth getroffen.

B. Kritische Würdigung

Die Kritiken an Barths Tauflehre aus exegetischer, historischer und dogmatischer Sicht wurde resümierend dargestellt. Diesen Kritiken zufolge erscheint Barths Tauflehre als sehr fraglich. Seine Taufthesen sind für manche Theologen überhaupt unakzeptabel. Schlier sagt mit spöttischem

---

[150] Die hier zitierten sieben Fragen sind wörtlich von E. Jüngels übernommen. A.a.O., S.49.

[151] Vgl. ebd., S.50.

Ton: "...sein Tauf- bzw. Sakramentsbegriff ermöglicht und fordert sie [die Kindertaufe] zusammen mit seinem Kirchenverständnis. So hat die Kirche sich mit Recht für sie entschieden und bis heute aus guten Gründen fast überall daran festgehalten, selbst dort, wo man sonst nicht geneigt ist, dem Urteil der Tradition Folge zu leisten"[152]. Obwohl Jüngel der Tauflehre Barths eine positive Bedeutung zu geben versucht, übt er im Grunde scharfe Kritik an der Tauftheologie Barths. Dieser Abschnitt widmet sich nun der Frage, wie Barths Tauftheologie zu bewerten ist, ob sie ausschließlich eine negative Bewertung verdient, wie es die meisten Kritiker tun, oder ob sie auch in gewisser Hinsicht positiv bewertet werden kann. Darüber hinaus wird der Frage nachgegangen, ob die ungelösten Probleme dieser Auseinandersetzung überhaupt von großer Tragweite sind.

1. Bewertung

Nach Fritzsche soll man Barths Taufverständnis in Zusammenhang mit seiner Ekklesiologie betrachten. Die Differenz zwischen der Tauflehre Barths und der der lutherischen Theologie liege nach ihm in der Verschiedenartigkeit der Kirchenbegriffe, weil Barth keine Volkskirche, sondern eine Kirche in Form einer kleinen Schar der Elite wolle, "wo jeder Christ Zeuge, Prophet und Apostel ist"[153]. Barths Tauflehre sei auf der Basis dieses ekklesiologischen Gedankens konstruiert.[154] Eine positive Bewertung der Tauftheologie Barths gibt Schlüter, indem er das Verständnis von der Taufe bei Barth im Grundanliegen mit der Tradition insofern als einig ansieht: "Die Taufe ist weder für ihn noch für die Tradition bewirkendes Mittel der Gnade, sondern Disposition für die Gnade, äußerer, nicht zwingender Anlaß für das göttliche Handeln und zugleich als menschliche Tat nur möglich auf Grund der vorgängigen wirksamen Gnade Gottes. Dieser Aspekt stimmt mit den Aussagen Barths zur Geisttaufe überein, die er umschreiben kann als 'geschenkte Freiheit', als 'einen Neuanfang setzenden Faktor' oder als 'wirksame und Wirklichkeit schaffende Gnade Gottes'"[155]. Zu Barths Wassertauflehre meint er: "Das, was Barth über den Sinn der Taufe sagt, subsumiert unter dem Oberbegriff Umkehr, miteingeschlossen der Gehorsams- und Hoff-

152 H. Schlier, a.a.O., S.336.
153 H. G. Fritzsche, "Lehrbuch der Dogmatik", S.153.
154 Vgl. ebd.
155 R. Schlüter, a.a.O., S.276.

nungsaspekt, kann zur näheren Bestimmung der Bedeutung der Taufe hilfreich sein. Darin liegt der Verdienst Barths, der Bedeutung der Taufe für das konkrete Leben des Christen einen eigenen Stellenwert wieder zuerkannt zu haben, der lange Zeit vernachlässigt war"[156]. Schlüter hält den Versuch Barths für positiv, angesichts der Erfahrung von Geschichtlichkeit des Glaubens, die Taufe für unsere gegenwärtige Situation sinnvoll und vollziehbar zu machen.[157] Denn was bei Barth zu finden ist, ist wesentlich der Versuch, "...das Taufverständnis dem Wirklichkeitsbewußtsein des heutigen Menschen anzupassen, ausgehend von der Erkenntnis, daß das Wort Gottes, in seiner Greifbarkeit gebunden an eine bestimmte Zeit, dem Menschen in seiner gesellschaftlichen Situation je neu verkündigt werden muß"[158]. Mit Barths Lehre von der Taufe, die als Indienstnahme des Menschen für Gott und für den Menschen verstanden wird und die als solche mit der Aussage vom Neuen Testament und von der Theologiegeschichte übereinstimmt, ist über ein neues Modell für die Taufe nachzudenken, das nicht an Elemente gebunden ist, sondern an den Erfahrungsbereichen des Menschen orientiert ist.[159] Die Taufe in dieser Hinsicht zu verstehen, heißt, ihr die menschliche Bedeutung zurückzugeben.[160] Schellong ist auch der gleichen Ansicht, wenn er sagt: "Indem Karl Barth die Tauflehre von der Elementenfrage und allem, was daran hängt, befreit und den Akzent auf das Tun der beteiligten Menschen legt, gibt er der Taufe ihre Menschlichkeit zurück"[161].

Schlüters Ansicht zufolge "...erscheint Barth als ein Verfechter der Gottheit Gottes, seiner Souveränität und Freiheit und so als ein Warner vor der Tendenz der Vermenschlichung und Verkürzung des Wortes Gottes durch eine allzu menschliche und vermenschlichte Theologie"[162]. Für ihn ist Barths Tauflehre eine provokative Anfrage an die unerschütterte Tradi-

---

[156] Ebd., S.247.

[157] Vgl. ebd., S.14f.

[158] Ebd., S.283.

[159] Vgl. ebd., S.286f.

[160] Schlüters Meinung dazu lautet: "Ihm [Barth] ging es gerade um eine Verhältnisbestimmung von göttlichem und menschlichem Tun in der Taufe, die gerade nicht das Tun Gottes zu Lasten des menschlichen Tuns überbetont, sondern der Taufe ihre menschliche Bedeutung zurückgibt, ohne sie als geistloses Tun zu charakterisieren". Ebd., S.282f.

[161] D. Schellong, a.a.O., S.134.

[162] R. Schlüter, a.a.O., S.283.

tion der Kirche. Dieses Provozieren betrachtet Schlüter nicht als negativ. Er meint sogar, daß es weitergeführt werden soll.[163]

Stirnimann ist von Barths Argument der Kindertaufe überzeugt. Zwar hält er es noch für schwierig, sich für ein allgemeines Aufgeben der Kindertaufe in der gegenwärtigen Situation der Kirche aus theologischen und aus pastoralen Gründen zu entschließen, doch sollte man auch die Einwände, die Barth gegen die Unmündigentaufe vorgebracht hat, ernst nehmen und vor allem das Problem der Frühtaufe von allen Seiten überprüfen und die Praxis der Firmung in der katholischen Kirche reformieren.[164] Neben der Hervorhebung der menschlichen Bedeutung im Zusammenhang mit der Würdigung des Menschen[165] als das Subjekt seines Tuns in der Taufe ist für Jüngel die Tauflehre Barths auch von ökumenischer Bedeutung, da "sie reformatorische Ansätze konsequenter zur Geltung bringt als die Tauflehre der Reformatoren, eine Möglichkeit zur Verständigung mit der römisch-katholischen Soteriologie darstellt, eine Möglichkeit zur Verständigung im Raum der evangelischen Christenheit (z.B. mit Baptisten u.a.) darstellt"[166]. Barths Tauflehre kann zur Verständigung über den Kirchenbegriff beitragen: "Barths aus dem Ansatz seiner Tauflehre konsequent folgende Ablehnung der Kindertaufe könnte zu ökumenischer Verständigung über den Kirchenbegriff innerhalb der evangelischen Christenheit beitragen"[167]. Aber "Barths Tauflehre läßt eine Auseinandersetzung mit der orthodoxen Taufauffassung (bzw. Sakramentsauffassung) der östlichen Christenheit vermissen"[168].

---

[163] Vgl. ebd., S.248f.

[164] Vgl. H. Stirnimann, a.a.O., S.28. Er hat allerdings nicht darauf hingewiesen, wie die Frühtaufe überprüft und die Praxis der Firmung reformiert werden soll.

[165] Jüngel sagt: "Barths Tauflehre impliziert eine positive Interpretation des menschlichen Tuns im Blick auf des menschliche Heil, insofern die Taufe als Bitte um den Heiligen Geist und diese Bitte als rettendes menschliches Tun verstanden wird. Aufgrund der strengen Unterscheidung von göttlichem Tun und menschlichem Tun wird eine das *solus Christus, sola gratia, solum verbum, sola fide* erst recht zur Geltung bringende Würdigung des Menschen als Subjekt seines Tuns möglich, die berechtigte Forderungen der römisch-katholischen Theologie auf evangelische Weise erfüllt". "*Thesen zu Karl Barths Lehre von der Taufe*", in: F. Viering (Hg.), "*Zu Karl Barths Lehre von der Taufe*", S.163. In diesem Sinne ist Barths Tauflehre zugleich von ökumenischer Bedeutung.

[166] Ebd., S.162.

[167] Ebd., S.163.

[168] Ebd.

Im Votum des Taufausschusses der Evangelischen Kirche der Union findet sich ebenfalls eine positive Übereinstimmung unter den Vertretern bezüglich Barths Tauflehre. Diese wird als eine sachliche Herausforderung an Theologie und Kirche betrachtet und verdient seitens der Kirche das kritische Nachdenken über die traditionelle Tauflehre sowie über die gegenwärtige Taufpraxis der Kirche.[169]

Die Ausführungen über den Forschungsstand über Barths Tauftheologie zeigen, daß Barths Stellungnahme zu Sakramenten, besonders zur kirchlichen Taufe eine kritische Reaktion angeregt hat. Einerseits ist seine Tauflehre sehr kritisch beurteilt worden, andererseits hat sie aber zum Nachdenken über die kirchliche Taufe veranlaßt und in diesem Sinne auch eine positive Bewertung bekommen. Obwohl seine Taufauffassung, daß die Taufe weder Heilsmittel noch Gnade Gottes, sondern eine rein menschliche Handlung ist, von den Kirchen abgelehnt wurde, obwohl die Kindertaufe in der Kirche weiter vollzogen wird, ist seine Tauflehre aufgrund der aufgezeigten christologischen und anthropologischen Tragweite nicht als ungerechtfertigt zu betrachten. Ist diese Taufauffassung richtig, dann sollte sie angenommen werden und die kirchliche Tauflehre im Zusammenhang mit der Taufpraxis reformiert werden. Ist diese Taufauffassung falsch, sollte sie entkräftet werden. Damit stellt sich die Frage, worin die eigentliche Problematik liegt, daß eben die Tauflehre Barths bisher weder akzeptiert noch widerlegt wurde?

2. Problematik

Auf Grund der hier vorgelegten Ausführungen über den Forschungsstand zu Barths Tauflehre kann festgestellt werden, daß es ein positives Ergebnis aus exegetischer Sicht nicht gibt, weil Barth und seine Kritiker ihre Diskussion in der Tauffrage nicht von einem gemeinsamen Grundverständnis der biblischen Darstellung der Taufe ausgeführt haben. Barth spricht von Wasser- und Geisttaufe. Im Unterschied dazu sprechen die Kritiker von der einen Taufe. Für eine Tauflehre ist nach Barth nur die Erzählung von der Taufe Jesu am Jordan zu berücksichtigen. Zum Aufbau der auf Jesu Taufe gegründeten Tauflehre ist dann der Missionsbefehl im Zusammenhang mit der Aufgabe der Kirche einzubeziehen. Die anderen neutestamentlichen

---

[169] Vgl. *"Votum des Taufausschusses der Evangelischen Kirche der Union — zu Karl Barths Lehre von der Taufe"*, in: F. Viering (Hg.), *"Zu Karl Barths Lehre von der Taufe"*, S.167.

Stellen sind für Barth entweder eine Unterstreichung oder eine Illustration der Erzählung von allerlei Fortschritten in der Verkündigung und Ausbreitung des Evangeliums.[170] Die Kritiker nehmen aber alle Zeugnisse der Apostel von der Taufe zur Begründung ihrer Tauftheologie auf und müssen deswegen zu einer anderen Taufauffassung als Barth gelangen. Das Problem, warum Barth nur die Taufe Jesu und seinen Missionsbefehl zur Geltung einer neutestamentlichen Tauflehre bringt und aus welchen biblischen Gründen er die Taufe in Wassertaufe und in Geisttaufe trennt, bleibt ungelöst. Barth hat selbst keine Antwort im Sinne einer exegetischen Begründung auf diese Frage gegeben, d.h. seine Aussagen sind nicht biblisch begründet. In diesem Sinne ist es unmöglich, seine Tauflehre rein exegetisch zu interpretieren.

Können die geschichtlichen Gründen, die Barth nennt, seine Tauflehre unterstützen? Diese Frage kann sich nicht auf Taufe als Sakrament, sondern nur auf die Kindertaufe beziehen. Obwohl Barth ausdrücklich darauf hingewiesen hat, daß die Kindertaufe im Zusammenhang mit der Anerkennung des Christentums als staatliche Religion durch das römische Reiche im 4. Jahrhundert zur allgemeinen Sitte der Kirche geworden ist, wollte er darauf jedoch nicht insistieren und bezeichnete seine Meinung als eine Vermutung. Für die vorliegende Arbeit spielt es keine wichtige Rolle, ob diese Vermutung der geschichtlichen Realität entspricht oder nicht, weil es den Kern der Sakramentslehre Barths nicht betrifft. Seine Sakramentslehre hat sich kaum auf die Sakramentsgeschichte bezogen. Er hat seine Tauflehre auch nicht in der Geschichte der Taufpraxis der Kirche festgemacht. Eine Untersuchung über Barths Sakramentstheologie im Bereich der Sakramentsgeschichte scheint deshalb unnötig, um Barths Sakramentstheologie zu verstehen und sich mit ihr auseinanderzusetzen.

Im großen und ganzen kann man sagen, daß Barths Tauflehre weder exegetisch noch kirchengeschichtlich gut begründet ist. Das besagt aber nicht, daß er sie aus purer Phantasie entworfen hat. Nicht mit biblischen oder geschichtlichen, sondern auf dogmatischen Gründen hat er seine Tauflehre gestützt. "Gott ist Gott und Mensch ist Mensch" ist der Grundsatz seiner Dogmatik. Für Barth ist Jesus Christus das eine Sakrament und die Geisttaufe selbst. Er ist die Begründung der Taufe. Diese Behauptung Barths schließt alle menschlichen Werke aus, die zum Heil des Täuflings beitragen können. Eine Tauflehre ist dann nur von der

[170] Vgl. *KD* IV/4, S.122.

Taufe Jesu bzw. von seiner Geschichte her zu erfassen. Es schließt unter dieser Voraussetzung denknotwendig die anderen neutestamentlichen Stellen von der Taufe aus. Der Tod Jesu und seine Auferstehung sind das Werk Gottes und das eine Sakrament zugleich. Wo bleibt aber der Mensch? Gerade darin liegt die Problematik. Gott steht auf der einen Seite und der Mensch auf der anderen. Es besteht eine tiefe Kluft zwischen ihnen. Barth verneint sowohl die christomonistische als auch die anthropozentrische Erklärung des Heilsgeschehens.[171] Was tut Gott, um diese Kluft überzubrücken? Kann der Mensch dazu auch beitragen? Diese Fragen müssen erklärt werden, wenn man die Untersuchung über Barths Sakramentstheologie weiterführen will, weil diese Erklärung eine Hilfe sein kann, den Standort seiner Sakramentstheologie festzulegen. Inwiefern handeln Gott und Mensch im kirchlichen Sakrament zusammen, wenn die kirchlichen Sakramente einerseits eine kirchliche Handlung bzw. ein menschliches Werk sind, andererseits mit dem wahren Sakrament verbunden bzw. das Abbild des wahren Sakraments sind?

---

[171] Vgl. ebd., S.20ff.

Kapitel 3

DAS WERK DES MENSCHEN

Die Untersuchung über Barths Lehre vom Menschen bildet das Thema dieses Kapitels. Ausgangspunkt der Betrachtung über Barths Anthropologie ist die von ihm unternommene Unterscheidung zwischen Menschen als Geschöpf Gottes und dem wahren Menschen Jesus einerseits und die Verknüpfung dieser beiden miteinander, d.h. die Beziehung zwischen dem geschöpflichen Menschen und dem fleischgewordenen Menschen Jesus andererseits. Für Barth ist nämlich der geschöpfliche Mensch erst durch die Person Jesus zum wirklichen Menschen geworden. Die Anthropologie Barths ist damit eng mit seiner Christologie verbunden.[1]

Im Mittelpunkt seiner christozentrischen Anthropologie steht die These, daß der Mensch nur mit dem Menschen Jesus wirklich ist.[2] Das bedeutet, daß man Barths Lehre vom Menschen nur in der Exegese des Menschen Jesus verstehen kann.[3] Barth wörtlich: "Weil der Mensch... das Geschöpf ist, dessen Verhältnis zu Gott uns in Gottes Wort offenbar ist, darum ist er der Gegenstand der theologischen Lehre vom Geschöpf überhaupt. Indem der Mensch Jesus das offenbarende Wort Gottes ist, ist er die Quelle unserer Erkenntnis des von Gott geschaffenen menschlichen Wesens"[4]. Dieses Zitat zeigt deutlich, daß der Mensch als Geschöpf Gottes von Barth als das Zentrum aller anderen Geschöpfe betrachtet wird, dem eine besondere Stelle vor Gott dem Schöpfer und in der Schöpfung eingeräumt wird. Eine theologische Lehre vom Menschen ist nach Barth deshalb möglich, weil die Erkenntnis des von Gott geschaffenen menschlichen Wesens nur durch die Offenbarung Gottes zu erlangen ist, die Offenbarung in Jesus Christus. Jesus Christus ist das offenbarende Wort Gottes und die Quelle unserer Erkenntnis zugleich. Die Diskussion über das Verhältnis zwischen der Offenbarung Gottes in Jesus Christus und der Gnade Gottes bildet den Inhalt des nächsten Kapitels. Dabei konzentriert sich dieses Kapitel nur auf die Diskussion über Barths Lehre vom geschöpflichen Menschen.

---

1 Vgl. *KD* III/2, S.247: "Wir fahren fort in der Begründung der Anthropologie auf die Christologie" und S.270.

2 Vgl. ebd., S.170.

3 Vgl. A. Peter, "*Der Mensch*", S.124.

4 *KD* III/2, S.1, §43.

Zuerst soll die Stellung des Menschen in Barths Lehre vom Menschen behandelt werden: Wie ist der Mensch als Geschöpf Gottes von Gott zum Bundespartner Gottes bestimmt, in welchem Sinne ist er das Ebenbild Gottes? Dann geht es um die Frage nach der Funktion des Menschen: In welchem Sinne hat der Mensch seine Funktion, wie ist die Sünde dem aus dem guten Willen Gottes erschaffenen Menschen möglich? Hier wird die Tat der Menschen im Mittelpunkt der Diskussion stehen. Nach Barth kann der Mensch sich entscheiden, weil er von Gott als freier Mensch geschaffen ist. Deshalb ist es von Interesse, wie man diese menschliche Entscheidung betrachten und welches Gewicht ihr beigemessen werden soll: Was kann der Mensch tun, was hat er getan und was ist die Konsequenz seiner Tat? Diese Fragen werden im Zusammenhang mit der Diskussion über Barths Erläuterung vom Werk des Menschen behandelt werden. Im letzten Abschnitt wird über Barths Lehre von Gottes Heilshandlung in Bezug auf die Stellung des Menschen und seine Rolle in Gottes Heilshandlung, d.h. auf den Mensch als Objekt des Heils Gottes für seine Heilshandlung, diskutiert. Die Diskussion über die Heilshandlung Gottes als seine Gnade für die Sünder, die einen Schwerpunkt der vorliegenden Arbeit bildet, wird im 4. Kapitel ausgeführt.

A. Die Stellung des Menschen

1. Der Mensch als Geschöpf Gottes

Die Schöpfung ist im Sinne Barths das "Ja" Gottes zu seinem Geschöpf. Das "Ja" des Schöpfers besagt den Willen Gottes und hat einen inneren Grund darin, daß er sich selbst "schon in und mit dem Anfang aller Dinge für sein Geschöpf entschieden, haftbar und verantwortlich gemacht hat"[5]. Barth schreibt: "Der Satz, daß Gott den Himmel, die Erde und den Menschen geschaffen hat, behauptet, daß dieser ganze Bereich von Gott her ist, durch ihn als Wirklichkeit, verschieden von seiner eigenen, gewollt und gesetzt ist"[6]. Damit meint Barth nicht nur, daß die Welt nicht allein existieren kann, sondern auch, daß sie nicht sich selbst gehört und nicht über sich selbst verfügen kann, da sie gar nicht durch sich selbst ist, sondern nur dadurch, daß Gott sie gewollt und geschaffen hat: "...vor der Welt ist Gott, schlechthin anderen, eigenen Wesens ihr gegenüber, im Unterschied zu ihr

---

5 *KD* III/1, S.379.
6 Ebd., S.5.

ganz sich selber gehörig und über sich selber verfügend, weil durch sich selber begründet und bestimmt, ganz sich selber genügend"[7].

Der Mensch, der durch Gottes Schöpfung erschaffen ist, ist in dem Sinne gleich wie die anderen Geschöpfe, als er nicht sich selbst gehört und nicht über sich selbst verfügen kann. Der Mensch muß sich selbst unter allen anderen Geschöpfen ganz und gar als ihresgleichen erkennen.[8] Dennoch ist der Mensch für Barth die Mitte der Schöpfung. Im Unterschied zu den anderen Geschöpfen versteht Barth die Existenz des Menschen als Natur und Geist in einem.[9] Die Natur des Menschen besteht aus Leib und Seele. Er weiß es durch die Anrede Gottes, daß Gott der Schöpfer ihn so gemacht hat.[10] Der Geist des Menschen besteht darin, daß er von der ewigen Bestimmung Gottes her die Unmittelbarkeit zu Gott hat.[11] Er gehört der sichtbaren und der unsichtbaren Wirklichkeit an.[12] Als Bürger zweier Welten, als ein Himmel- und ein Erdenbürger ist er sterblich und unsterblich zugleich.[13] Indem dem Menschen diese besondere Geschöpflichkeit und die Unmittelbarkeit zu Gott eingeräumt wird, wird die Lehre vom Menschen aus theologischer Sicht ermöglicht.

2. Der Mensch als Bundespartner Gottes

Die Grundlage der Anthropologie Barths ist die Aussage, daß der Mensch Geschöpf Gottes ist.[14] Da der Mensch wie andere Geschöpfe immer das Geschöpf Gottes bleibt und bleiben muß, kann er keineswegs die Grenze zwischen Geschöpfen und Schöpfer übertreten, die Barth als ontologischen Unterschied versteht und in diesem Sinne auch als unwandelbar betrachtet.

---

7 Ebd.
8 Vgl. Barth, "*Unterricht in der christlichen Religion*", S.349f.
9 Vgl. ebd., S.360f.
10 Vgl. ebd., S.350.
11 Vgl. ebd.
12 Vgl. ebd., S.349f.
13 Vgl. ebd., S.360f. Dazu lautet Barths Definition der Unsterblichkeit wie folgt: "Unsterblichkeit heißt nicht Ewigkeit... Sie [die Seele] ist unsterblich nur '*Dei ordinatione*', als Odem Gottes in dem Erdenkloß. Gott könnte seinen Odem zurückziehen, das ist die Grenze der Unsterblichkeit; dem Erdenkloß gegenüber ist sie, solange Gott das nicht tut, Unsterblichkeit". S.357.
14 Diese Behauptung wird ungeändert vertreten seit seiner ersten Vorlesung über die Lehre vom Menschen in Göttingen vom SS 1924/25 bis der Erscheinung der *KD* III/2 im Jahre 1959.

98

Dies ist die Bestimmung des Menschen, die er von Gott erhalten hat. Andererseits ist aber der Mensch das Geschöpf, das sich insofern von den anderen Geschöpfen unterscheidet, als Gott ihn zum besonderen Zweck erschaffen hat. Dieser besondere Zweck liegt nach Barth in der Bestimmung des Menschen als Bundespartner Gottes.[15] Aufgrund dieser Anknüpfung von Schöpfung und Bund vertritt Barth die Ansicht, daß die Frage nach der Absicht der Schöpfung Gottes möglich ist.[16] Die Antwort darauf findet er in dem Bündniszweck: Gott schuf die Welt, um den Bund mit dem Menschen zu schließen. Der geschöpfliche Mensch als Bundespartner Gottes bedeutet demnach, daß die Geschöpflichkeit des Menschen in seinem Bestimmtsein zum Bund liegt. Dies ist nach Barth die ontologische Bestimmung des Menschen,[17] die er als Prämisse seiner theologischen Anthropologie festlegt. Für Barth ist der Mensch nur das, was Gott zu seinem Bundespartner erschaffen hat. Als der erschaffene Bundespartner Gottes soll sich der Mensch an dem Bund zwischen ihm und Gott festhalten. Den Bund zu bewahren bedeutet, daß der Mensch sich als Bundespartner gegenüber Gott ebenfalls für Gott entscheiden, Gott sein Gott sein lassen soll, weil in diesem Bund Gott sich für den Menschen entschieden hat.[18] Das Füreinander-Sein besagt das Wesen des Bundes und die Beziehung zwischen Gott und Mensch. Weil Gott in dem Bund für den Menschen ist, ist der Mensch auch durch den Bund dazu bestimmt, für Gott zu sein.[19] In diesem Sinne ist es mit Recht zu sagen, daß das Menschsein nur durch den Bund interpretiert werden kann. "Gott für den Menschen" und "der Mensch für Gott" sind im Sinne Barths dadurch erkennbar, daß Gott den Menschen erwählt und über ihn gebietet und der Mensch dem erwählenden und gebietenden Gott entsprechend dankbar und gehorsam ist.[20]

Wenn der Mensch nach seiner ontologischen Bestimmung als Bundespartner Gottes erschaffen ist, muß auch sein geschöpfliches Sein der onto-

---

15 Vgl. *KD* III/2, S.242f.
16 Die Zusammenangehörigkeit von Schöpfung und Bund nach Barth ist in seiner *KD* III/1 deutlich aufgezeigt, besonders im Abschnitt "Die Schöpfung als äußerer Grund des Bundes" und "Der Bund als innerer Grund der Schöpfung".
17 Vgl. *KD* III/2, S.244f.
18 Vgl. *KD* IV/1, S.38f.
19 Vgl. ebd., S.43f.
20 Vgl. *KD* II/1,1 S.51f.; III/2, S.198ff. und IV/1, S.44f. Dankbarsein und Gehorsamsein des Menschen gegenüber Gott spielen eine große Rolle für Barths Anthropologie. Sie sind die Existenz und Tat des Menschen zugleich.

logischen Bestimmung entsprechen. Das menschliche Sein hat nur dann einen Zweck, wenn er der Bundespartner Gottes bleibt. D.h. das Sein des Menschen hängt von seiner ontologischen Bestimmung durch Gott ab. In diesem Sinne sind die geschöpfliche Art und die Beschaffenheit des Menschen seiner ontologischen Bestimmung nachgeordnet. Die geschöpfliche Art des Menschen ist einerseits in Bezug auf den Zusammenhang von Schöpfung und Bund als die Beziehung zwischen Gott und Mensch zu verstehen, andererseits ist sie als das menschliche Sein in der Begegnung von Mensch und Mitmensch zu erkennen, als Mitmenschlichkeit.[21] Die geschöpfliche Art des Menschen hängt nicht nur mit der ontologischen Bestimmung, sondern auch mit dem geschöpflichen Ebenbild des Menschen zusammen. Um die geschöpfliche Art des Menschen deutlich zu erklären, führt Barth den Begriff "geschöpfliche Gottebenbildlichkeit" in seiner Lehre vom Menschen ein.

3. Die geschöpfliche Gottebenbildlichkeit des Menschen

Der Mensch ist nicht nur nicht allein, sondern er kann überhaupt sein Sein nur in der Gemeinschaft mit Gott und mit den Mitmenschen realisieren. Diese Aussage begründet Barth nicht nur mit seiner Bündnislehre, die die göttliche Bestimmung des Menschen erklärt, sondern auch mit seiner Lehre vom Ebenbild Gottes. Wenn der Begriff "Humanität" das menschliche Sein bezeichnet, so ist dieses menschliche Sein nur als das Zusammensein des Menschen mit den anderen Menschen zu verstehen, weil der Begriff "Humanität" für Barth eben das in der Bestimmtheit des Menschenseins begründete Zusammensein mit den anderen Menschen bedeutet.[22] Diese Mitmensch-Beziehung als Zweisamkeit und Grundform der Menschlichkeit erkennt Barth daran: "...daß wir nicht Mensch sagen können, ohne entweder

---

21 In *KD* III/2 bezeichnet Barth die Mitmenschlichkeit in vier Kategorien: 1. Der Mensch ist dem Mitmenschen sichtbar und wird von ihm gesehen. Insofern ist Mitmenschlichkeit "ein Sein in der Offenheit des Einen zum Anderen hin und für den Anderen". S.300; 2. Der Mensch redet mit dem Mitmenschen und hört auf ihn. Insofern ist Mitmenschlichkeit ein Sein in der gegenseitigen aktiven Selbstkundgabe zum Du hin und im gegenseitigen Vernehmen vom Du her. Vgl. S.305; 3. Der Mensch leistet dem Mitmenschen Beistand. Insofern ist Mitmenschlichkeit ein Sein in der gegenseitigen tätigen Hilfeleistung und im gegenseitigen Hilfeempfang. Vgl. S.312; 4. Der Mensch ist gerne mit dem Mitmenschen zusammen. Vgl. S.318.

22 Vgl. ebd., S.290.

Mann oder Frau und ohne zugleich Mann und Frau sagen zu müssen"[23]. Das menschliche Sein als Mann und Frau steht für Barth aber in unmittelbarer Beziehung zu der Gottebenbildlichkeit des Menschen.

In seiner Auslegung der priesterschriftlichen Schöpfungsgeschichte von Gen 1,26f.[24] sagt Barth, daß "der Mensch als Ebenbild Gottes" auf der "Pluralität im göttlichen Wesen" gegründet ist. Die Gottebenbildlichkeit des Menschen beruht auf der innergöttlichen Einmütigkeit — Lasset uns Menschen machen, ein Bild, das uns gleich sei.[25] Barth interpretiert die Pluralität im göttlichen Wesen als die "Unterscheidung und Beziehung von Ich und Du"[26]. Dementsprechend besteht die Erschaffung des Menschen sowohl in dem Urbild als auch nach dem Vorbild Gottes[27] nicht woanders als eben in der Unterscheidung und der Beziehung von Ich und Du. Die Aussage, daß der Mensch als Mann und Frau erschaffen wurde, setzt Barth in Zusammenhang mit dieser innergöttlichen Einmütigkeit als Unterscheidung und Beziehung von Ich und Du und definiert die Gottebenbildlichkeit des Menschen als "Menschen in seiner Existenz als Mann und Frau, als in einer Unterscheidung und Beziehung zwischen Mensch und Mensch"[28]. Der Mensch ist in seiner Existenz als Mann und Frau geschaffen, worin die Gottebenbildlichkeit des Menschen besteht. Man darf diese Unterscheidung und Beziehung jedoch keinesfalls einfach als geschlechtliche Differenzie-

---

[23] Ebd., S.344.

[24] Vgl. *KD* III/1, S.214ff.

[25] Vgl. ebd., S.221 und S.204ff. Hier zu beachten ist aber Barths Auslegung von Gen 1,26f. Er versucht, das Bild hier durch seine eigene Übersetzung zu interpretieren: "Lasset uns Menschen machen in unserem Urbild nach unserem Vorbild". (S.205) Seine Interpretation von Urbild und Nachbild lautet: "'In unserem Urbild' heißt: geschaffen als ein Wesen, das darin seinen Grund und seine Möglichkeit hat, daß in 'uns', d.h. im Bereich und Wesen Gottes selbst ein göttliches und also in sich selbst begründetes Urbild existiert, dem jenes Wesen entsprechen, das jenes Wesen also in seiner ganzen Abbildlichkeit und also Andersartigkeit legitimieren, das seine Existenz rechtfertigen kann und durch das es, wenn ihm Existenz gegeben wird, in der Tat legitimiert und gerechtfertigt sein wird. Daß es in jenem Urbild geschaffen ist, besagt also, daß es in ihm seinen Rechtsgrund hat". (S.205) "Nach unserem Vorbild" bedeutet: "geschaffen als ein Wesen, dessen Natur dadurch entscheidend charakterisiert ist, daß sie, obwohl von Gott geschaffen, insofern keine neue Natur ist, als sie in der Natur Gottes selbst ein Vorbild hat, insofern also, als sie dieses göttlichen Vorbildes Nachbild, in Nachbildung jenes Vorbildes geschaffen ist. Das in jenem Urbild nach diesem Vorbild geschaffene Wesen ist der Mensch" (S.205f.).

[26] Vgl. ebd., S.220.

[27] Vgl. ebd., S.221.

[28] Ebd., S.219.

rung betrachten, weil sonst auch die Tiere ebenso Gottesebenbild wie die Menschen wären. Der Mensch unterscheidet sich vielmehr vom Tier durch seine Beziehung mit dem von ihm selbst unterscheidenden Objekt. Der Begriff, mit dem Barth den Menschen in der Frage nach der Gottebenbildlichkeit beschreibt und hervorhebt, ist die "Beziehung".[29] So schreibt er am Schluß des §45 seiner *KD* III/2 über den "Mensch in seiner Bestimmung zu Gottes Bundesgenossen": "Gott ist in Beziehung; in Beziehung ist auch der von ihm geschaffene Mensch. Das ist des Menschen Gottebenbildlichkeit"[30]. Diese Gotteben-bildlichkeit bezieht sich in diesem Sinne auf das Menschensein als Mensch und Mitmensch in einem, auf das Sein des Menschen in Unterscheidung und Beziehung, wie es exemplarisch in seinem Sein als Mann und Frau sichtbar wird.

4. Bündnisfähig und anredefähig

Indem der Mensch der Bundespartner Gottes ist und in der Gemeinschaft mit Gott Gottebenbildlichkeit hat, ist er bündnisfähig und anredefähig. Barth ist zuzustimmen, wenn er sagt, daß der Mensch nicht nur in der Offenbarung von Gott angeredet ist, sondern daß in und mit der Anrede Gottes an den Menschen in Gottes Offenbarung auch eine bestimmte Erkenntnis des Wesens des Menschen gegeben ist.[31] Da Gott den Menschen anredet, bekommt der Mensch die Fähigkeit, Gottes Wort zu hören. Das Sein des Menschen ist nach Barths Definition ein Sein, das im Hören des Wortes Gottes besteht.[32] Das Gotteswort-Hören-können ist im Sinne Barths keine bloße Potentialität, sondern Aktualität, nicht eine bloße Vernünftigkeit, sondern ein faktisches Vernehmen.[33] Durch das Hören von Gottes Wort weiß er nicht nur seine kreatürliche Grenze,[34] sondern auch seine Bestimmung, daß er der von Gott gerufene Mensch ist, um Gott als seinen Schöpfer zu erkennen.[35] Auch die Sünde hängt nach Barth mit dem Gotteswort-Hören-Können zusammen, weil der erschaffene Mensch das Wort Gottes nicht hören will und den ihm offenbaren Willen ablehnt. Das Gotteswort-

29 Vgl. ebd., S.209.
30 *KD* III/2, S.391.
31 Vgl. Barth, "*Unterricht in der christlichen Religion*", S.334 und 346.
32 Vgl. *KD* III/2, S.195.
33 Vgl. Barth, "*Unterricht in der christlichen Religion*", S.334.
34 Vgl. ebd., S.348.
35 Vgl. ebd., S.348f.

Hören-können erhält dadurch die Zentralbedeutung für die theologische Anthropologie von Karl Barth, weil der Mensch durch diese Fähigkeit die Erkenntnis Gottes bekommt und als solcher sich in der Mitte der Schöpfung von den anderen Kreaturen unterscheidet.[36] Man kann es sicher als die Fähigkeit des Menschen bezeichnen, daß er zugleich bündnisfähig mit und anredefähig von Gott ist. Dennoch ist zu bemerken, daß nach Barths Auffassung die Gottebenbildlichkeit des Menschen nicht auf einer bestimmten Eigenschaft oder einer bestimmten Fähigkeit des Menschen beruht. Für Barth besteht sie nur in der göttlichen Bestimmung zum Sein als Mensch und Mitmensch. Barth schreibt dazu: "Nicht zum Bilde, sondern... entsprechend dem Bilde Gottes ist der Mensch geschaffen. Seine Gottebenbildlichkeit ist nicht sein Besitz und wird auch nicht dazu, sondern sie liegt ganz in der Absicht und Tat seines Schöpfers, dessen Wille mit ihm eben diese Entsprechung ist"[37]. Das heißt, der Mensch ist in sich nicht bündnisfähig, um die Beziehung zu Gott im Bunde mit ihm aufzunehmen und Gottes Partner zu sein. Er kann deshalb die Beziehung zu Gott aufnehmen, weil Gott ihn zu seinem Partner macht, indem er ihn dazu aufruft, jene Beziehung aufzunehmen, indem der Mensch als der dazu Aufgerufene existiert.[38] Als der von Gott Aufgerufene existiert der Mensch mit seinem Charakter in der Beziehung als von Gott anzuredendes Du und als Gott verantwortliches Ich.[39] Indem die Gottebenbildlichkeit des Menschen als göttliche Bestimmung ganz in der Absicht und Tat seines Schöpfers liegt,[40] indem der Mensch die Gottebenbildlichkeit nicht von sich aus besitzen kann, kann er sie ebensowenig verlieren.[41] Hier liegt die Eigentümlichkeit der Lehre Barths von der Gottebenbildlichkeit des Menschen.

Es läßt sich nun zusammenfassend sagen, daß der Grundgedanke der theologischen Anthropologie Barths die ontologische Unterscheidung von Gott und Menschen einerseits, sowie die Beziehung zwischen Gott und

---

36 Barth bezeichnet diese Fähigkeit "Gotteswort-Hörenkönnen" als einen Unterschied zwischen Mensch und anderen Geschöpfen: "Indem er [der Mensch] das Wort Gottes hört, wird und ist er unter allen Geschöpfen das besondere, das menschliche Geschöpf". Vgl. *KD* III/2, S.195f.

37 *KD* III/1, S.222.

38 Vgl. *KD* III/2, S.267.

39 Vgl. *KD* III/1, S.224.

40 Vgl. ebd., S.222.

41 Vgl. ebd., S.225.

Mensch andererseits ist. Die Polarität und die Grenze zwischen Gott und seinem Geschöpf müssen beibehalten werden. Das Geschöpf besteht und kann nur bestehen durch Gottes Willen, der die Bestimmung des Schöpfers ist. Die Schöpfung ist eine anthropozentrisch orientierte Tat Gottes, weil Gott dem Menschen eine Sonderstelle in seiner Schöpfung eingeräumt hat. In diesem Punkt unterscheidet sich der Mensch von den anderen Geschöpfen. Er ist gemäß der Bestimmung Gottes der Bundespartner Gottes und hat deshalb die Gemeinschaft mit Gott und existiert in der Beziehung zu Gott. In diesem Sinne ist der Mensch nach Barth als das Ebenbild Gottes zu verstehen.

Diese Gottebenbildlichkeit, die auf der Sonderstellung des Menschen in Gottes Schöpfung gegründet ist, betrachtet Barth als eine Ich-Du-Beziehung. Er bezeichnet diese Beziehung mit seinem Terminus als das Urverhältnis.[42] Der Mensch ist von Gott angerufen zum Bundesgenossen. Er ist der Anredepartner Gottes. Er ist als freier Mensch erschaffen, um Gottes Wort zu hören. Dieses Hören auf Gottes Wort nimmt die Zentralstellung in Barths Lehre vom Menschen ein. Denn für Barth ist das Menschensein nur dadurch möglich, daß er Gott folgt und auf Gott hört. Er hört und sagt ja zu dem, was Gott ihm zu sagen hat.[43] Obwohl der Mensch nach seiner ontologischen Bestimmung durch Gott[44] ein freier Mensch ist und bleiben soll, ist er eben nur in dieser Bestimmung frei. D.h. er kann frei sein nur bei dem, was Gott ihm gegeben und wie Gott ihn bestimmt hat. Die von Gott dem Menschen gegebene Freiheit ist keineswegs eine Unabhängigkeit von Gott, sondern sie ist eine in Gottes Bestimmung begrenzte Freiheit, die nach Barth zwar eine Wahlfreiheit ist, die jedoch mit einer Entscheidung

---

42 Unter Urverhältnis versteht Barth das Verhältnis von Schöpfer und Geschöpf, von Gott und Mensch im besonderen. Barth beschreibt das Urverhältnis wie folgt: "Er [der Mensch] ist eben unten, wo Gott oben, der Zweite, wo Gott der Erste, abhängig, wo Gott souverän, zum Aufmerken verpflichtet, wo Gott ihn ruft, zum Gehorsam, wo Gott gebietet, und zwar so, daß ihm eben im Rahmen und unter den Bestimmungen dieser Ordnung - eben indem er Knecht und Gott sein Herr ist - Gottes freie, vorbehaltlose, ganze und volle Gnade zugewendet ist: so also, daß er gerade in dieser Ordnung frei sein, sein eigentliches Wesen in Herrlichkeit realisieren dürfte... Gerade als Gottes Knecht könnte und dürfte er im Sinn seiner geschöpflichen Natur wesentlich und vollständig Mensch sein, in Erfüllung seiner Bestimmung zum Partner im Bund mit Gott sogar an dessen Herrschaft teilnehmen". Ebd., S.438.
43 Vgl. *KD* III/2, S.214f.
44 Nach Barth bedeutet die ontologische Bestimmung Gottes das Zusammensein des Menschen mit Gott. Vgl. ebd., S.162.

zwischen Gehorsam und Ungehorsam nichts gemein hat.[45] Diese Wahlfreiheit des Menschen versteht sich nur als die Tatsache, daß der Mensch die Freiheit hat, das Rechte zu wählen.[46] Wie Gott in seiner Freiheit den Menschen zum Bundespartner gewählt hat, so soll der Mensch in seiner gegebenen Freiheit Gott zu seinem Gott als das Rechte wählen. Seine Wahl soll also die der freien Wahl Gottes Entsprechende sein.[47] In diesem Sinne ist die Möglichkeit, Gott nicht zu gehorchen, nicht die dem Menschen von Gott gegebene wahre Freiheit.[48]

Barths These von der ontologischen Bestimmung des Menschen als Sein des Menschen ist sowohl für seine Anthropologie als auch für unsere Diskussion von großer Bedeutung. Denn sie bildet die Grundlage und die Zentralaussage seiner Lehre vom Menschen. Eine Diskussion über die Funktion des Menschen, um mit Barth zu sagen, über die ontologische Möglichkeit des Menschen, ist ohne eine Klärung von Barths Gedanken über die ontologische Bestimmung des Menschen nicht möglich.

---

45 Vgl. *KD* III/1, S.300. Zudem versucht Barth die Freiheit des Menschen als die von Gott bestimmte Freiheit in seiner Auslegung von Gen 2,8-17 zu begründen. Seiner Ansicht nach ist der Baum der Erkenntnis das Zeichen einer dem Menschen von Gott vorgehaltenen und gezeigten Möglichkeit. Darüber hinaus beschreibt Barth den Akt der kreatürlichen Entscheidung, der der schöpfungsmäßige Anfang der menschlichen Existenz ist, als den der Entscheidung für Gott, die auch als schöpfungsmäßige Freiheit zu verstehen ist. Vgl. Barth, *"Unterricht in der christlichen Religion"*, S.379.

46 Vgl. *KD* III/2, S.234.

47 Vgl. ebd., Die Freiheit Gottes ist die Souveränität der Gnade, daß er sich selbst für den Menschen erwählt und entscheidet, sein Gott und sein Herr zu sein. Mit anderen Worten ist Gottes Freiheit die Freiheit seiner Liebe, seiner Selbsterwählung und Selbstbestimmung zum Herrn des Bundes. Die Freiheit des Menschen ist von Gott in seiner Freiheit geschenkt. Vgl. Barth, *"Das Geschenk der Freiheit"*, S.2,5 und 8.

48 Barth äußert wörtlich: "Die Möglichkeit, Gott nicht zu gehorchen, kann ebensowenig im Bereich des *liberum arbitrium hominis* liegen, wie die Möglichkeit zu sündigen im Bereiche Gottes liegt... die Aufhebung der Freiheit, des *'posse non peccare'*, ist möglich. Sie ist unsere eigene Freiheit, die Freiheit unserer Entscheidung, der Entscheidung für Gott... Sie kann aufgegeben und dann folgerecht durch die Knechtschaft der Sünde ersetzt werden". Barth, *"Unterricht in der christlichen Religion"*, S.379f.

B. Die Funktion des Menschen

1. Freiheit und Entscheidung

Der Mensch ist frei von Gott erschaffen. Er ist deshalb ein freies Subjekt, das sich entscheiden kann. Barths Ansicht nach ist das "Subjekt" ein sich in seinem eigenen Sein selbst Setzendes.[49] Diesem Verständnis zufolge ist festzustellen, daß der Mensch in Barths Sinne ein Subjekt ist, weil er selbst "nach sich fragt und sich selber setzt, Gott zu erkennen, vor ihm verantwortlich und ihm gehorsam zu sein.[50] Die Entscheidung bezieht sich auf die Spontaneität und die Subjektivität des Entscheidenden. Der Mensch kann sich entscheiden, nur wenn er seine eigene Spontaneität und Subjektivität hat. Insofern faßt Barth die Umschreibung des Aktes der Subjektivität in den Begriff der Freiheit zusammen. Konrad Stock schreibt in seinem Buch über Barths Lehre vom Menschen: "Subjektivität ist Tätigkeit. Tätigkeit ist entscheidene und bewußte Verwirklichung seiner einen Möglichkeit, Verwirklichung seines Seins"[51]. Diese von Stock festgestellte unlösbare Einheit von Subjektivität und Tätigkeit in Barths theologischer Anthropologie ist in diesem Zusammenhang von großer Bedeutung. Subjektivität und Tätigkeit des Menschen sind, genauso wie die ontologische Möglichkeit und die ontologische Bestimmung, wie das Tun des Menschen und sein Sein, voneinander untrennbar. Wenn Barth von Subjektsein und Freiheit spricht, spricht er weder von einem naturwüchsigen Vermögen noch von der eigentümlichen Tätigkeit der Vernunft, sondern von dem von Gott zugesprochenen Recht des Menschen. Dieses Recht ist für Barth aber nicht die sinnliche Wahrnehmung der Welt der Objekte im Allgemeinen, wenn die Erkenntnis des Menschen eine Bedeutung für seine Spontaneität und seine Freiheit hat, sondern es ist das Hören auf das Gnadenwort Gottes.[52] Zu bemerken ist jedoch, daß das "Hören" für Barth keineswegs eine reine Passivität oder ein reines Affiziertsein bedeutet. Das Hören auf Gottes Wort ist keine bloße Potentialität, sondern Aktualität, "...nicht ein bloßes Hörenkönnen, ...sondern ein wirkliches Hören, nicht bloße Vernünftigkeit, sondern ein faktisches Vernehmen, nicht einen formalen Logoscharakter, sondern ma-

---

49 Vgl. *KD* III/2, S.231.
50 Vgl. ebd.
51 Stock, "*Anthropologie der Verheißung*", S.97. Hier hat Stock die Begriffe von "Subjektivität", "Tätigkeit", "Verwirklichung des Seins" und "Verwirklichung der Möglichkeit" Barths zusammengezogen. Vgl. auch *KD* III/2, S.176, 208 und 215.
52 Vgl. *KD* III/2, S.176f., 180 und 195f.

terial den Charakter eines durch den göttlichen Logos erreichten, bestimmten und in Bewegung gesetzten Seins"[53].

Indem der Mensch von Gott als freier Mensch erschaffen ist, kann er vieles tun und tut sehr viel. Nach Barth muß aber das Tun des Menschen mit seinem Sein identisch sein. Er schreibt: "Menschliches Sein ist also gerade in dieser genaueren Bestimmung [Abhängigkeit des menschlichen und göttlichen Seins] als Sein von Gott her identisch mit dem Akt, mit dem Geschehen dieser seiner Geschichte [die Begegnung des Menschen mit Gott]"[54]. Nach Barth sollte sogar das Werk des Menschen als geschöpfliches Werk dem Werk des Schöpfers entsprechen: Da Gottes schöpferisches Werk zugleich seine Entscheidung für die Menschen ist, soll das Werk des Geschöpfs als Entscheidung des Menschen für Gott angesehen werden.[55] Indem das Sein des Menschen von Gott her begründet ist, indem seine ontologische Möglichkeit von einer ontologischen Bestimmung abhängt, ist das Tun des Menschen ein Tun vom wirklichen Menschen, wenn er sein Tun in dieser Bestimmung geschehen läßt. Die gegenseitige Zugehörigkeit von Sein und Tun des Menschen stellt Barth wie folgt dar: "Was der Mensch tun kann, ist nur dieses Tun [Gott danken] sein wesentliches, sein eigentliches Tun, das Tun, das sein Sein ausmacht. In diesem und nur in diesem Tun unterscheidet er sich selbst als Sein vom Nichtsein"[56]. Nachdem das Verhältnis zwischen dem Tun des Menschen und seinem Sein geklärt ist, fragt Barth anschließend nach der Möglichkeit und Unmöglichkeit des Menschentuns. Nach Barth ist die Verwirklichung des Menschenseins auf der Verwirklichung der Möglichkeit des Menschen gegründet. Er sagt: "Er [der Mensch] hat nur eine, die große Möglichkeit, Mensch zu sein. Ihr steht grundsätzlich nur die große Unmöglichkeit gegenüber, deren Realisierung für ihn nur bedeuten kann: nicht Mensch und also gar nichts zu sein.... Die Verwirklichung seiner einen Möglichkeit und also die Verwirklichung seines Seins besteht aber darin, daß er Gott dankt."[57] Die menschliche Tätigkeit hat wesentlich nur den Charakter der Dankbarkeit. Was das Tun des wirklichen Menschen sein soll, ist nur der "Dank zu Gott".[58] Wenn der

---

53 Ebd., S.195.
54 Ebd.
55 Vgl. ebd., S.229.
56 Ebd., S.204.
57 Ebd.
58 Barths Definition vom wirklichen Menschen durch das Menschentun lautet: "...darin allein, daß er dankt, ist er Mensch, weil er darin und darin allein dem ge-

Mensch Gott dankbar ist, ist der Mensch das Subjekt seiner Geschichte und seines Seins zugleich.[59] "Danken ist das genaue geschöpfliche Kompliment zu Gottes Gnade ...Danken heißt erkenntlich sein für eine Wohltat. ...Danken heißt: den, der einem Wohl getan, als seinen Wohltäter anerkennen und in Ehren halten."[60]

2. Sünde und Tat

Der Mensch ist zur Gemeinschaft mit Gott bestimmt. Gott hat keinen Sünder, sondern den Menschen als seinen Bundespartner geschaffen. Diese Aussage über die Schöpfung schließt aber die Sünde nicht aus. Dennoch lehnt Barth es vehement ab, das Sündigen des Menschen als ontologische Möglichkeit zu bezeichnen. Für ihn ist die Sünde ontologisch unmöglich. Er verneint jedoch die Wirklichkeit der Sünde nicht. Wie kann aber die Sünde eine Tatsache sein, wenn sie ontologisch unmöglich ist?

In seinen frühen Werken versteht Barth die Sünde als eine Tat, die der Mensch in Untreue gegen Gott begangen hat: "Er [der Mensch] sündigt durch Unglauben gegen die göttliche Verheißung, indem er nicht warten, sondern seine Vollendung selber und in dieser Welt schaffen will. Und er sündigt durch Ungehorsam gegen die göttliche Forderung, indem er in diesem Wollen die rechte Erkenntnis und Einstellung seiner selbst in seinem Verhältnis zu seinem Herrn verleugnet"[61]. Mit der Sünde als Untreue gegen Gott ist der Mensch nicht nur seiner geschöpflichen Bestimmung und seinem göttlichen Ebenbild in ihm untreu geworden, sondern er ist es überhaupt auch gegen sich selbst.[62]

"Durch die Sünde ist seine Natur [die Natur des Menschen] verkehrt und verwandelt: Er [der Mensch] wird Gottes Feind; er verliert mit seiner

---

recht wird und Genüge tut, was sein Sein von Gott her begründet...'Sein oder Nichtsein? das ist hier die Frage', und sie entscheidet sich in der Beantwortung der Frage: Dank oder Undank? Der wirkliche Mensch ist der Gott dankbare Mensch". Ebd.

[59] Vgl. ebd., S.204f. Vorher hat Barth die Zweiseitigkeit des Danks als Menschentun gezeigt. Also, der Mensch als Subjekt einerseits im Dank zu Gott entspricht andererseits subjektiv und spontan der objektiven, der rezeptiven Begründung seines Seins in Gottes Wort.

[60] Ebd., S.199.

[61] Barth, "*Unterricht in der christlichen Religion*", S.399.

[62] Vgl. ebd., S.410.

ursprünglichen rechten Haltung das, was ihn mit Gott verbindet."[63] Nach
Barth existiert der Mensch nicht neben seiner Entscheidung, sondern in der
Entscheidung. Indem er sich entscheidet, entscheidet er zugleich über sein
Verhältnis zu Gott in der Welt und in der Zeit. Für Barth ist jedoch die
Sündentat der Nachkommen des ersten Menschen keinesfalls die Fortsetzung oder die Auswirkung der ersten Sündentat,[64] obwohl er die enge Verbindung der Menschentat mit der Menschennatur aufgrund der Sünde betont
und die Veränderung der Menschennatur auf die erste Sündentat des ersten
Menschen zurückführt, durch die die Sünde überhaupt in die Welt gekommen ist. Die altkirchlich dogmatische Lehre von der Vererbung der Sünde
hält Barth insofern für ungültig, als die Erbsünde nicht als die Sünde, die
von Geschlecht zu Geschlecht fortgepflanzt wird, verstanden werden soll,
sondern die Erbsünde für ihn die Hilfskonstruktion ist, die uns erklären
soll, daß wir alle nach Gottes Willen für das, was Adam getan hat, solida-
risch haftbar, mit ihm verantwortlich, schuldig und straffällig sind.[65] In
diesem Sinne befürwortet Barth die Ersetzung des Begriffs Erbsünde durch
Ursünde.[66]

Die Sündentat als Unglauben und Ungehorsam gegenüber Gott, die
Verwandlung der Menschennatur durch die Sündentat und die Betrachtung
der Erbsünde als Hilfskonstruktion zur Erklärung der Verantwortung der
Sünder und seiner Solidarität mit Adam gehören wesentlich zur frühen
Phase der Sündenlehre Barths. Im Jahre 1960 ist Barths *KD* IV/1 erschie-
nen, in der er seine Sündenlehre im Zusammenhang mit seiner Lehre vom
Sein und Werk Jesu Christi darstellt und die Sünde als Gegensatz zu Sein
und Tat Jesu Christi erklärt.[67] Obwohl der Unglaube für Barth immer noch

---

63 Ebd., S.415.

64 Vgl. ebd., S.418.

65 Vgl. ebd., S.421.

66 Vgl. ebd., S.421f. Nach Barth ist die lateinische Übertragung "*peccatum originale*"
    besser mit Ursünde zu übersetzen. Außerdem definiert Barth die Ursünde wie folgt:
    "Die Ursünde ist die Tat Adams, die, weil Adam uns alle repräsentiert und insofern
    wir alle in ihm gesündigt haben, unsere eigene Tat ist, und sagen, daß es zur Erklä-
    rung dieser Gemeinschaft mit Adam genügt zu bedenken, daß der ewig-allgegen-
    wärtige Gott *Recht* hat, wenn er gegenüber der Tat des einen, des ersten Menschen
    das Urteil spricht, durch das alle anderen als seinesgleichen erklärt werden, Recht
    hat, weil es eben so ist, weil das ontologische Band, das uns mit ihm vereinigt,
    Tatsache ist, wie er ja auch mit dem entsprechenden *Gnaden*urteil: Christus unsere
    Gerechtigkeit, Recht hat, weil es in Wahrheit so *ist*".

67 Vgl. *KD* IV/1, S.83. W. Joest hat Barths Lehre von der Sünde, die aufgrund der
    christologischen Aussagen entwickelt wurde, in seiner Dogmatik zusammenfassend

die Grundform der Sünde darstellt,[68] treten die Bezeichnungen der Sünde als Unglauben und Ungehorsam nicht mehr oft in Erscheinung. Statt dessen hat Barth in Referenz auf seine Christologie neue Begriffe in seine Sünden-lehre eingeführt. Die Sünde heißt nun terminologisch bei Barth Hochmut,[69] Trägheit[70] und Lüge[71], aus der die Möglichkeit der Sünde abgeleitet wird. Die Sünde wird nun als eine geschöpfliche Möglichkeit betrachtet, die in der Freiheit des Menschen zur Selbstbestimmung gründet. Die Sünde als "geschöpfliche Möglichkeit" bedeutet einerseits, daß die Sünde nur in der Geschöpflichkeit möglich ist – weil eine Gleichsetzung der geschöpflichen Möglichkeit mit der schöpferische Möglichkeit aufgrund der ontologischen Unterscheidung zwischen dem Schöpfer und seinem Geschöpf undenkbar ist –; sie bedeutet andererseits aber auch, daß die Sünde keinen Anteil am Willen und Werk Gottes hat. Die Sünde ist kein Geschöpf Gottes, weil die Schöpfung nach dem Willen Gottes geschah und an sich das Werk Gottes ist.[72] Da Gott die Sünde eben nicht geschaffen hat und die Sünde dennoch in der Geschöpfwelt möglich und wirklich ist, nennt Barth sie im ontologi-schen Sinne das "Nichtige". Wahrhaft und eigentlich kann nur Gott und sein Geschöpf sein. Die Sünde als das Nichtige ist weder Gott noch sein Geschöpf, dennoch ist es auch nicht einfach ein "Nichts" oder nichtsei-end.[73] Die Sünde als das Nichtige ist ferner auch nicht identisch mit dem, was nicht ist: was Gott nicht ist oder was das Geschöpf nicht ist. Barth spricht von der Wirklichkeit des Nichtigen: "Es hat genau das Wesen und

---

dargestellt: "Ist Christus 'der wahre, nämlich der sich selbst erniedrigende Gott,' so zeigt sich an ihm die Sünde als Hochmut, in dem der Mensch sich selbst erhöht. Ist Christus zugleich 'der wahre, nämlich der von Gott erhöhte Mensch,' so er-scheint daran Sünde als die Trägheit, in der der Mensch diesem Erhöht-werden wi-derstrebend sich fallen läßt — sei es in seine Begierden, oder in Resignation, Un-glauben, Hoffnungslosigkeit. Ist Christus in beidem der Bürge und Zeuge der von Gott dem Menschen zugesprochenen Wahrheit, so ist die Sünde des Menschen als Lüge, in der er dieser Wahrheit widerspricht". Joest, "Dogmatik", Bd.2, S.398. Dazu auch W. Krötke, "Sünde und Nichtiges bei Karl Barth", S.57ff.

68 Vgl. *KD* IV/1, S.460.
69 Vgl. ebd., S.459.
70 Vgl. *KD* IV/2, S.423ff.
71 Vgl. ebd., S.425ff.
72 Vgl. *KD* IV/1, S.454f.
73 Vgl. *KD* III/3, S.402.

die Existenz"[74]. Das Nichtige hat seinen ontischen Zusammenhang nur im Handeln Gottes, weil es anders nicht existieren kann und auch anders nicht erkennbar ist, als daß Gott "Nein" zu ihm sagt.[75] In diesem Sinne ist das Nichtige als Gegenstand des Handelns Gottes zu verstehen. Darum lehnt Barth all diejenigen Auffassungen und Lehren ab, die das Nichtige als eine wesensnotwendige Bestimmung des Seienden und des Daseins und damit des Geschöpfes oder gar als eine Wesensbestimmung des ursprünglichen, schöpferischen Seins Gottes selber deuten.[76]

Zusammenfassend läßt sich sagen, daß das Nichtige in dieser Überlegung weder als *nihil pure negativum* noch als relatives Nicht-Sein im Gegensatz zum Sein zu verstehen ist. Was nicht ist, was nicht sein kann und was nur nichtig sein und nur das Nichts sein kann, das ist das, "was Gott von Ewigkeit her verneint hat, das von ihm nicht Gewollte"[77]. In diesem Sinne ist ja Gott der Urheber der Sünde, "indem er sie verneint".[78] Das heißt aber keinesfalls, daß Gott für die Sünde verantwortlich sein soll, sondern dies will nur besagen, daß alles, sowohl das, was nicht Gott ist, was Gott will – "die gute Schöpfung" – als auch das, was er nicht will – "die Sünde oder das Böse" –, von Gott abhängt.

Indem Gott nicht für die Sünde verantwortlich ist, indem die Sünde durch die Tat des Menschen, durch seine Entscheidung für sich selbst, seine Selbstbestimmung, Wirklichkeit geworden ist, muß der Mensch selbst die Verantwortung für die Sünde, für die Wirklichkeit der Sünde auf sich nehmen. Das Problem mit der Sünde ist insofern kein Problem Gottes, sondern ein Problem des Menschen, weil Gott zu ihm als zum Sünder wie zu der Sünde "Nein" sagt. Im Willen Gottes besitzt die Sünde kein ontologi-

---

74 Barth stellt die Wirklichkeit des Nichtigen wie folgt dar: "Das Nichtige ist nicht des Nichts: dieser Satz wäre allerdings, auch abgesehen von der Verkehrtheit seines Inhalts, ein Widerspruch in sich. Es ist aber das Nichtige. Es hat genau das Wesen und die Existenz, die ihm unter dieser Bestimmung zukommen können, die ihm aber – eben weil es als solches vor Gott ist – zukommen müssen und also ohne Verkennung Gottes selbst nicht abgestritten werden dürfen". Ebd., S.403.
75 Vgl. ebd., S.405.
76 Vgl. ebd., S.403. Aus zwei Gründen sind solche Lehren und Auffassungen unakzeptabel: "Weil sie das Geschöpf oder gar den Schöpfer selbst verunglimpfen und weil sie sich in jener Verwechslung zwischen dem ordnungsmäßigen 'Nicht' und dem Nichtigen einer katastrophalen Verharmlosung hinsichtlich des letzteren schuldig machen".
77 Ebd., S.86.
78 Vgl. ebd., S.374.

sches Sein, keine Existenz. Sie besteht einzig und allein in der Geschöpfwelt, in der Geschöpflichkeit.

Das "Nein" Gottes zu der Sünde hat eine doppelschichtige Bedeutung.
Es bedeutet einerseits, daß Gott die Wirklichkeit der Sünde nicht verneint,
sondern mit "Nein" bestätigt, andererseits weist das "Nein" Gottes zu der
Sünde auf die Notwendigkeit der Überwindung der Sünde hin, weil sie nicht
von Gott gewollt ist. Im Gegensatz zum "Nicht-Wollen" Gottes, zur Sünde
als Selbstbestimmung des Menschen, bleiben das "Wollen" Gottes und die
Bestimmung des Menschen durch ihn zur Gemeinschaft mit Gott unverän-
derlich. Hieraus leitet Barth seine Erörterung über die Heilshandlung Gottes ab.

C. Der Mensch als Objekt des Heils

In den theologischen Ausführungen Barths ist nicht zunächst von Gottes
Heil als die Mitte der christlichen Botschaft die Rede, sondern zuerst von
der "Versöhnung", von "Gott mit uns".[79] Barth beginnt seine Versöhnungslehre in der *KD* IV mit einer Darstellung von "Gott mit uns".
"Versöhnung" und "Gott mit uns" sind für Barth im Grunde identisch. Weil
für Barth das Heil Gottes mit der Versöhnung Gottes mit dem Menschen
untrennbar ist, ist es erforderlich, daß wir in der Diskussion über das Heil
Gottes in Barths Theologie auch seine Versöhnungslehre mit hinein beziehen.

1. Das Wesen des Heils

Wenn man vom Heil Gottes spricht, so spricht man nach Barth von der
Versöhnung. Versöhnung heißt: "Der Gegenstand, Ursprung und Inhalt der
von der christlichen Gemeinde vernommenen und verkündigten Botschaft
ist in seiner Mitte die freie Tat der Treue Gottes, in der er die verlorene
Sache des Menschen, der ihn als seinen Schöpfer verleugnet und damit sich
selbst als sein Geschöpf ins Verderben gestürzt hat, in Jesus Christus zu

---

79 In die Diskussion über die Versöhnung Gottes mit dem Menschen hat Barth viele
    zusammenhängende, aber leicht zu verwechselnde Begriffe eingeführt, um in all-
    gemeinsten Umrissen anzudenken, was das "Gott mit uns" bedeutet. Bemerkenswert
    sind: "Tat Gottes" (*KD* IV/1 S.4ff.); "Heil für die Menschen" (*KD* IV/1, S.7f.);
    "Erfüllung des Bundes" (*KD* IV/1, S.22); "Gottes Gnade" (*KD* IV/1, S.7);
    "Teilnahme an Gottes Sein" (*KD* IV/1, S.14) usw.

seiner eigenen Sache macht, zu ihrem Ziele führt und eben damit seine eigene Ehre in der Welt behauptet und anzeigt"[80]. Das Heil Gottes an sich ist nach Barth die freie Tat Gottes: er versöhnt sich wegen der Untreue und nach dem Fall des Menschen mit ihm. Die ontologische Unterscheidung zwischen Gott und Mensch bildet auch hier den Mittelpunkt der Betrachtung über "Gottes Tat": die Treue Gottes und die Untreue des Menschen, das ewige Sein Gottes als Sein des Schöpfers und das zeitliche Sein des Menschen als Sein des Geschöpfs stehen in ewigem Gegensatz.[81] Die Tat Gottes zur Versöhnung als das Heil für den Menschen ist eine besondere Tat,[82] denn es geht hier nicht um ein beliebiges Geschöpf, sondern um das Geschöpf Mensch. "Gottes Tat" im Sinne der ontologischen Unterscheidung Gottes vom Menschen ist ein Tun, was der Mensch nicht vollbringen kann. Nur Gott als der Initiator kann diese Tat vollbringen, und zwar für den Menschen.[83] Diese besondere Tat Gottes als das Heil für den Menschen bekommt damit ihren Sinn in der menschlichen Verständnis Gottes.

Für Barth hängt die Tat Gottes mit dem Willen Gottes zusammen. Gott will nicht ohne den Menschen Gott sein. Er will sein unvergleichliches Sein, Leben und Tun mit dem Menschen teilen und eine gemeinsame Geschichte mit dem Menschen geschehen lassen.[84] Aus diesem Willen Gottes geschieht seine Heilstat. Die Heilstat Gottes ist jedoch kein Gegenstand allgemeiner Empirie oder Theorie, ist also kein Zustand, sondern ein Ereig-

---

80 *KD* IV/1, S.1.

81 Vgl. ebd., S.4f. Hier hat Barth die Unvergleichbarkeit Gottes zum Ausdruck gebracht: "Gott ist freilich und das wesentlich ursprünglich, eigentlich: so, daß Alles, was sonst ist, seinem Sein völlig unvergleichlich, nur durch ihn, nur im Verhältnis zu ihm, nur von ihm her und zu ihm hin sein kann."

82 Die besondere Tat Gottes bedeutet für Barth eine Tat mit dem Telos, das sich nach der Gemeinschaft Gottes mit dem Menschen richtet: "Indem der eine Gott Alles will und wirkt, will und wirkt er hier ein Besonderes: nicht ein Anderes neben jenem, sondern dieses Besondere als das, um deswillen er auch alles Andere will und wirkt. Diese eine ist als eine unter anderen zugleich das Telos aller göttlichen Taten: des ewigen Tuns, in welchem er Gott ist in sich selber und in der Geschichte seiner Taten in der von ihm geschaffenen Welt. Sie ist gemeint mit dem 'Gott mit uns'". Ebd., S.6.

83 Otto Weber hat Recht, wenn er das 13. Kapitel der *KD* Barths über den Gegenstand und die Probleme der Versöhnungslehre in seinem Bericht über Barths *KD* einfach mit "Der Versöhner" ersetzt. Denn Barths Versöhnungslehre hat sich von Gott als dem Versöhner entfaltet. Vgl. O. Weber, "*Karl Barths Kirchliche Dogmatik*", S.9,190 und *KD* IV/1, S.1-170.

84 Vgl. *KD* IV/1, S.5f.

nis, eine Tat Gottes, die in der Menschengeschichte geschieht.[85] Da es sich in dieser Tat Gottes um das Heil des Menschen in der Geschichte handelt, damit der Mensch eine gemeinsame Geschichte mit Gott haben kann, bezeichnet Barth sie als Heilsgeschichte.[86] Obwohl die Heilstat Gottes als Heilsgeschichte in der zeitlichen Geschichte der Menschen geschieht, ist sie zugleich ein "Eschaton".[87] "Eschaton" bedeutet aber ein Sein in der Teilnahme am ewigen Sein Gottes, von dem es her, zu dem es hin ist.[88] In diesem Sinne spricht Barth von der "Erfüllung" und vom "zukünftigen vollkommenen Sein".[89] Indem das geschaffenen Sein, das Sein des Menschen, nur durch das Heil an dem ewigen Sein Gottes teilnehmen kann, ist das Heil die Gnade Gottes. Jedoch unterscheidet sich diese Gnade als Heilsgnade von der allgemeinen Gnade.[90] Nach Barth bedeutet Gottes Heilsgnade "nicht nur sein Schaffen, Erhalten und Regieren des geschaffen Seins, nicht nur die Schaffung einer Gelegenheit für das Heil, sondern das, daß es ihm wirklich zukommt, nämlich daß Gott selbst es ihm [seinen Sohn] gibt"[91]. Gott gibt dem Menschen seinen Sohn, um den Zweck, daß der Mensch in der Teilnahme am Sein Gottes sein kann, zu erfüllen. Dies ist das Zukommen Gottes, seine Gnade und das Heil für den Menschen.

---

85 Vgl. ebd., S.4.

86 Vgl. ebd., S.7.

87 Barths wörtlicher Ausdruck vom Heil lautet: "Heil ist mehr als Sein. Heil ist Erfüllung und zwar höchste, genügsame, endgültige und unverlierbare Erfüllung des Seins. Heil ist das dem geschaffenen Sein als solchem nicht eigene, sondern zukünftige vollkommene Sein. Das geschaffene Sein als solches bedarf des Heils, es entbehrt es aber auch; es kann ihm nur entgegensehen. Das Heil ist insofern sein 'Eschaton'. Heil, Erfüllung, vollkommenes Sein hieße – und das ist es, was das geschaffene Sein nicht in sich selber hat – ein Sein in der Teilnahme am Sein Gottes, von dem es her, zu dem es hin ist: nicht ein vergöttlichtes, wohl aber ein in Gott geborgenes – in diesem (Gott selbst gegenüber distanzierten, sekundären) Sinn ein ewiges Sein". Ebd.

88 Vgl. ebd.

89 Vgl. ebd.

90 Beispielsweise ist die Gnade als Schöpfung, Erhaltung und Regierung der Welt hier für Barth als allgemeine Gnade zu betrachten. Vgl. ebd.

91 Ebd. Hier interpretiert Barth die Gnade Gottes im Zusammenhang mit der Sendung seines Sohnes als das dem Menschen Zukommen Gottes: "Da das Heil dem geschaffenen Sein als solchem [ein Sein in der Teilnahme am ewigen Sein Gottes] nicht eigen ist, kann es ihm nur zukommen und zwar weil es in der Teilnahme am Sein Gottes besteht, von Gott zukommen. Dieses Zukommen des Heils ist – das

114

2. Die Bestimmung des Heils für den Menschen und die Bestimmung des Menschen für das Heil Gottes

Barths Darstellung seines Gedankens von "Gott mit uns" als der "Mitte der christlichen Botschaft" ist im Grunde genommen eine Darstellung von seinem Verständnis vom Verhältnis zwischen Gott und Mensch. "Gott mit uns" als die Heilstat Gottes für den Menschen bedeutet einerseits, daß Gott der Erretter ist, der als der Initiator des Heils zum Menschen gekommen ist, um seine Heilstat in der Menschengeschichte zu verwirklichen,[92] andererseits aber auch, daß der Mensch zugleich der Sünder und der Empfänger dieser Heilsgnade ist.[93] "Gott mit uns" ist der Wille Gottes. Obwohl der Mensch als Empfänger der Heilsgnade ganz passiv bleibt, hat er als Objekt dieses Heils eine besondere Beziehung zu Gott. "Das Heil für den Menschen" besagt nicht nur den Willen Gottes, daß Gott dem Menschen das Heil anbietet, sondern auch das aus diesem Willen entstandene Verhältnis zwischen Gott und Mensch als die von der Ewigkeit bestimmte Gemeinschaft Gottes mit dem Menschen. Dies unterscheidet den Menschen von anderen Geschöpfen. Barths Gedanke von "Füreinander-Sein" spielt auch hierin in Bezug auf die Diskussion über "das Heil für den Menschen" und "den Menschen für das Heil" eine wichtige Rolle.[94] Gott hat als der Liebende in seiner Freiheit nicht nur den Menschen als seinen Bundespartner erschaffen, sondern er hat in seiner Ewigkeit den Menschen auch zum Empfänger seiner Gnade bestimmt. Da die Bestimmung des Menschen in seinem Sein als Empfänger der Gnade Gottes liegt, ist die Gnade für den sündhaften Menschen nicht nur gültig, sondern sie ist vielmehr notwendig.

Wort in seinem engeren und eigentlichsten Sinn gebraucht – die Gnade Gottes". Ebd.

92 Im christologischen Sinne ist Jesus Christus ausdrücklich als der zum Menschen gekommene Erretter zu bezeichnen: "Der Mensch, in welchem Gott selbst für uns auf den Plan tritt, für uns leidet und handelt, als unser Stellvertreter, in unserem Namen und uns zugute den Abgrund zwischen ihm und uns schließt – dieser Mensch ist nicht nur die Bestätigung und Gewähr unseres Heils, sondern, weil er Gott ist, ist er das Heil, unser Heil. Er ist nicht nur der Erretter unseres Seins, sondern als solcher der Schenker und selber das Geschenk seiner Erfüllung und so das Ziel und Ende des Weges Gottes". Ebd., S.13.

93 Vgl. ebd., S.8.

94 Barths äußert wörtlich: "Es ist die Bestimmung des Heils für den Menschen und des Menschen für das Heil Gottes Ur- und Grundwille, der Sinn und Grund seines Schöpferwillens". Ebd.

In diesem Sinne heißt diese Gnade Gottes die Heilsgnade, die im Geschehen des Heilswerks Gottes erkennbar ist.[95] Damit interpretiert Barth die Bestimmung des Menschen als Empfänger der Heilsgnade Gottes im Sinne des Eschatons und im Sinne der Erfüllung des Menschenseins durch Gottes Heilstat. In diesem Zusammenhang bedeutet die Sünde das "Selbst-Eschaton" und die "Selbst-Erfüllung" des Menschen.[96] Gott will seine Heilsgnade üben. Der Mensch ist der Gegenstand und Empfänger dieser Heilsgnade und er ist auch der Partner Gottes in diesem Werk. Das ist Gottes besondere Tat, in der das Heil des Menschen aufgerichtet wird, das dem Menschen aus Gottes Freiheit heraus von Ursprung her "zugedacht und bestimmt" ist, das aber vom Menschen heillos "verwirkt" wurde. Daß Gott zum Menschen gekommen ist, den er als seinen Bundespartner Gottes erschaffen, zum Gegenstand des Heils und zum Empfänger seiner Gnade bestimmt hat, all dies entsteht aus dem ewigen Willen Gottes. Von vornherein schafft, erhält und regiert Gott den Menschen mit diesem Ziel und in dieser Absicht.[97]

D. Zusammenfassung

Im Laufe der Diskussion ist klar geworden, daß eine Anthropologie ohne Christologie für Barth unmöglich ist. Wenn er vom Menschen spricht, spricht er nur von dem in Gottes Bestimmung Seienden, der nach dem

---

95 Die Erkennbarkeit der Gnade Gottes begründet Barth ausdrücklich auf das Heilswerk Gottes, das Heilsgeschehen in der Menschengeschichte: "Wer weiß denn, was Gnade ist, bevor er sie hier am Werk gesehen hat: als Gnade für den Menschen, wo sie, weil der Mensch vor Gott ganz und gar ein Sünder ist, nur gegen ihn sein könnte, und in der Tat, indem sie für ihn ist, als Ankläger und Richter immer auch gegen ihn ist, ihn als unfähig erklärt, Gott und sich selbst genug zu tun". Ebd., S.10.

96 Vgl. ebd., S.7 und 9.

97 Vgl. ebd., Darüber hinaus interpretiert Barth die Bestimmung des Menschen im ewigen Willen Gottes im Sinne des Eschatons: "Gott mit uns – das ist das weitere, was zur Charakterisierung des damit bezeichneten Ereignisses zu sagen ist – heißt, fern von aller Zufälligkeit, gerade als Heilsgeschehen Offenbarung und Bestätigung des ursprünglichsten, nämlich des von Gott selbst ewig, bevor ein geschaffenes Sein war, in Freiheit beschlossenen Verhältnisses zwischen ihm und dem Menschen. Indem der Mensch ist und Mensch ist, ist er – nicht weil Gott es ihm schuldig wäre und nicht kraft einer Anlage oder eines Vermögens seines eigenen Seins und also wirklich völlig anspruchslos – als solcher von Gott zum Heil ausersehen, ist ihm von Gott jenes Eschaton vorgegeben". Ebd. S.8f.

Willen Gottes in der ungebrochenen Beziehung mit Gott steht. Dieser Mensch ist nach Barth aber kein wirklicher Mensch mehr, weil er die Beziehung mit Gott durch seine Sündentat unterbrochen hat.[98] Hier wäre das Ende der Anthropologie, wenn sie ohne Christologie gedacht wird.

Wie bereits am Anfang dieses Kapitels angezeigt wurde, wurde die vorliegende Diskussion unter der Voraussetzung geführt, daß die Anthropologie Barths möglichst ohne Bezug auf die Christologie dargestellt wurde, weil die Diskussion über "Jesus als Gnade Gottes" den Inhalt des nächsten Kapitels bildet. Im 1. und 2. Teil des Kapitels wurde Barths Verständnis vom geschaffenen Menschen erörtert. Im 3. Teil haben wir versucht, dieses Verständnis durch Barths Erläuterung von Gottes Heilshandlung mit seiner Christologie zu überbrücken. Aufgrund des Entwurfs der Anthropologie von Barth, die nur in Bezug auf seine Christologie zu verstehen ist, muß eine Auseinandersetzung mit seiner Christologie in bezug auf die Heilstat Gottes in der Person Jesu erfolgen. Dies wird jedoch im nächsten Kapitel ausgeführt. Hier soll zuerst die obige Erörterung zusammengefaßt werden:

1) Die Grundthese der Anthropologie von Karl Barth "Gott ist der Schöpfer und Mensch ist sein Geschöpf" besagt die ontologische Unterscheidung zwischen Gott und Mensch.

2) Der Mensch hat eine Sonderstellung in der Schöpfung, weil er der von Gott erschaffene Bundespartner Gottes ist und sich deswegen von den anderen Geschöpfen unterscheidet.

3) Die Gemeinschaft des Menschen mit Gott ist die Unterscheidung und die Beziehung zugleich, die seine Gottebenbildlichkeit begründet.

4) Als der Bundespartner Gottes ist der Mensch frei. In der von Gott gegebenen Freiheit kann er sich für Gott entscheiden. Er ist fähig, für Gott zu wählen.

---

[98] Barth unterscheidet den wirklichen Menschen als den ursprünglich von Gott bestimmten Menschen von dem Sünder wie folgt: "Das uns nur zu bekannte Geschick des Menschen ist nicht sein ursprüngliches Geschick. Der Mensch, den wir sündigen, leiden, sterben sehen, ist nicht der ursprüngliche, nicht der Mensch, wie Gott ihn geschaffen hat. Der durch Gottes Ursprungsgnade ihm ebenbildliche Mensch ist von Sünde, Leid und Tod so wenig angerührt wie Gott selber". Barth, "*Unterricht in der christlichen Religion*", S.375.

5) Der zur Gemeinschaft mit Gott im Urbild und nach dem Vorbild Gottes erschaffene Mensch ist anredefähig, indem er der von Gott berufene ist.[99]

6) Das alles ist von Gott bestimmt und muß auch so nach seinem Willen geschehen. Der Mensch hat jedoch in seiner Freiheit für sich selbst statt für
Gott die Entscheidung getroffen und versucht, die Grenze des Geschöpfs
zu übertreten. Mit dieser Tat ist der Bund zwischen Gott und Mensch zer-
brochen; die Gemeinschaft zwischen Gott und Mensch ist zerstört. Die
Sünde ist in die Welt gekommen.

7) Gott will die Gemeinschaft mit dem Menschen, was von der Ewigkeit her
bestimmt ist. D.h. Gott wird die Gemeinschaft mit dem Menschen nicht
zurücknehmen, obwohl diese Gemeinschaft durch die Sünde des Menschen
zerstört ist. Gott, der den Bund und die Gemeinschaft mit dem Menschen
geschlossen und gemacht hat, will durch eine besondere Gnade bzw. die
Versöhnungstat, das Heil für ihn herbeiführen.

8) Indem die Heilsgnade Gottes um des Menschen willen geschah, ist der
Mensch das Objekt und der Empfänger des Heils geworden. Das Verhältnis zwischen Gott und Mensch ist auf Grund dieser Heilsgnade wiederher-
gestellt.

Es versteht sich, daß die Sünde des Menschen, die selbstsüchtige Entscheidung, der entscheidende Punkt ist, der die Natur des Menschen verkehrt und verwandelt,[100] weil sie das Verhältnis zwischen Gott und Mensch
zerstört und den Bundespartner zum Sünder gemacht hat. Der Sünder ist
vor Gott kein Mensch mehr, weil er durch seine Sündentat die ursprüngliche Beziehung und sein Sein mit Gott verloren hat. Er kann es von sich aus
nicht mehr wieder gut machen, weil er jetzt Sünder ist. Was er tut, ist nur
die Tat des Sünders. Gott läßt seine Heilstat für den Menschen in der Person Jesus geschehen. Diese Tat will das Sein des Menschen ändern, um ein
"Sein mit Gott – Gott mit uns" wieder zu ermöglichen.

---

99 "Angeredet von Gott" bedeutet für Barth wie folgt: "der Mensch wird zu sich selbst
gerufen, zur Humanität". Der Begriff "Humanität" ist in diesem Sinne mit der Rede Gottes verbunden. Vgl. ebd., S.349.

100 Vgl. ebd., S.415.

Kapitel 4

DIE GNADE GOTTES

Im dritten Kapitel wurde Barths Anthropologie diskutiert. Theologische Anthropologie im Sinne der Dogmatik handelt vom Menschen in seiner Beziehung zu Gott.[1] Auch in Barths Anthropologie steht die Frage nach der Beziehung zwischen Gott und Mensch im Mittelpunkt. Daß das Sein des Menschen überhaupt möglich ist, beruht auf der Gnade Gottes. Daß das neue Sein des Menschen nach dem Sündenfall wieder möglich ist, ist ebenfalls der Gnade Gottes zu verdanken. Daher ist es undenkbar, wenn man vom Menschen ohne Berücksichtigung von Gottes Gnade spricht. Für Barth ist der fleischgewordene Sohn Gottes, Jesus Christus allein die Gnade Gottes. In seinem Sein und in seinem Tun ist Gottes Gnade nicht nur dem Menschen zuteil geworden und dem Menschen offenbart, sondern er ist selbst Mensch geworden. Als der Gehorsame gegenüber dem Vater hat er unser Fleisch angenommen und als Gottes Sohn nicht anders als in unserem Fleisch existiert. Als solcher hat er stellvertretend für uns gelitten.[2] All das hat er als der Mitmensch für seine Mitmenschen getan. Jesus Christus ist die Gnade Gottes in seiner Offenbarung. Barths Anthropologie ist somit auf seine Christologie gegründet.[3]

In diesem Kapitel soll Barths Gnadenlehre betrachtet werden. Dabei geht es um folgende Fragen: In welchem Zusammenhang steht die Gnade Gottes zum Heil? Warum ist die Erkenntnis der Gnade Gottes für Barth von Bedeutung? Wie soll der Mensch auf die Gnade Gottes reagieren und in seinen Reaktionen sich der Gnade Gottes entsprechend zeigen?

A. Das Heil durch die Gnade Gottes

Das wahre Sein des Menschen ist durch den Sündenfall verloren. Das ist aber nicht aus dem Willen Gottes geschehen. Gott will immer die Gemeinschaft mit Menschen haben. Als Gott den Menschen zu seinem Bundespartner bestimmte, hat er zugleich sich selbst zum Bundespartner des Menschen gemacht. Obwohl der Mensch den Bund mit Gott gebrochen hat, will Gott

---

[1]   Vgl. W. Joest, "*Dogmatik*", Bd. 2, S.346.

[2]   Vgl. *KD* II/1, S.169f.

[3]   Vgl. ebd., S.166.

den Bund mit dem Menschen nicht aufgeben, sondern eine neue Gemeinschaft schaffen. Die Wiederherstellung des Bundes ist jedoch nur von Gott her möglich. Dieser Wiederaufbau der Gemeinschaft, des neuen Bundes, ist allein die Heilsgnade Gottes in Jesus Christus. In ihm wird die Sünde vergeben, und die Menschen werden mit Gott versöhnt.

1. Gnade als Wesen und Tun Gottes

Die Gnade im theologischen Sinne bedeutet das gnädige Tun Gottes an den Menschen. Mit diesem Verständnis der Gnade werden also die Zuwendung Gottes zum Menschen, seine Vergebung der Sünde und die Schaffung der Gemeinschaft mit dem Menschen thematisiert. Dieses gnädige Tun Gottes an den Menschen wird von Barth eindeutig als Gnade Gottes bezeichnet. Er betont aber zugleich, daß die Gnade nicht nur ein Tun Gottes, sondern auch sein Sein, sein innerstes Wesen ist.[4] Es ist nach Barth undenkbar, daß ein gnädiges Tun nicht aus einem gnädigen Gott kommt. Deshalb ist der Gott, der gnädig zum Menschen handelt, zwangsläufig ein gnädiger Gott. Und der gnädige Gott ist nur in seinem gnädigen Handeln zu erkennen, weil das Sein Gottes in der Tat besteht, die Gott enthüllt.[5] Diese Verbundenheit von Sein und Tun Gottes bildet den Kern der Gnadenlehre Barths.

Gnade als Sein Gottes und Gnade als Tun Gottes bilden nach Barth jedoch keine Parallele. Vielmehr versteht er die Gnade ausdrücklich als das gnädige Tun Gottes aus seinem gnädigen Sein, und nur in diesem Bezug ist nach Barth die Gnade zu verstehen.[6] Barth schreibt: "Gnade ist nicht nur

---

4   Vgl. ebd., S.398 und Barths *"Die Botschaft von der freien Gnade Gottes"* in: ders., *"Texte zur Barmer theologischen Erklärung"*, S.137.

5   "Gottes Sein in der Tat" ist ein wichtiger Abschnitt in Barths Gotteslehre, weil er die Tat Gottes als die Offenbarung Gottes betrachtet, durch die der Mensch zur Gotteserkenntnis kommt: "Gott ist, der er ist, in seinen Werken... in seinen Werken ist er selber offenbar als der, der er ist... Wir dürfen und müssen nach Gottes Sein fragen, weil Gott als das Subjekt seiner Werke für deren Wesen und Erkenntnis so entscheidend charakteristisch ist, daß sie ohne dieses Subjekt etwas ganz Anderes wären als das, was sie laut des Wortes Gottes sind, daß wir sie also auf Grund des Wortes Gottes notwendig nur mit diesem ihrem Subjekt zusammen erkennen und verstehen können". *KD* II/1, S.291.

6   Der Zusammenhang zwischen Gnade als Sein Gottes und Gnade als Tun Gottes ist in Barths *KD* mit der Begründung des biblischen Sprachgebrauchs deutlich zum Ausdruck gebracht: "Gnade ist das Sein und Sichverhalten Gottes, das sein Gemeinschaft suchendes und schaffendes Tun auszeichnet als bestimmt durch seine eigene, freie Neigung, Huld und Gunst, die durch kein Vermögen und durch keinen Rechtsanspruch der Gegenseite bedingt, aber auch durch keine Unwürdigkeit und

eine Gabe Gottes, die er geben oder auch nicht geben, nicht nur ein Attribut, das ihm zukommen oder auch nicht zukommen könnte. Nein, Gott selber ist gnädig. Und die Gnade ist selber, ist eigentlich und wesentlich göttlich"[7]. Die Aussage Barths, daß Gott selber gnädig ist, bedeutet für ihn, daß Gott sich selber um seiner gnädigen Tat willen gänzlich zum Unwürdigen herabläßt.[8] Diese Herablassung Gottes ist die Überbrückung zwischen Gott und seinem Geschöpf und gibt der Gnade die Bedeutung, denn nur wenn Gott sich herabläßt, ist die Gemeinschaft Gottes mit seinem Geschöpf möglich.

Nun kommen wir zu dem Begriff "Gnade als Sein und Wesen Gottes". Hierzu ist allerdings zu bemerken, daß die Gnade als Sein und Wesen Gottes nicht ein alleinstehender Begriff ist, sondern daß sie sich auch auf die Liebe Gottes und seinen Willen bezieht.

Barths Aussage über die Vollkommenheit der göttlichen Liebe in seiner *KD* hebt die Beziehung zwischen Gottes Gnade und Gottes Liebe[9] deutlich hervor: "Gottes Sein ist sein Lieben. Er ist alles, was er ist, als der Liebende".[10] Hier bezeichnet Barth Gottes Sein als Gottes Liebe. Wenn nach Barth das Sein Gottes die Gnade Gottes bedeutet, kann es in diesem Zusammenhang gar nicht anders verstanden werden, als daß Barth die Lie-

---

durch keinen Widerstand dieser Gegenseite gehindert ist, sondern jede Unwürdigkeit und jeden Widerstand zu überwinden kräftig ist". Ebd., S.396f.

7 Ebd., S.400. Vgl. auch S.397f.: "Zwischen dem gnädigen Gott und dem, dem er gnädig ist, darf gerade nicht die gnostizisierende Vorstellung von der Gnade als einem Zwischenreich eingeschaltet werden. Hier hängt Alles an der Unmittelbarkeit und also Alles daran, daß das in Frage stehende Sein und Tun Gottes wirklich als Gottes *essentialis proprietas* d.h. als Gott selbst verstanden wird, der, indem er sich selbst ist und betätigt, gnädig ist".

8 Barth stellt wörtlich dar: "Daß Gott gnädig ist, bedeutet: er läßt sich herab, er, der Einzige, der sich wirklich herablassen kann, weil er wirklich hoch, weil er wirklich mit nichts Anderem auf gleichem Fuße steht". Ebd., S.398. Vgl. auch O. Weber "*Karl Barths kirchliche Dogmatik*", S.64.

9 "Die Göttlichkeit der Liebe Gottes besteht und bewährt sich darin, daß Gott in sich selber und in allen seinen Werken gnädig, barmherzig und geduldig und eben damit auch heilig, gerecht und weise ist." *KD* II/1, S.394.

10 Ebd.

122

be Gottes und die Gnade Gottes in Bezug auf das Verhalten Gottes gegenüber seinem Geschöpf für identisch hält.[11]

Aber Gottes Gnade steht nicht allein mit der Liebe Gottes, sondern auch mit seiner Freiheit, also mit seinem freien Willen, in Zusammenhang.[12] Barth bezeichnet die Gnade Gottes in diesem Sinne als "*gratia increata*". Die Gnade ist der göttliche Liebeswille und als solcher der Grund aller Gnaden, und damit Gott selbst.[13] An einem anderen Ort heißt es bei Barth über das Sein Gottes: "Gottes Sein ist sein Sein als der Liebende in der Freiheit".[14] Gott ist den Menschen gnädig, indem er sie liebt und er selbst die Gnade und die Liebe ist. Darum läßt Gott die Menschen nicht fallen. Diese Entscheidung, daß Gott sie nicht fallen läßt, kommt aus dem freien Willen Gottes. Für Barth ist der freie Wille Gottes als Liebe Gottes zum Menschen mit der ewigen Liebe Gottes identisch.[15] Gott hat am Anfang aus seiner Liebe und aus seiner Freiheit die Menschen vor der Schöpfung und vor Beginn der Geschichte zum und zur Gemeinschaft mit sich bestimmt. Dieser Entschluß ist der Grundwille Gottes.[16] Gottes Handeln als Gottes Barmherzigkeit an dem Menschen ist in diesem Sinne als Gottes Souveränitätsakt zu begreifen. Wenn Barth vom Souveränitätsakt Gottes spricht, meint er nicht nur das, was Gott als das freie Subjekt aus seiner Freiheit tut, sondern auch das, was Gott allein ohne uns und für uns getan hat,[17] die Erfüllung des Bundes, den der Mensch gebrochen hat.[18] In die-

---

11 "Wir werden uns nicht irren, wir werden nichts versäumen und übersehen, wenn wir uns sagen lassen, daß seine Liebe und also sein Wesen ganz und gar, bis in alle Tiefen seiner Gottheit hinein eben dies ist: Gnade." Ebd., S.402.
12 Indem Gott die Freiheit ist, ist seine Gnade als Heilshandeln in Jesus Christus auch eine freie Gnade. Vgl. *KD* IV/1, S.40f. Über die Gnade Gottes in Jesus Christus als Gottes freie Entscheidung schreibt Barth: "Er [Gott] handelt im Blick auf jenes Ziel, [Behauptung und Verteidigung der Ehre Gottes durch die Versöhnung mit dem Menschen in Jesus Christus] dem er den Menschen entgegenführen will; aber da ist wirklich keine Zwangläufigkeit, in der er das tun müßte". *KD* IV/1, S.84.
13 Vgl. ebd., S.89.
14 *KD* II/1, S.395.
15 Vgl. A. Dahm, "*Der Gerichtsgedanke in der Versöhnungslehre Karl Barths*", S.89.
16 Vgl. ebd., S.89f.
17 Vgl. *KD* IV/1, S.86.
18 Die Verbindung des Souveränitätsaktes Gottes mit der Gnade stellt sich nach Barth in der Versöhnung Gottes dar: "Gott hält und bewährt seine Treue ihm [dem Menschen] gegenüber nun eben darin, daß er selbst, hinwegsehend und hinweggehend über des Menschen Übertretung, auch für dessen Gegentreue und also für die Erfüllung des Bundes auch von seiner Seite aufkommt und sorgt. So sorgt Gott für seine

sem Zusammenhang bezeichnet Barth den Bund Gottes mit dem Menschen als den Gnadenbund, die Wahl Gottes in Jesus Christus als die Gnadenwahl und die Versöhnung durch Jesus Christus als das Gnadenhandeln Gottes.[19] Das Verständnis von Gottes Gnade bestimmt nach Barth das Verständnis vom Bund, von der Erwählung und von der Versöhnung.

2. Gnade als Sündenvergebung

Obwohl die Gnade Gottes für Barth nicht von der Sünde abhängt,[20] steht sie in unmittelbarem Zusammenhang mit der Sünde, also mit der Vergebung der Sünde.[21] Gott hat weder Sünde noch Sünder geschaffen. Sowohl die Welt als das Ganze als auch der Mensch als der Mittelpunkt der Schöpfung Gottes waren von Gott gut geschaffen. Der Mensch war von der guten Schöpfung her durch Gottes Schaffen gerechtfertigt. Er war nicht nur neutral und nicht schlecht, sondern recht und gut.[22] Er hätte keiner besonderen, erlösenden, versöhnenden Rechtfertigung bedurft, weil er von dem Schöpfungswillen Gottes her zur Gnade und zur Gemeinschaft mit dem

---

Ehre. Und er tut es, indem er den Menschen zu Ehren zieht. Das ist sein Souveränitätsakt in der Versöhnung. Das ist die Gnade Jesu Christi". *KD* IV/1, S.94.

[19] Vgl. ebd., S.84.

[20] Nach Barth ist Gott nicht nur als der Erlöser dem Sünder gnädig, sondern er handelt auch als der Schöpfer, der an dem Menschen, seinem Geschöpf gnädig ist. Der Wille Gottes, der Gott seines Geschöpfs zu sein, ist das ursprüngliche Heraustreten Gottes. Mit anderen Worten, der Mensch ist nicht nach dem Sündenfall in Gottes Gnade erst hineingestellt, sondern schon in der Schöpfung ganz und gar in die ewige Gnade Gottes hinein gebracht. Vgl. ebd., S.39 und H. Küngs "*Rechtfertigung*", S.35.

[21] "Es liegt aber weiter in dem biblischen Begriff der Gnade, daß die sie von Gott empfangende Gegenseite ihrer nicht nur nicht würdig, sondern geradezu unwürdig, daß Gott den Sündern gnädig, daß sein Gnädigsein eine auch durch die Sünde, durch den ihm entgegengesetzten Widerstand der Kreatur nicht gehinderte Neigung, Huld und Gunst ist. Wiederum wird das Positive, was dazu zu sagen ist, unter dem Namen der Barmherzigkeit Gottes besonders aufzuzeigen sein. Gnade als solche sagt erst dies, aber immerhin schon dies: Es kann die Sünde der Kreatur, es kann der von ihr Gott entgegengesetzte Widerstand seine Gnade nicht aufhalten, nicht abschwächen, nicht unmöglich machen. Gnade ist vielmehr mächtig über und gegen die Sünde. Gnade setzt das Vorhandensein dieses Widerstandes voraus, rechnet mit ihm, ...überwindet ihn, triumphiert gerade in diesem Gegensatz und in seiner Überwindung." *KD* II/1, S.399.

[22] Vgl. *KD* III/1, S.418ff.

124

gnädigen Gott bestimmt ist.[23] Der Mensch sollte der Partner Gottes sein, weil er dazu geschaffen war. In diesem Sinne ist der Bund das Ziel der Schöpfung.[24] Das Schöpfung-Bund-Verhältnis stellt sich nach Barth wie folgt dar: "Die Schöpfung ist der äußere Grund des Bundes und der Bund der innere Grund der Schöpfung".[25] Und in der Gemeinschaft Gottes mit dem Menschen ist Gott als Schöpfer der Gott des Menschen. Die Schöpfung ist mehr als die Schöpfung des Geschöpfs Gottes, sondern sie ist eben die Schöpfung des Bundes Gottes mit dem Menschen.[26] Der Mensch hat aber als Gottes Bundespartner den Bund nicht aufrechterhalten. Er hat ihn im Wahnsinn der Sünde gebrochen. Dadurch ist die Sünde in die Welt gekommen, und damit ist der Mensch Sünder geworden.

Sowohl die Schöpfung als auch der Bruch und die neue Schließung des Bundes, all das geht um das Sein des Menschen. Der Mensch bekam sein Sein in der Gemeinschaft mit Gott durch die Schöpfung.[27] Aber er verliert es mit dem Sündenfall. Nach Barth ist die Sünde das Nichtige.[28] Da der Mensch durch die Sünde, den Bruch des Bundes, sein Sein verloren hat, ist er als Sünder ein Nichts geworden.[29] Die menschliche Existenz als die nichtige bedeutet nach Barth nichts anderes als "ohne Gottes Gnade".[30] Gott hat seine Gnade dem Menschen aber nicht weggezogen. Er hört nie auf und will nicht aufhören, der Gott seines Bundespartners zu sein.[31] Aus seinem Gnadenwillen will Gott mit dem Menschen einen neuen Bund schließen. Der Mensch bekommt sein Sein wieder, ein Versöhnt-Sein.[32] Dieses Versöhnt-Sein versteht Barth nicht einfach als ein wiedergegebenes Sein von Gott, das dem Menschen noch einmal wie in der Schöpfung gegeben ist. Vielmehr betrachtet er es als Gottes wahres Sein selbst — Gott setzt sich selbst in den Menschen hinein. Barth wörtlich: "Denn eben das ist ja der Sinn und die Tragweite der in Jesus Christus geschehenen

---

23 Vgl. H. Küng, a.a.O., S.37.
24 Vgl. *KD* III/1, S.262.
25 Ebd., S.261.
26 Vgl. *KD* IV/1, S.39.
27 Barths Definition von Menschsein lautet: "Menschsein heißt: mit Gott zusammen sein". *KD* III/2, S167.
28 Vgl. *KD* III/3, S.402f.
29 Vgl. *KD* IV/1, S.94.
30 Vgl. ebd.
31 Vgl. ebd., S.87.
32 Vgl. ebd., S.95.

Versöhnung, eben das die Kraft des göttlichen Souveränitätsaktes der Gnade: daß Gott sein wahres Sein nicht für sich behalten, sondern als solches zu unserem menschlichen Sein machen und uns eben so zu sich hin umkehren, so den neuen Menschen schaffen, so für das Halten des Bundes auch von unserer Seite sorgen, so uns den Frieden mit ihm geben wollte"[33]. Es versteht sich, daß dieser Gedanke Barths, daß Gott sein wahres Sein zum menschlichen Sein macht oder daß Gott sich selbst in uns hineinsetzt, untrennbar mit der Gnade, mit der Sündenvergebung verbunden ist, die, weil sie kein "Zwischenfall", sondern aus dem Sein Gottes als Gnade strömt, uns heiligend, richtend und zurechtweisend annimmt: "Wie wir an Gott selber sündigen, so setzt Gott selber sich für uns ein, indem er uns gnädig ist"[34]. Nach Barth stellt sich gerade in der Sündenvergebung die ganze Wahrheit des göttlichen Seins dar, weil es seiner Ansicht nach "kein höheres göttliches Sein gibt als das des gnädigen Gottes und keinen höheren göttlichen Ernst als den, den er eben damit beweist, daß er gnädig ist und also Sünden vergibt, weil er in diesem Tun nicht weniger und nichts Anderes als sich selbst für uns einsetzt, mit seinem guten Willen trotz unseres bösen Willens selber unsere Sache und die Verantwortung für uns übernimmt, weil er eben in diesem Tun in der ganzen Majestät seines Seins auf dem Plane ist".[35] Diese Gnade Gottes, daß er sich für uns und in uns einsetzt,[36] kommt nach Barth durch das fleischgewordene Wort Gottes, durch Jesus Christus zu uns. In der Person Jesus Christus realisiert sich die Versöhnung zwischen Gott und Mensch und damit die Gnade Gottes. In dieser Hinsicht versteht Barth die Gnade Gottes als die Versöhnung.

3. Gnade als Versöhnung

Das Geschehen der Versöhnung Gottes mit dem Menschen kann nach Barth als die Erfüllung des Bundes umgeschrieben werden.[37] Um Barths Versöhnungslehre zu verstehen, muß man wie Barth seinen Blick in zwei Richtungen richten: "zuerst nach oben und dann nach unten, zuerst auf Gott, der die Welt liebt, und dann auf die Welt, die von ihm geliebt ist, zuerst auf

---

33 Ebd., S.96.
34 *KD* II/1, S.400.
35 Ebd.
36 Barths Definition von der Versöhnung Gottes lautet: "Versöhnung ist Gottes Grenzüberschreitung zum Menschen hin". *KD* IV/1, S.86.
37 Vgl. ebd., S.133.

126

den göttlichen Souveränitätsakt der versöhnenden Gnade als solchen, dann auf das Sein des in diesem Akt mit Gott versöhnten Menschen"[38]. Eine dritte Richtung oder eine dritte Seite gibt es nicht. In der Versöhnungslehre Barths wird weder die Ausrichtung nach oben noch die nach unten separat betont. Vielmehr hebt Barth hervor, daß es eine Mitte zwischen oben und unten, zwischen Gott und Mensch gibt, die aber mehr als eine Mitte ist.[39] Nur von dieser Mitte aus kann man nach oben und nach unten blicken.[40] Diese Mitte ist Jesus Christus, der die Versöhnung und die Erfüllung des Bundes ist. In ihm sind die Zuwendung Gottes zum Menschen und die Umkehrung des Menschen zu Gott hin nicht nur eine Möglichkeit, sondern die Wirklichkeit.[41] Die Rede vom versöhnenden Gott und vom versöhnten Menschen bedeutet die Rede von Jesus Christus, weil er als der Mittler zwischen Gott und Mensch existiert.[42]

"Zwischen Gott und dem Menschen steht, selber Gott und selber Mensch, und so zwischen beiden vermittelnd, die Person Jesus Christus."[43] Diese Aussage Barths hat offensichtlich ihren Ursprung in seiner Erwählungslehre, die die Erwählung Jesu Christi als Gottes Gnadenwahl thematisiert: Gott hat in seiner freien Gnade aus seinem freien Willen sich selbst für den Menschen und den Menschen für sich bestimmt.[44] Jesus Christus ist der Erwählende und der Erwählte zugleich,[45] weil er nicht nur am

---

38 Ebd.
39 Barth beschreibt sie als "Eines, ein jenes Oben und Unten und also den versöhnenden Gott und den versöhnten Menschen zugleich Unterscheidendes und in sich Zusammenfassendes — Eines, in welchem sowohl der versöhnende Gott als solcher, im Souveränitätsakt seiner Gnade, als auch der versöhnte Mensch als solcher, in seinem durch diesen Gottesakt begründeten Sein, in welchem sowohl Gottes Zuwendung zum Menschen als auch, durch diese begründet, des Menschen Umkehrung zu Gott hin — beide für sich, aber auch beide in ihrer unauflöslichen Beziehung zueinander, noch mehr: geradezu in Identität wirklich und sichtbar sind". Ebd., S.133.
40 Vgl. ebd., S.134.
41 Vgl. ebd.
42 Vgl. ebd., S.134f.
43 *KD II/2*, S.101.
44 Barth äußert wörtlich: "Die Gnadenwahl ist der ewige Anfang aller Wege und Werke Gottes in Jesus Christus, in welchem Gott in freier Gnade sich selbst für den sündigen Menschen und den sündigen Menschen für sich bestimmt und also die Verwerfung des Menschen mit allen ihren Folgen auf sich selber nimmt und den Menschen erwählt zur Teilnahme an seiner eigenen Herrlichkeit". Ebd.
45 Über die Doppelheit der Erwählung Jesu als erwählender Gott und als der allein erwählte Mensch, vgl. *KD* II/2, S.123ff.

Anfang bei Gott war und als Gottes Sohn in der Ewigkeit die Einheit mit
dem Menschensohn beschlossen hat, sondern auch weil er als
Menschensohn selbst die Wahl Gottes ist, vor der, ohne die und neben der
Gott keine andere getroffen hat, so daß vor ihm, ohne ihn und neben ihm
niemand und nichts von Gott gewählt und gewollt ist.[46] Die Wahl Gottes
bedeutet somit, "daß Gott dies wählt: in ihm [Jesus Christus] selber Mensch
zu sein, in ihm sich selbst dem Menschen zu vermitteln und zu
verbinden"[47].

Zunächst soll die Aufmerksamkeit auf Barths These von der Versöhnung gerichtet werden, deren Inhalt er wie folgt beschreibt: "Der Inhalt der
Lehre von der Versöhnung ist die Erkenntnis Jesu Christi, der (1) der wahre, nämlich der sich selbst erniedrigende und so der versöhnende Gott, aber
(2) auch der wahre, nämlich der von Gott erhöhte und so versöhnte
Mensch, und der in der Einheit beider (3) der Bürge und Zeuge unserer
Versöhnung ist"[48]. Daß Jesus Christus der versöhnende Gott und der versöhnte Mensch zugleich ist, ist der Hauptgedanke der Versöhnungslehre
Barths. Er hält deshalb die alte Formel, daß Jesus Christus der wahre Gott,
der wahre Mensch und der wahre Gottmensch ist, für notwendig.[49]

Es versteht sich, daß es sich in der Versöhnung um Gott und um den
Menschen handelt. Für Barth geht es zudem auch um die Einheit von Gott
und Menschen in der Versöhnung. Diese Einheit als das Zentrum der Versöhnung bildet nach Barth die Person Jesus Christus.[50] Für Barth ist das
Sein Jesu Christi das Einssein des lebendigen Gottes mit diesem lebendigen

---

46 Vgl. *KD II/2*, S.111 und 101.
47 Ebd., S.101f.
48 *KD IV/1*, S.83.
49 Vgl. ebd., S.138.
50 Nach Barth sollte man in Betrachtung unseres Mittlers Jesu Christi davon ausgehen,
    "daß es sich in ihm ...ganz um Gott und ganz um den Menschen und um beide in
    ihrer ganzen Einheit handelt. Nicht um irgend einen Gott, sondern um den, der in
    seiner ganzen göttlichen Freiheit die Liebe, in seiner ganzen Allmacht, Heiligkeit,
    Ewigkeit gnädig, barmherzig und geduldig und nun auch das nicht als in sich Seiender, Ruhender und Bewegter, sondern in seiner Zuwendung zum Menschen ist.
    Und nicht um irgend einen Menschen, sondern um den in seiner ganz kreatürlichen,
    irdischen Menschlichkeit Gott zugekehrten, ihm gegenüber schlechthin willigen und
    bereiten Menschen, der nur ist, indem er dankbar und also gehorsam ist. Und nicht
    um irgend eine bloße Beziehung zwischen beiden, nicht nur um ihre Begegnung
    und gegenseitige Entsprechung, nicht nur um ihr Beieinandersein, sondern um ihre
    Einheit, um das Sein Gottes in und mit dieses Menschen menschlichem Sein um das
    Sein dieses Menschen in und mit dem göttlichen Sein dieses Gottes". Ebd.

Menschen im Ereignis der konkreten Existenz Gottes und der konkreten Existenz dieses Menschen.[51] Das Sein Jesu Christi ist ein Sein in der Geschichte.[52] Was in dieser Geschichte und im Sein Jesu Christi geschieht, ist die Versöhnung.[53] Die Versöhnungslehre Barths ist auf keinen Fall in dem Sinne abstrakt zu begreifen, daß die Versöhnung Gottes in Jesus Christus als das wahre Sein Gottes für die Menschen unvorstellbar, unberührbar und unnahbar bleibt, sondern ganz konkret, daß Gottes Versöhnung uns in der Geschichte berührt. Die Versöhnung Gottes ist die in der Geschichte geschehene Versöhnung, weil Jesus Christus nicht nur als das Sein Gottes, sondern auch als das versöhnende Handeln Gottes in die Geschichte kommt. Jesus Christus ist Gottes Sein und Gottes Handeln in einem.[54]

Zu behandeln ist nun die Frage, was hat Jesus Christus als das Handeln Gottes in der Geschichte für die Menschen getan? Das Ziel des Handelns Gottes ist für Barth die Überschreitung der menschlichen Grenze durch Jesus Christus bzw. die Überbrückung des Abgrunds zwischen Gott und Mensch. Diese Grenze bezeichnet Barth nicht nur als eine Grenze zwischen Gott und Mensch im Sinne der Schöpfung, daß Gott, der Schöpfer, sich in seinem Wesen von seinem Geschöpf differenziert, sondern meint auch, daß diese Grenze unmittelbar mit dem Sündenfall verbunden ist und in diesem Zusammenhang als die Grenze zwischen Gott, dem Gerechten, der dem Bund immer treu bleibt, und dem Menschen, dem Sünder, der den Bund untreu gebrochen hat, zu verstehen ist. Die Grenze bedeutet in diesem Sinne auch den Abgrund zwischen Gott und Mensch.[55] Die Überschreitung der menschlichen Grenze durch Jesus Christus heißt einerseits, daß Gott, der Vater, seinen Sohn für die Menschen in die Welt geschenkt und geschickt hat, um einen neuen Bund mit den Menschen zu schließen; sie be-

---

51 Vgl. ebd.

52 Vgl. ebd.

53 Vgl. ebd.

54 Aus diesem Grund hält Barth die Unterscheidung zwischen der Person und dem Werk Christi für nicht stichhaltig. Vgl. ebd., S.139.

55 Die Beziehung zwischen Gott und dem Menschen nach dem Bundesbruch wird von Barth als Grenze und als Abgrund beschrieben: "Die Grenze ist da: Gott in seiner Hoheit als Schöpfer und Herr, aber auch in der Majestät seiner Heiligkeit und Gerechtigkeit auf der einen Seite — auf der anderen Seite der Mensch: sein Geschöpf nicht nur, sondern der Sünder, der im Fleisch und selber als Fleisch im Widerspruch zu ihm Existierende. Es ist eine Grenze nicht nur, sondern ein weit aufgerissener Abgrund! Und nun wird dieser Abgrund überschritten: nicht vom Menschen und auch nicht von Gott und vom Menschen, sondern exklusiv von Gott her". Ebd., S.87.

deutet auf der anderen Seite, daß sich Jesus Christus als der ewige Sohn seines ewigen Vaters und als der wahre Gott erniedrigt, an der Stelle der Sünder gerichtet wird und in seinem Gehorsam sein Leben am Kreuz für seine Brüder gegeben hat. Dieser Gedanke Barths kommt in seiner Erörterung über den Gehorsam des Sohnes Gottes deutlich zum Ausdruck: "Daß Jesus Christus wahrer Gott ist, erweist sich in seinem Weg in die Fremde, in der er, der Herr, zum Knecht wurde. Denn es geschah in der Herrlichkeit des wahren Gottes, daß der ewige Sohn seinem ewigen Vater darin gehorsam wurde, daß er sich selbst dazu hergab und erniedrigte, des Menschen Bruder zu werden, sich neben ihn, den Übertreter zu stellen, ihn damit zu richten, daß er sich selbst an seiner Stelle richten und in den Tod geben ließ. Gott der Vater aber hat ihn von den Toten erweckt und sein Leiden und Sterben eben damit als die für uns, als unsere Umkehrung zu ihm hin, vollbrachte Rechtstat und so als unsere Errettung vom Tode zum Leben anerkannt und in Kraft gesetzt"[56].

Das Geschehen der Versöhnung Gottes in der Geschichte ist in der Person und in der Tat Jesu Christi erfüllt. Das bedeutet, daß nicht nur Jesus Christus als der Gottmensch, sondern auch seine Tat wichtig für die Versöhnung ist. Um die Tat Jesu Christi mit der Versöhnung zu verknüpfen, bringt Barth die Gedanken von Gottes Gericht und von der Stellvertretung Jesu Christi in seine Versöhnungslehre ein.

Nach Barth ist Gottes Gericht verknüpft mit seinem Gebot in dem Sinne, daß Gottes Urteil über den Menschen als den Übertreter des Gebotes Gottes ausgesprochen und vollzogen wird. Für Barth ist jedoch das Gericht Gottes ohne seine Gnade, die durch Jesus Christus zu uns kommt, undenkbar. Die Gnade Gottes in Jesus Christus ist das Gericht Gottes.[57] Sowohl das Gebot als auch das Gericht Gottes ist keine bloße Idee, sondern Ereignis, das "identisch mit dem der Versöhnung"[58] ist. In diesem Ereignis geschieht Gottes Handeln mit dem Menschen als Gottes Anspruch und Gottes Entscheidung. "Was Gott mit dem Menschen will und was er vom Men-

---

56 Ebd., S.171.

57 "Indem Gott uns in Jesus Christus gnädig ist, richtet er uns. Er richtet uns, weil er uns um seines eigenen Sohnes willen als die Seinigen behandeln will. Er richtet uns, indem er in seinem Tod unser ganzes Tun als Übertretung verurteilt und uns durch seine Auferstehung gerecht spricht. Er richtet uns, um uns unter seiner Herrschaft für das ewige Leben frei zu machen". KD II/2, S.819.

58 Vgl. ebd.

schen haben will, das hat er nicht zuerst und eigentlich an uns Anderen, sondern zuerst und eigentlich in Jesus Christus beschlossen, ins Werk gesetzt und offenbar gemacht."[59] Daß Gott mit dem Menschen in der Gemeinschaft bleiben will, das ist der Urwille Gottes. Die Erwählung Jesu Christi ist von der Ewigkeit Gottes her für die Versöhnung zwischen Gott und Mensch beschlossen. In diesem Sinne ist der Tod Jesu Christi als der Vollzug des Gerichtes Gottes zu verstehen, weil Jesus Christus zu uns an unserer Stelle zu sterben geschickt worden ist. Der Tod Jesu Christi bedeutet für Barth, "daß dort Gottes verurteilende und strafende Gerechtigkeit losgebrochen ist und die menschliche Sünde, den Menschen als Sünder, das sündige Israel wirklich geschlagen und getroffen hat"[60]. Es bedeutet jedoch nicht, daß die strafende Gerechtigkeit Gottes an uns geschehen ist.[61] Durch den Tod Jesu Christi wird nicht nur die Gerechtigkeit Gottes, sondern auch seine Liebe offenbar. Jesus Christus als Gottes eigener Sohn "und so der ewige Gott selber"[62] hat an unserer Stelle für uns gelitten. In seinem Tod versöhnt sich Gott mit dem Menschen: "Im Tode Jesu Christi ist die Konfrontation Gottes und des Menschen, seines Gebotes und des menschlichen Wesens und Tuns sichtbar und wirksam ein für allemal. Denn auf Grund der ewigen Erwählung dieses Einen, auf Grund seiner persönlichen Einheit mit Gott und auf Grund des Willens Gottes, in der Person dieses Einen, seines eigenen Sohnes, mit uns Allen und für uns Alle zu handeln, steht hier Gott vor dem Menschen, der Mensch vor Gott, sind hier Gott und der Mensch beieinander"[63].

B. Erkenntnis der Gnade Gottes

Gott ist in der Fleischwerdung Jesu Christi zum Menschen gekommen. Er hat dem Menschen in seinem eingeborenen Sohn das Heil geschenkt. Das

---

59 Ebd., S.824.
60 *KD* II/1, S.446.
61 Vgl. ebd.
62 Vgl. ebd.
63 *KD* II/2, S.836. Dazu auch S.826 "In Jesus Christus ist es geschehen, und zwar in der Weise geschehen, daß Gott in seinem Sohn sich selbst dahingegeben hat, dieser Mensch, der Übertreter und Sünder zu sein, der seinen Zorn erleiden, der verurteilt werden und sterben muß. Zwischen dem ewigen Vater und dem ewigen Sohn und dann und daraufhin zwischen Gott und dem Menschen ist in Jesus Christus die Ordnung aufgerichtet, in der der Mensch (der Übertreter und Sünder, der er ist, aber nun als solcher getötet und abgetan) vor Gott leben darf".

ist nicht nur die Heilstat und die Gnade Gottes, sondern auch seine Offenbarung zugleich, damit Gott als der gnädige Gott erkannt werden wird. Gott und seine Gnade sind also in seiner Heilstat zu erkennen. Ohne die Heilstat Gottes, ohne seine Offenbarung, d.h. ohne die Bereitschaft Gottes, daß er sich den Menschen zu erkennen gibt, kann niemand Gott erkennen.

1. Die Verborgenheit und die Offenheit Gottes

Barths Überlegung über die Verborgenheit und die Offenheit Gottes, also über Gottes Erkennbarkeit, geht davon aus, daß Gott nur durch Gott selbst zu erkennen ist und daß die Erkenntnis Gottes ohne aktive Handlung dem Menschen ebenfalls unmöglich ist: "Gott wird nur durch Gott erkannt. Wir erkennen ihn also nicht durch die Kraft der Anschauungen und Begriffe, mit denen wir auf seine Offenbarung im Glauben zu antworten versuchen. Wir erkennen ihn aber auch nicht ohne daß wir, von seiner Erlaubnis Gebrauch machend und seinem Befehl gehorchend, diesen Versuch unternehmen"[64]. Diese Aussage schließt offensichtlich die natürliche Theologie aus und läßt sich als eine dialektische Einheit verstehen: 1. Gott ist dem natürlichen Menschen unerkennbar. Was dem natürlichen Menschen Gott ist und was er dann seinen Gott nennt, kann nur ein Götze sein.[65] 2. Die Erkenntnis Gottes ist durchaus möglich.[66]

[64] *KD* II/1, S.200. Mit diesem Satz setzt Barth die Grenze der Erkenntnis Gottes. Er argumentiert: "Menschliches Erkennen vollzieht sich nun aber in Anschauungen und Begriffen. Anschauungen sind die Bilder, in denen wir Gegenstände als solche wahrnehmen. Begriffe sind die Gegenbilder, mit denen wir uns jene Wahrnehmungsbilder zu eigen machen, indem wir sie denken, d.h. indem wir sie ordnen. Eben damit werden sie und mit ihnen die entsprechenden Gegenstände fähig, von uns ausgesprochen zu werden. Können Menschen von Gott in menschlichen Worten sprechen ...dann können sie Gott offenbar zuvor anschauen und begreifen, d.h. wahrnehmen und denken". Ebd., S.203. Aber ohne das, daß Gott sich als Gegenstand der Menschenerkenntnis setzt, ist eine Gotteserkenntnis für die Menschen unmöglich. Vgl. ebd., S.22f. Auf Grund dessen kommt die natürliche Theologie, die Barths Meinung nach die Bereitschaft Gottes nicht als die einzig und allein in Betracht kommende versteht, sondern die Bereitschaft des Menschen zu einem selbständigen Faktor erhebt, nicht in Frage. Vgl. ebd., S.142. Dazu auch Barths *"Nein"*, S.214ff.

[65] Vgl. ebd., S.94f.

[66] In der Tat hält Barth die Gotteserkenntnis nicht nur für möglich, sondern auch für wirklich. Er spricht auch mehr von der Wirklichkeit der Gotteserkenntnis als von der Möglichkeit der Gotteserkenntnis.

132

Gottes Verborgenheit und Gottes Offenheit sind für Barth weder Widerspruch noch Gegensatz. Sie gehören zueinander und sind untrennbar. Wenn man die Offenheit Gottes erkennt, weil Gott sich zu erkennen gibt, wird zugleich seine Verborgenheit erkannt, weil es dem Menschen unmöglich ist, Gott ohne Gottes Offenheit zu erkennen.[67] Gottes Verborgenheit heißt nicht nur Unbegreiflichkeit, sondern es geht um Können oder Nichtkönnen, Vermögen oder Unvermögen unseres Begreifens. So sagt Barth wörtlich: "Wir können Gott nicht begreifen, weil und indem wir ihn schon nicht anschauen können, weil er nicht Gegenstand eines unserer Wahrnehmungsbilder werden kann, auf die sich dann unsere Begriffe, unsere Denkbilder und zuletzt unsere Worte und Sätze beziehen".[68] Barth charakterisiert den Vorgang und das Wesen des menschlichen Erkennens folgendermaßen: 1. "Was wir erfassen können, dem gleichen wir"[69]; 2. "Was wir erfassen können, dessen sind wir mächtig"[70]; 3. "Was wir erfassen können, mit dem sind wir ursprünglich und eigentlich Eines"[71]. Da es jedoch eine solche Einheit zwischen Gott und Mensch nicht gibt, sondern nur die "unaufhebbare Andersheit"[72] zwischen Gott als Schöpfer und Mensch als Geschöpf, ist eine Gotteserkenntnis unmöglich. Gott bleibt uns in diesem Sinne verborgen. Gleichzeitig besteht Barth darauf, daß Gott für uns doch erkennbar ist. Er hält die Frage nach der Möglichkeit der Gotteserkenntnis für illegitim. Sinnvoll und legitim ist nach ihm vielmehr die Frage, inwiefern Gott erkannt wird oder inwiefern Gott erkennbar ist.[73]

Die Verborgenheit Gottes stellt offenbar nicht das zentrale Anliegen in der Gotteslehre Barths dar. Für die Frage nach der Gotteserkenntnis steht bei ihm die Offenheit Gottes in der Mitte, also die Erkennbarkeit Gottes. Denn nur wenn Gott erkennbar ist, ist es erst möglich und sinnvoll, von Gott zu sprechen. Die Erkennbarkeit Gottes ist nach Barth keinesfalls eine

---

67 Vgl. ebd., S.215. Dazu auch S.42f, "Er ist der, der uns Geheimnis bleibt".

68 Ebd., S.208. Vgl. auch S.221.

69 Ebd., S.211. Wir können nur von dem, dem wir gleichen, Anschauungen und Begriffe bilden. Da wir aber Gott nicht gleichen, ist er in dieser Weise nicht zu erfassen.

70 Barth meint: "Anschauen und Begreifen heißt ja begrenzen, und was wir begrenzen können, dem sind wir überlegen, dessen sind wir geistig mächtig". Ebd. Wir können Gott aber nicht begrenzen. Wir sind Gottes nicht mächtig und darum können wir ihn von uns aus nicht erfassen.

71 Ebd.

72 Ebd., S.212.

73 Vgl. ebd., S.3.

abstrakte Möglichkeit, sondern sie ist die konkrete Wirklichkeit,[74] in der
die Erkenntnis Gottes gründet.[75] Seiner Auffassung zufolge ist die Erkennbarkeit Gottes in zweifacher Hinsicht zu verstehen — im Sein und im Tun
Gottes. In seinem Wesen so wie in seinem Handeln kann Gott von uns erkannt werden, und er ist bereit, von uns erkannt zu werden.[76] Das heißt,
Gott gibt sich in seinem Wesen und in seinem Handeln zu erkennen. Dies
ist Gottes eigene Entscheidung aus seinem freien Willen. Die Erkennbarkeit
Gottes, also daß Gott in seinem Wesen erkennbar ist, verknüpft Barth mit
dem Begriff der Wahrheit. Wahrheit heißt für Barth Unverborgenheit bzw.
Offenheit.[77] Barth sagt: "Gott ist die Wahrheit, und wenn wir die Bereitschaft Gottes, in der wir seine Erkennbarkeit zuerst und entscheidend und
letztlich allein zu erkennen haben, schlicht eben damit bezeichnen, daß Gott
selber die Wahrheit ist".[78] Aus diesem Grund ist mit Recht zu sagen, daß
Gott offen ist. Er ist sich selber nicht verborgen. Gott ist nicht nur in seiner
Bereitschaft erkennbar, ebenso nicht nur von seinem Sein her für die Erkenntnis des Menschen offen, sondern auch in seinem eigenen Werk.[79]
Nach Barth ist Gottes Werk das Werk Gottes unter dem Menschen, sein
Handeln an dem Menschen und sein Tun in der Geschichte. All diese Aus-
drücke bezeichnen nicht nur die Beziehung zwischen dem Werk Gottes und
dem Menschen, sondern auch, daß Gott sich durch sein Werk in der Wahrnehmung des Menschen zu erkennen gibt. Es versteht sich, daß Barth das
Werk Gottes nicht anders als Gottes Gnadenwerk in Jesus Christus beurteilt. In seiner Lehre über die Erkenntnis Gottes legt Barth den Schwerpunkt vor allem auf die Erkennbarkeit Gottes in seinem Tun, also im Gnadenwerk Jesu Christi, der die Offenbarung Gottes selbst ist.

---

[74] Vgl. ebd., S.73.

[75] Vgl. ebd., S.3.

[76] Die erste Voraussetzung für die Erkennbarkeit Gottes ist also die Bereitschaft Gottes, sich zu erkennen zu geben: "Die Erkennbarkeit Gottes ist 'zuerst' und
'entscheidend' diese seine eigene, das heißt in seinem eigenen Sein und Tun begründete Bereitschaft, von uns erkannt zu werden". Ebd., S.70.

[77] Vgl. ebd., S.73.

[78] Ebd.

[79] Barth wörtlich: "Die Erkennbarkeit Gottes wäre nicht die Erkennbarkeit Gottes,
wenn sie letztlich ...etwas Anderes als ein Werk ...Gottes selber wäre". Ebd.,
S.71f.

2. Erkennbarkeit Gottes als Gnade

Barths Feststellung, daß die Erkennbarkeit Gottes für die Menschen eine göttliche Gnade ist, gründet wiederum auf der Unterscheidung zwischen Gott und Mensch. Der Mensch als Geschöpf Gottes kann seinen Schöpfer weder erkennen noch von ihm hören und reden, weil er seinem Schöpfer weder gleich noch mächtig über ihn noch mit ihm eins ist.[80] Da das menschliche Erkennen sich in Anschauungen und Begriffen vollzieht, ist Gott dem Menschen im Ursprung verborgen. Denn Gott ist gerade der, welcher von seinem Wesen her über der menschlichen Fähigkeit des Begreifens und der Anschauung steht.[81] Aber der Gott, von dem wir reden können, müßte der uns erkennbare Gott sein. Daß Gott nun erkennbar ist, kann jedoch nicht auf die Fähigkeit oder das Werk des Menschen zurückgeführt werden.[82]

Es ist Gott selbst, der es möglich und wirklich macht, daß der Mensch ihn erkennen kann.[83] Dieses Handeln Gottes, sich dem Menschen zu erkennen zu geben, ist nach Barth nichts anderes als die Gnade Gottes.[84] In diesem Sinne muß die Erkenntnis Gottes als Geschenk Gottes und als Empfang der freien Gnade Gottes verstanden werden.[85] Die Erkenntnis Gottes ist Gnade, das bedeutet nicht nur, daß Gott uns zu erkennen gibt, sondern

---

[80] Vgl. ebd., S.211f. und B.1. "Die Verborgenheit und die Offenheit Gottes" dieses Kapitels.

[81] Vgl. ebd., S.203.

[82] Barth bestreitet nicht nur die Gotteserkenntnis als menschliche Fähigkeit, sondern hält sie auch für ein göttliches Wunderwerk: "Gerade im Glauben und also im Vollzug der Erkenntnis Gottes und also in der wirklichen Anschauung und im wirklichen Begreifen Gottes werden wir dies, daß wir Gott erkennen, anschauen und begreifen, nicht als ein Werk unserer Natur, nicht als eine Leistung auf Grund unseres eigenen Vermögens, sondern nur als ein Wunderwerk des göttlichen Wohlgefallens verstehen können". Ebd., S.206.

[83] Barth sagt: "Wir gedenken an Gottes Gnade, wenn wir das sagen: Gott ist erkennbar... wenn wir unser ganzes Fragen nach Gottes Erkennbarkeit nur als ein Zurückkommen auf diese schon gefallene Entscheidung bezeichnen und verstehen... Wir sind dazu gekommen, indem wir uns auf seine Offenbarung bezogen haben: darauf, daß er selber sich uns, unsere Erkenntnis begründend, zu erkennen gibt". Ebd., S.74.

[84] Vgl. ebd., S.228.

[85] Vgl. ebd., S.31.

auch, daß wir durch diese Erkenntnis, und zwar ganz ohne unsere Bemühungen, der Wahrheit Gottes teilhaftig werden dürfen.[86]

Im Vollzug der Gotteserkenntnis ist Gott das Subjekt, weil er sich selbst als Gegenstand der Erkenntnis bestimmt. Damit wird der Mensch als der Erkennende gesetzt. Er ist nur dann der Erkennende Gottes, solange Gott sich zum Gegenstand seines Erkennens macht.[87] Indem der Mensch aber als der Erkennende von Gott gesetzt ist, wird er doch zum Subjekt in diesem Erkennungsprozeß, das die Aufgabe hat, Gott zu erkennen. In diesem Zusammenhang ist die Erkenntnis Gottes für Barth nicht eine Erkenntnis ohne unser Werk, sondern mit unserem Werk,[88] obwohl sie nicht durch unser Werk, nicht als Frucht unseres Werkes zustande kommt.[89] Da Barth die Gnade Gottes als Hinwendung Gottes betrachtet, bedeutet die Gotteserkenntnis für die Menschen ebenfalls eine Wendung in dem Sinne, daß sie aus dem Unvermögen der Gotteserkenntnis herausgehoben und in die Möglichkeit des Erkennens hineingesetzt werden.[90] Nicht nur das Erkennen-können des Menschen, sondern auch das Erkannt-werden Gottes ist das Telos von Gottes Willen, sich erkennen zu lassen. Im Vollzug dieser Erkenntnis ist Gott wieder der Gott seines Geschöpfs und der Mensch wieder das Geschöpf seines Schöpfers. Dieser Vorgang vollzieht sich nach Barth in der Offenbarung Jesu Christi.

---

86 Dieser Gedanke ist für Barths Lehre über die Erkennbarkeit Gottes von großer Bedeutung. In seinem Leitsatz §26 schreibt er: "Die Möglichkeit der Erkenntnis Gottes besteht von Gott her darin, daß er selber die Wahrheit ist und daß er sich dem Menschen in seinem Wort durch den Heiligen Geist als die Wahrheit zu erkennen gibt. Sie besteht vom Menschen her darin, daß er im Sohne Gottes durch den Heiligen Geist ein Gegenstand des göttlichen Wohlgefallens und so der Wahrheit Gottes teilhaftig wird". Ebd., S.67. Dazu ist auch der zweite Teil des Leitsatzes §27 zu beachten: "Das Gelingen dieses Unternehmens und also die Wahrhaftigkeit unserer menschlichen Gotteserkenntnis besteht darin, daß unser Anschauen und Begreifen zur Teilnahme an der Wahrheit Gottes durch Gott selbst in Gnaden aufgenommen und bestimmt wird". Ebd., S.200.
87 Das Erkennenlassen Gottes als Gnade beschreibt Barth wie folgt: "Nur indem Gott sich selbst setzt als Gegenstand, ist der Mensch gesetzt als Erkennender Gottes. Und so kann der Mensch Gott nur haben als den sich selbst setzenden Gegenstand. Es ist und es bleibt Gottes freie Gnade, wenn er in seiner primären und in seiner sekundären Gegenständlichkeit Gegenstand für uns ist". Ebd., S.22.
88 Unser Werk heißt in diesem Kontext Teilnahme des Menschen an der Wahrhaftigkeit der Offenbarung Gottes. Vgl. ebd., S.244.
89 Vgl. ebd., S.204f.
90 Vgl. ebd., S.80.

3. Jesus Christus als Offenbarung der Gnade Gottes

Für Barth ist die Gnade Gottes nicht nur mit Jesus Christus als Offenbarung Gottes verknüpft, sondern er hält die Gnade Gottes mit Jesus Christus und damit mit der Offenbarung Gottes für identisch. Die Verknüpfung der Gnade Gottes mit Jesus Christus als der Offenbarung Gottes ist für Barths Lehre über die Gotteserkenntnis von großer Bedeutung, weil die Erkenntnis Gottes nur durch Gottes Offenbarung, nur durch Gottes Gnade, möglich ist. Indem Jesus Christus die Gnade Gottes ist, indem er die Offenbarung Gottes darstellt, ist er die Quelle unserer Erkenntnis.[91] Nur in Jesus Christus ist die Gotteserkenntnis möglich. Nach Barth stammt sowohl die Gottes- als auch die Menschenerkenntnis von dieser Quelle.[92] Dieser Erkenntnisweg, der mit Jesus Christus verbunden ist und alle anderen Möglichkeiten der christlichen Erkenntnisquellen ausschließt, ist streng christologisch.[93]

Barth zufolge kommt Jesus Christus zu unserer Erkenntnis in der Form der Fleischwerdung des Wortes Gottes. Die Fleischwerdung Gottes selbst ist die Gnade, denn was Gott in jener Aufnahme menschlichen Seins in die Einheit mit seinem eigenen tut, das ist als Gnadenakt Gottes seinem Geschöpf gegenüber, als sein göttliches Handeln in der zeitlichen Geschichte zu verstehen. Dieser Gnadenakt Gottes gründet auf dem Sein Gottes, daß Gott nicht nur gnädig ist, sondern daß er seine Gnade auch übt.[94] Die Fleischwerdung ist eben diese von Gott geübte Gnade, indem sie den freien Willen Gottes — die Gemeinschaft mit dem Menschen — im Bereich des Menschen verwirklicht hat. Beruht der Gnadenakt Gottes auf seinen freien Willen und sein freier Wille auf seinem gnädigen Sein, ist dann der Zusammenhang von Gottes Akt, seinem Willen und seinem Sein für unsere Diskussion von großer Bedeutung. Diese drei Begriffe betrachtet Barth als untrennbare Komponenten im Verständnis von der Fleischwerdung Gottes.

Indem Jesus Christus als der Fleischgewordene die Offenbarung Gottes ist, indem das Sein Gottes, sein Wille und sein Tun nur durch seine

91 "Alles christliche Erkennen und Bekennen, alles christliche Wissen um Gott, Mensch und Welt stammt aus dieser Selbstkundgabe Jesu Christi, kommt von seiner Auferstehung." *KD* IV/2, S.334. Er bezeichnet diese Erkenntnis als die Existenz Jesu Christi, die zugleich als die Erkenntnis des ewigen Willens Gottes und die Erkenntnis der in der Zeit vollbrachten Tat Gottes zu verstehen ist. Vgl. ebd., S.131.
92 Vgl. *KD* IV/1, S.85ff.
93 Vgl. A. Dahm *"Der Gerichtsgedanke in der Versöhnungslehre Karl Barths"*, S.84.
94 "Er [Gott] ist nicht nur gnädig, sondern er übt Gnade; und er tut es, indem er als Gottessohn auch Menschensohn wird..." *KD* IV/2, S.95.

Fleischwerdung zum Ausdruck gebracht werden können, ist Jesus Christus als der Gnadenakt Gottes nur in seiner Fleischwerdung von uns zu erkennen.[95] Das heißt, Gott offenbart sich in der Fleischwerdung und tritt damit in den Bereich menschlicher Erfahrung ein. Die Fleischwerdung Gottes als Offenbarung ermöglicht erst die Gotteserkenntnis, weil wir Jesus Christus in seiner Person und in seiner Tat anschauen und mit unseren Begriffen erfassen können.[96] Damit hat die Offenbarung Gottes in der Fleischwerdung des Gottessohnes nicht nur den Charakter eines objektiven Seins und Geschehens, sondern sie hat auch einen subjektiven Charakter, der sich als Ereignis mitten in der Welt und im Bereich des menschlichen Erkennens konkretisiert.[97] Diese Unterscheidung zwischen dem objektiven und dem subjektiven Charakter des göttlichen Majestätsaktes in der Fleischwerdung ist für Barths Lehre von der Offenbarung Gottes in Jesus Christus als Gnade von großer Bedeutung.

Der objektive Charakter der göttlichen Offenbarung heißt für Barth "die *ratio*, der Sinn, der Grund, die Kraft, die Wahrheit dieses Geschehens [der Inkarnation] und also des menschlich zeitlichen Seins Jesu Christi".[98] Darüber hinaus unterscheidet Barth die *ratio essendi* von der *ratio cognoscendi*. Für Barth ist allein der fleischgewordene Gottessohn Jesus Christus der Seinsgrund und der Erkenntnisgrund. *Ratio essendi* meint im Sinne Barths, daß Jesus Christus als Geschöpf teilnehmend an Fleisch und Blut existiert. Das ist ein in Gottes Urentscheidung zu verwirklichendes Zielgeschehen, und es ist ein neues Geschehen insofern, als daß die Existenz Jesu nicht ihre Konsequenz, sondern das Werk einer neuen Tat Gottes ist.[99] Barth sagt: "Aber nun Gott Mensch, der Schöpfer Geschöpf! Insofern fängt mit dem, was hier geschieht, in der Reihe seines ganzen Handelns eine

---

95 Barth interpretiert die Fleischwerdung Gottes nicht als eine Identifikation Gottes mit dem Menschen, sondern als eine Konfrontation zwischen Gott und Mensch in der Weise, daß Gott sich erniedrigt hat, sein göttliches Wesen mit dem menschlichen Wesen zu verbinden. Vgl. *KD* IV/2, S.96. Im fleischgewordenen Sohn Jesus Christus sind sowohl Gottes Sein als auch Gottes Wille und sein Tun zu erkennen.

96 Vgl. *KD* II/1, S.74.

97 "...wir haben damit zu rechnen, daß derselbe göttliche Majestätsakt, um den es sich in der Fleischwerdung des Wortes Gottes handelt, nicht nur den Charakter eines objektiven Seins und Geschehens hat, sondern als Ereignis mitten in der Welt und also im Bereich menschlichen Erkennens mit jenem objektiven auch subjektiven Charakter - in einem Wort: den Charakter von Offenbarung hat." *KD* IV/2, S.134.

98 *KD* IV/2, S.39.

99 Vgl. ebd.

138

neue Reihe an, ereignet sich im Zusammenhang seiner Werke, in der
...Weltgeschichte ein Ereignis eigener, im Verhältnis zu allen anderen
schlechterdings verschiedener Art. Dieser Majestätsakt ist die *ratio essendi*,
der Seinsgrund des wahren Menschen, des Menschen Jesus".[100] Als *ratio
cognoscendi* existiert der Fleischgewordene in der Zeit wie alle anderen
Menschen als Geschöpf unter Geschöpfen. Er ist in der Weltgeschichte seinen Mitgeschöpfen sichtbar und feststellbar wie auch im Bereich des Menschen zugänglich.

Nach Barth ist die Fleischwerdung in der Weltgeschichte nicht die
Weihnachtsgeschichte, sondern das Osterereignis. Das schließt das Kreuz
Christi aber nicht aus, sondern es gibt dem Kreuzestod Christi eine neue
Bedeutung:[101] Jesus Christus ist für uns am Kreuz gestorben und zugleich
für uns auferstanden. Die Auferstehung Christi setzt natürlich seinen Tod
am Kreuz voraus. Der Kreuzestod und die Auferstehung Christi sind somit
eine Einheit,[102] indem Gott durch Jesus Christus, der als unser Repräsentant und Stellvertreter am Kreuz gestorben ist und in dem wir an seiner
Auferstehung teilnehmen können, seine Versöhnungstat zum Ziel gebracht
hat.[103] Die Fleischwerdung als Gottes Versöhnungstat ist dann ohne Christi
Kreuzestod nicht möglich. Trotz dieser Einheit unterscheidet sich für Barth
dennoch das Kreuz Christi von seiner Auferstehung. Es ist die Unterscheidung zwischen der Einmaligkeit des Kreuzes, das nie wieder geschieht und
insofern keiner Fortsetzung und keiner Ergänzung bedarf, und der Einmaligkeit der Auferstehung, die zwar in dem gleichen Sinne einmal geschah
und weder Fortsetzung noch Ergänzung bedarf, jedoch im Unterschied zu
der des Kreuzes ein kontinuierliches Leben gibt.[104]
Die Offenbarung Gottes in Jesus Christus ist nach Barth einmalig und
kontinuierlich. Einmalig ist sie in dem Sinne, daß die Ganzheit des Seins
und Werkes Gottes in Jesus Christus völlig offenbar und völlig erkannt

---

[100] Ebd., S.39f.
[101] Vgl. C. H. Ratschow, "*Jesus Christus*", S.167.
[102] Vgl. *KD* IV/1, S.379.
[103] Barth erklärt hier die Einheit vom Tod und von der Auferstehung Jesu Christi als
die Versöhnung Gottes mit der Welt: "Hier handelt ja der eine Gott auf Grund seiner einen ewigen Wahl und Entscheidung durch den und an dem einen Jesus Christus mit dem einen Ziel der Versöhnung der Welt mit ihm, der Umkehrung der
Menschen zu ihm hin". Ebd., S.378.
[104] Vgl. ebd.

ist.[105] Kontinuierlich ist sie in dem Sinne, daß Jesus damals in Herrlichkeit zu den Menschen gekommen ist, seinen Jüngern offenbar und von ihnen erkannt wurde und daß er uns und der ganzen Welt in derselben Herrlichkeit offenbar ist und bleibt.[106] Barths Gedanke von der Einmaligkeit und Kontinuität der Offenbarung Gottes ist für die vorliegenden Überlegungen von großer Bedeutung, weil dieser Gedanke in unmittelbarem Zusammenhang mit der Erkennbarkeit der Gnade Gottes steht. Gott läßt sich erkennen, indem er in seiner Fleischwerdung in die Geschichte des Menschen hineinkommt. Er existiert wie ein Geschöpf unter allen Geschöpfen. Aus dem Willen Gottes ist er - sein Sein und sein Werk - für uns da.[107] Wir dürfen und können Gott, den Unsichtbaren und Unbegreifbaren, und seine Gnade durch Jesus Christus, der in der Fleischwerdung der sichtbare und begreifbare Mensch ist,[108] erkennen. Dieses Erkennen ist nicht bloß ein Begreifen oder ein Gedanke. Es darf auch nicht nur im objektiven Sinne verstanden werden als ein Geschehen ohne das subjektive Sich-Hineinziehen, sondern es muß auch im subjektiven Sinne verstanden werden.

Das Erkennen Gottes im subjektiven Sinne ist nach Barth unmittelbar mit dem subjektiven Charakter der Offenbarung Gottes verbunden. Zunächst spricht Barth vom Erkennen der Identität Jesu Christi, der das Sein, das Werk und der Wille Gottes ist. Erkennen in diesem Sinne heißt für Barth: "ihn [Jesus Christus] als den kennen, der er — er ganz allein! — ist:

---

[105] Die Kreuzigung Christi ist Barths Meinung nach auch ein bedeutendes Kennzeichen der Völligkeit der Offenbarung Gottes im Sein und Werk Jesu Christi. Vgl. C. H. Ratschow, *"Jesus Christus"*, S.168.

[106] Vgl. KD IV/2, S.156-172, besonders S.159: "Hier nun freilich, der hier offenbarten Völligkeit seines Seins und Werkes entsprechend, völlig erkannt, weil völlig offenbar! Denn wie sein Sein und Werk, seine Geschichte und Existenz in seinem Kreuzestod vollendet ist und wie in ihm das vor Gott und also in Wahrheit Genügende für die Menschen aller Zeiten und Räume ein für allemal geschehen ist und also keiner Fortsetzungen, Ergänzungen oder gar Überbietungen bedarf und fähig ist, so auch die seinem Kreuzestod folgende Offenbarung dieses Geschehens... Denn eben als der, der damals in Herrlichkeit gekommen ist, seinen Jüngern offenbar und von ihnen erkannt wurde - eben als dieser wird er in derselben Herrlichkeit ...wiederkommen, der ganzen Welt offenbar sein und von der ganzen Welt erkannt werden... Sein vollendetes Sein und Werk und dessen vollendete Offenbarung genügte damals, sie genügt heute, ...wird für alle Zeiten ...genügen".

[107] Vgl. KD IV/2, S.163.

[108] Barth macht darauf aufmerksam, "daß der Seinsgrund dieses Einen [Jesus Christus] die Grenzen des Bereichs des Sichtbaren, Deutbaren, Kennbaren, von sich aus durchbricht und überschreitet, daß er sich in diesen Bereich hinein erschließt, kundgibt, bezeugt, offenbart". KD IV/2, S.41.

als den, in welchem von seinem Seinsgrund, von Gottes Majestätsakt her mitten in der Reihe, mitten unter all den anderen Momenten und Figuren des Seins und der Geschichte des Kosmos das ihnen allen gegenüber Neue und Einzigartige geschieht und ist: daß der Schöpfer selbst, ohne aufzuhören der Schöpfer zu sein, auch Geschöpf - und also Gott selbst, ohne aufzuhören Gott zu sein, auch Mensch wird. Ihn als diesen kennen, ...heißt ihn erkennen"[109]. Das Erkennen ist für Barth weit mehr als das bloße "In-Kenntnis-setzen", sondern es handelt sich in dieser Erkenntnis zugleich um das "Nachvollziehen", um den inklusiven Charakter von Versöhnung. Das heißt, die Gotteserkenntnis ist eine an der Neuheit des Seins Jesu Christi teilnehmende Kenntnisnahme.[110] Sie muß als solche nicht nur des göttlichen Majestätsaktes gewahr sein, sondern sie verlangt von dem Menschen auch das Folgen, das Begleiten und das Nachvollziehen.[111] Barths Lehre über Gottes Offenbarung im subjektiven Sinne bedeutet somit, daß die Offenbarung Gottes nicht darin besteht, daß etwas bekannt gemacht wird und darauf hin gewußt werden kann, sondern daß sie nichts anderes darstellt als das Geschehen des göttlichen Majestätsaktes in Jesus Christus, der sowohl die Gotteserkenntnis für die Menschen als auch die Versöhnung Gottes mit dem Menschen möglich und wirklich macht. Die Gotteserkenntnis ist nur dann richtig, wenn der Mensch sich durch die Selbstoffenbarung Gottes in Jesus Christus versöhnen läßt.

C. Die Reaktion des Menschen auf die Gnade Gottes

In Barths Erörterung über die Reaktion des Menschen auf die Gnade Gottes steht nicht die Frage im Mittelpunkt, wie der Mensch auf die Gnade Gottes reagiert hat, sondern die Frage, wie der Mensch auf die ihm gegebene Gnade Gottes reagieren soll. Gott, der den Menschen zur Gemeinschaft mit ihm bestimmt und dem Menschen seinen eingeborenen Sohn als die Heilsgnade gegeben hat, um diese Gemeinschaft wiederherzustellen, erwartet die richtige und seiner Tat entsprechende Reaktion vom Menschen. Damit wird die Diskussion über die Forderung Gottes eröffnet.

---

[109] Ebd., S.40.
[110] Vgl. ebd.
[111] Vgl. ebd.

1. Offenheit als Bereitschaft für Gottes Gnade

Gott hat sich dem Menschen offenbart, und in dieser Offenbarung ist seine Gnade zum Menschen gekommen. Sowohl die Selbstoffenbarung als auch die Gnade Gottes bezeichnet Barth als Gottes Offenheit bzw. die Bereitschaft Gottes, daß er sich dem Menschen zu erkennen gibt. Ohne diese Bereitschaft Gottes gäbe es keine Gotteserkenntnis. Es ist die Gnade Gottes, daß er in seiner Bereitschaft dem Menschen erkennbar ist.[112] Es gäbe aber keine Erkennbarkeit Gottes, wenn es nur eine Bereitschaft Gottes gäbe, die die Bereitschaft des Menschen nicht einschließt.[113] Für Barth hängen die Bereitschaft Gottes und die des Menschen miteinander zusammen, indem die Bereitschaft des Menschen in der Bereitschaft Gottes eingeschlossen ist.[114] Gott ist von sich aus bereit, vom Menschen erkannt zu werden, deshalb muß der Mensch auch bereit sein, ihn zu erkennen. Die Bereitschaft des Menschen muß der Bereitschaft Gottes entsprechen. Diese Aufeinanderbezogenheit der Bereitschaft Gottes und der des Menschen zu leugnen, ist für Barth eine Rebellion gegen Gott.[115] Mit anderen Worten kann man auch mit Recht sagen, daß es ohne die Bereitschaft, also ohne die Offenheit des Menschen, auch keine Erkennbarkeit Gottes gibt.[116] Die Offenheit des Menschen ist in diesem Sinne die Voraussetzung der Gotteserkenntnis.[117]

---

[112] Die Erkennbarkeit Gottes ist in diesem Sinne von der Bereitschaft Gottes abhängig. "Gott ist erkennbar" heißt, Gott kann erkannt werden. Dieses "Können" hat Barth im ersten Abschnitt des §26 so interpretiert, daß es nicht nur zuerst und entscheidend, sondern auch einzig und allein in der Bereitschaft Gottes, d.h. in der durch die Gnade und Barmherzigkeit seiner Offenbarung uns geschenkten Erkennbarkeit Gottes, besteht.

[113] Vgl. ebd., S.141f. Hier ist deutlich zu erkennen, daß Barth in der Frage nach der Gnade Gottes weder die christomonistische noch die anthropomonistische Interpretation für gültig hält, indem er die christomonistische Lösung und die anthropomonistische Lösung für die Heilsfrage verneint. Vgl. *KD* IV/4, S.20ff.

[114] "Es würde ohne weiteres dies bedeuten, daß es auch alles das, was wir als die Bereitschaft Gottes beschrieben haben, in Wahrheit nicht gibt. Gott wäre dann dem Menschen nicht gnädig. Ist er ihm gnädig, ist er also von sich aus bereit für ihn, dann muß darin eingeschlossen sein, daß der Mensch auch für ihn bereit ist." *KD* II/1, S.158f.

[115] Vgl. ebd., S.142.

[116] Vgl. ebd., S.143.

[117] Vgl. O. Weber, "*K. Barths Kirchliche Dogmatik*", S.77.

Die Offenheit des Menschen für Gottes Gnade bedeutet für Barth wie folgt: 1. Der Mensch muß bereit sein, der Gnade Gottes zu bedürfen;[118] 2. Er muß auch zur Erkenntnis dieser seiner Bedürftigkeit kommen;[119] 3. Zudem muß er eine subjektive Willigkeit für Gottes Gnade haben.[120] Zusammenfassend läßt sich sagen, daß die Offenheit des Menschen in seiner Bedürftigkeit der Gnade, in seiner Erkenntnis der Gnade und in seiner Willigkeit für die Gnade besteht.[121] All das kann der Mensch jedoch nicht. Er ist für Gottes Gnade nicht bereit, weil er in sich als ein Sein im Fleisch Gott gegenüber feindlich ist.[122] Der Mensch, der für Gott offen und bereit ist, ist allein Jesus Christus. Er als Gott und Mensch in einem ist die in der Bereitschaft Gottes eingeschlossene Bereitschaft des Menschen.[123] Das heißt, "daß der eingeborene Sohn Gottes und also Gott selbst, der sich selber erkennbar ... in unser Fleisch gekommen ist, unser Fleisch angenommen hat, der Träger unseres Fleisches geworden ist, als Gottes Sohn nicht anders als eben in unserem Fleische existiert... Unser Fleisch ist also dabei, wenn er Gott erkennt, als der Sohn den Vater, wenn Gott sich

---

118 *KD* II/1, S.143. Barth sagt wörtlich: "Einmal nämlich die Bedürftigkeit des Menschen für dieses Wunder der Gnade: Er kann dieses Wunder nicht entbehren. Und anders als in diesem Wunder wird ihm Gott nicht erkennbar werden. Seine Situation ist objektiv eine solche, daß er Gottes Gnade nötig hat und daß er auf Gottes Gnade als Gnade angewiesen ist. Er könnte nicht ebensogut sein, ohne Gott zu erkennen. Und er könnte ihn nicht ebensogut ohne seine Gnade erkennen. Gnade ist ihm in diesem doppelten Sinn notwendig".

119 Ebd. Barth äußert hierzu wörtlich: "Es gehört zu dieser Offenheit eine bestimmte Erkenntnis: zunächst die Erkenntnis seiner Bedürftigkeit in dem eben umschriebenen doppelten Sinn, sodann die Erkenntnis, daß Gottes Gnade objektiv wirklich ist. Eines wird nicht ohne das Andere zu erkennen sein. Wo die Bedürftigkeit nicht sichtbar ist, da wird auch die Gnade Gottes unsichtbar sein. Und ohne die Gnade Gottes zu sehen, wird auch niemand seine Bedürftigkeit einzusehen vermögen".

120 Ebd. Barth meint wörtlich: "Es gehört zu jener Offenheit die subjektive Willigkeit des Menschen, Gottes Gnade anzunehmen für seine Bedürftigkeit, die Willigkeit, sich den göttlichen Übergriff gefallen zu lassen als Antwort auf sein eigenes Entbehren Gottes, auf seine eigene Unfähigkeit, ihn zu erkennen, die Willigkeit also, dem Wunder der Gnade nicht auszuweichen, sondern standzuhalten".

121 Vgl. ebd., und S.161. Hier stellt Barth seine Feststellung von der Offenheit des Menschen ausdrücklich dar: "Offenheit des Menschen für Gottes Gnade müßte seine Bedürftigkeit, seine Erkenntnis, seine Willigkeit ihr gegenüber bedeuten. Wir sagten uns schon dort: das ist an sich richtig. Was sollte diese Offenheit etwa Anderes bedeuten?" Vgl. dazu auch O. Weber, "*K. Barths Kirchliche Dogmatik*", S.57.

122 Vgl. ebd., S.169f.

123 Vgl. ebd., S.167.

selber erkennt. In unserem Fleische erkennt Gott sich selber. In ihm geschieht es also, daß unser Fleisch Gott selber erkennt"[124]. Dieses "in ihm" hat eine große Bedeutung, weil die Menschen in Jesus Christus bleiben. Sie stehen nicht mehr draußen, sondern drinnen, und haben einen Anteil an der Bereitschaft für die Gnade Gottes. Das heißt, es gilt für uns, daß Gott für uns erkennbar ist. Wir sind in Jesus Christus bereit für Gott.[125]

2. Gotteserkenntnis als Glaubenserkenntnis

Der christliche Glaube bedeutet für Barth, daß Gott nicht nur Gott ist, sondern daß er der Gott des Menschen ist, der sich dem Menschen in seinem Wort zu erkennen gibt. Insofern enthält der Glaube eine positive Beziehung des Menschen zu Gott.[126] In dieser Beziehung ist der Mensch mit Gott gebunden, und zwar nur in dieser Gebundenheit ist diese Beziehung zwischen Gott und Mensch zu erkennen. In diesem Zusammenhang bezieht sich der christliche Glaube nach Barth auf die Erkenntnis Gottes.[127] Gotteserkenntnis ist Glaubenserkenntnis: "...alles, was vom Wesen des Glaubens überhaupt zu sagen ist, wird auch von der Erkenntnis Gottes als der Erkenntnis des Glaubens zu sagen sein... Der Glaube beruht auf Gottes Gegenständlichkeit und ist insofern selbst Erkenntnis Gottes"[128]. Der glaubende Mensch hat selbstverständlich einen Gegenstand für seinen Glauben. Gott ist aber sich selber unmittelbar und in diesem Sinne kein Gegenstand des Menschen. Jedoch ist er dem Menschen mittelbar gegenständlich unter dem Zeichen und unter der Hülle anderer von ihm sich unterscheidende Gegenstände.[129] Eben aus diesem Grund bekommt der christliche Glaube seinen Sinn, weil wir nicht an ein Nichts glauben, sondern "in, mit und unter dem Zeichen und der Hülle dieser anderen Gegenstände glauben wir an Gott".[130] Der Mensch, der als Geschöpf nicht direkt vor Gott, sondern nur

---

[124] Ebd., S.169.

[125] Barth sagt wörtlich: "In ihm stehen wir nicht draußen, sondern drinnen, haben wir Anteil an jenem Ersten und Letzten. In ihm gilt es nicht nur für Gott selbst, nicht nur zwischen dem Vater und dem Sohne, in ihm gilt es für den Menschen, für uns: Gott ist erkennbar. Denn in ihm ist der Mensch bereit für Gott". Ebd., S.169.

[126] Vgl. ebd., S.11.

[127] Vgl. ebd.

[128] Ebd., S.12f.

[129] Vgl. ebd., S.16.

[130] Ebd.

direkt vor anderen Gegenständen stehen kann, steht indirekt vor Gott in der Erkenntnis des Glaubens, weil die Erkenntnis Gottes im Glauben grundsätzlich immer eine indirekte Erkenntnis Gottes ist, eine Erkenntnis Gottes in seinen Werken.[131] Barth unterscheidet deshalb die primäre von der sekundären Gegenständlichkeit Gottes in der Erkenntnis des Glaubens. Unter der sekundären Gegenständlichkeit Gottes versteht Barth die Erkenntnis Gottes im allgemeinen, die einen Gegenstand hat und sich von anderen Erkenntnissen nicht unterscheidet. Die primäre Gegenständlichkeit Gottes heißt, daß der Gegenstand des Erkennens kein anderer als der lebendige Herr und Schöpfer des erkennenden Menschen ist.[132] Gott ist deshalb in seiner sekundären Gegenständlichkeit, in seinem Werken zu erkennen, weil er in seiner Offenbarung uns gegenständlich wurde und weil seine sekundäre Gegenständlichkeit in seiner primären Gegenständlichkeit ihre Entsprechung und ihren Grund hat.[133]

Nach Barth ist der Gegenstand des Glaubens kein anderer als Jesus Christus.[134] In seinem Sein und in seinem Werk sind die primäre und die sekundäre Gegenständlichkeit Gottes in einem.[135] Für Barth ist ein erken-

---

[131] Vgl. ebd., S.17.

[132] Vgl. ebd., S.21. Dazu auch S.15f. "In seinem dreieinigen Leben als solchem ist Gegenständlichkeit und damit Erkenntnis göttliche Wirklichkeit, bevor es geschöpfliche Gegenständlichkeit und Erkenntnis gibt. Wir nennen dies: die primäre Gegenständlichkeit Gottes und unterscheiden von ihr die sekundäre, d.h. die Gegenständlichkeit, die er in seiner Offenbarung auch für uns hat, in der er sich auch uns zu erkennen gibt, wie er sich selber erkennt".

[133] Vgl. ebd., S.16.

[134] Vgl. *KD* VI/1, S.849.

[135] Zusammenfassend stellt O. Weber die Aussagen Barths über den Glauben wie folgt dar: "*Erstens* die, daß der Glaube in des Menschen '*Ausrichtung* auf Jesus Christus hin besteht': der Glaubende existiert 'exzentrisch'; im Glauben 'hört der Mensch auf, einfach bei sich zu sein' (830). *Zweitens*: Ist Jesus Christus der 'Gegenstand' des Glaubens, so ist dieser zugleich 'in ihm begründet'. Vom Menschen aus wäre der Glaube eine Unmöglichkeit, und ein 'selbstfabrizierter Glaube' wäre nur 'die letzte Spitze des Unglaubens' (832f.)... Wieso nun Glaube möglich wäre, das läßt sich nicht aus allgemeinen Erwägungen herleiten. Dagegen ist im Blick auf die Wirklichkeit des lebendigen Christus nicht von der Möglichkeit, sondern von der 'Notwendigkeit' des Glaubens zu sprechen (834f.). Sie liegt nicht im Menschen, sondern allein im 'Gegenstand' des Glaubens selbst, und sie besteht 'objektiv, real, ontologisch für alle' (835). Denn Jesus Christus ist nicht eine 'Alternative' oder eine 'Chance', sondern in ihm ist die *andere* Möglichkeit 'tatsächlich hinweggefegt'... Das *Dritte*: indem der Glaube in Jesus Christus seinen Gegenstand und seinen Grund hat, geschieht in ihm 'die Konstituierung des *christlichen Subjektes*'; es hebt in ihm 'ein neues, besonderes *Sein* des Menschen' an und wird 'Ereignis'

nender Mensch im christlichen Sinne zugleich ein glaubender Mensch. Er
erkennt Jesus Christus im Glauben. Er glaubt an Jesus Christus, an sein
Sein und sein Werk durch Gottes Gegenständlichkeit.

Obwohl der Glaube, der als positive Beziehung des Menschen zu Gott
von Gott kommt und deshalb ohne Gottes Offenbarung und ohne die Zuwendung Gottes zur sekundären Gegenständlichkeit undenkbar und unmöglich ist, ist der christliche Glaube für Barth dennoch eine freie Tat des
Menschen.[136] Barth spricht dem Menschen einen wichtigen Anteil am
Glauben zu und betrachtet ihn als das Subjekt im Glauben.

Da Barth den christlichen Glauben als menschliche Tat versteht, sollte
man seinen Begriff des Glaubens im Zusammenhang mit seinem Tätigkeits-
begriff betrachten. Indem Gotteserkenntnis für Barth die Glaubenserkenntnis ist, ist der Glaube ein kognitives Geschehen. Der christliche Glaube des
Menschen ist deshalb eine Kenntnisnahme von dem dem Menschen vorangehenden Sein und Werk Jesu Christi,[137] weil Jesus Christus als die Gnade
Gottes der Gegenstand und zugleich der Inhalt des christlichen Glaubens ist.
Der christliche Glaube ist in diesem Sinne die Tat einer Kenntnisnahme des
Menschen. Den Glauben als Erkenntnisnahme hat Barth mit drei Tätigkeits-
begriffen dargestellt, nämlich Anerkennen, Erkennen und Bekennen. All
diese drei Begriffe enthalten eine Handlung, nämlich das Kennen.[138] Für
Barth steht jedoch nicht das Erkennen an der ersten Stelle, sondern das Anerkennen, weil nach ihm das Erkennen schon im Akt des Anerkennens enthalten ist. Das "Erkennen, dann Anerkennen" sollte nach Barth im christlichen Glauben gerade umgekehrt sein, als das "Anerkennen, dann Erkennen", weil das Erkennen nur die Konsequenz von und die Folg- und Füg-
samkeit nach dem Anerkennen sein kann, also ein gehorsames Erkennen.[139]
Das Anerkennen bedeutet für Barth "Fürwahrhalten": der christliche Glaube hält es für wahr, daß der lebendige Jesus Christus der Herr ist.[140] Das

---

(837)! Gewiß, es bleibt dabei, daß das besondere Sein der Christen gerade in der
besonderen Solidarität mit allen übrigen Menschen besteht. Es bleibt auch dabei,
daß Christ-Sein heißt: in der Gemeinde sein (836)". O. Weber, "K. Barths Kirchliche Dogmatik", S.239.
[136] Vgl. KD VI/1, S.846.
[137] Vgl. ebd., S.847 und 867f.
[138] Vgl. ebd., S.847.
[139] Vgl. ebd., S.847ff.
[140] Vgl. ebd.

ist das Anerkennen des Glaubens. Ohne dieses Anerkennen würde man nicht erkennen, daß der Mensch im Gehorsam seinem Herrn Jesus Christus gegenüber steht. Der christliche Glaube ist für Barth jedoch keine private Angelegenheit, obwohl er an ihm ausdrücklich als Kenntnisnahme von Jesus Christus festhält. Der Glaube ist nicht nur eine Kenntnisnahme des Menschen von Jesus Christus, sondern sie ist auch eine Kenntnisgabe. Der Glaube ist nicht nur nach innen, sondern auch nach außen ausgerichtet: Der Mensch muß Jesus Christus bekennen. Nur das Anerkennen, das Erkennen und das Bekennen zusammen machen den christlichen Glauben aus.[141] In diesem Sinne ist der christliche Glaube zugleich die Tat des Menschen, daß er sich als der Glaubende zu Jesus Christus seinem Herrn vor den Menschen bekennt.[142]

3. Gehorchen und Danken

Wenn das Erkennen im christlichen Glauben ein gehorsames Erkennen und das Anerkennen eine freie Tat aus Gehorsam ist,[143] bedeutet die Erkenntnis Gottes den Gehorsam gegenüber Gott.[144] Der Gehorsam ist in diesem Sinne eine entscheidende Voraussetzung für die rechte Erkenntnis Gottes.[145] Da Gotteserkenntnis die Glaubenserkenntnis ist, da Glaubenserkenntnis eine Tat des Menschen im Glauben ist, ist die Menschentat als solche eine gehorsame Tat, weil sie, der Tat Gottes entsprechend, auf Gottes Gnade reagiert. Der Gehorsam als Menschentat gegenüber Gott ist ein Akt, der dem

---

[141] Barth bezeichnet den Glauben einerseits als Kenntnisnahme mit den Begriffen Anerkennen und Erkennen, andererseits als Kenntnisgabe mit dem Begriff Bekennen: "Ist er [der Glaube] eine bloße Kenntnisnahme? In der Anwendung, in der wir diesen Begriff brauchen, sicher nicht; ist Kenntnisnahme als solche vielmehr auch Kenntnisgabe, fällt Anerkennen und Erkennen zusammen mit Bekennen. Ein bloß anerkennender und erkennender, aber nicht bekennender Christ wäre überhaupt kein Christ." Ebd., S.868.

[142] "Bekennen ist, allgemein gesagt, das Moment in der Tat des Glaubens, in welchem der Glaubende zu seinem Glauben, vielmehr: zu dem, an den er glaubt, zu dem von ihm Anerkannten und Erkannten, zu dem lebendigen Jesus Christus steht, und zwar jetzt nach außen, wieder allgemein gesagt: den Menschen gegenüber steht. Bekennen als Tat des Glaubens an Jesus Christus heißt: 'Ihn bekennen vor den Menschen' (Mt 10,32)". Ebd., S.869.

[143] Vgl. ebd., S.847f.

[144] Vgl. *KD* II/1, S.27.

[145] Vgl. C. Walther, *"Gehorsam"* in *TRE*, Bd. 12, S.153.

Akt der göttlichen Entscheidung, des göttlichen Seins und der Gnade Gottes entspricht.[146]

Doch der Gehorsam ist nach Barth weit mehr als eine bloße Menschentat. Im Gehorsam geht es auch um das menschliche Sein, das nach Barth den Charakter "des Gehorsams gegen Gott" hat.[147] Der Mensch soll bereit sein, das Wort Gottes entgegenzunehmen.[148] In diesem Sinne ist das Menschsein ein gehorsames Sein, wie die Menschentat eine gehorsame Tat ist. Der Mensch als ein an Gott Glaubender muß zugleich ein Gott gegenüber gehorsamer Mensch sein. Das ist Barth zufolge die Forderung Gottes an die Menschen.[149]

Der Gehorsam allein bildet jedoch noch nicht die Entsprechung der Gnadentat Gottes von der Seite des Menschen her. Gott fordert auch vom Menschen das Danken als die seiner Gnade entsprechende Reaktion. Nur mit dem Begriff "Danken" kann die Beziehung zwischen Gott und Mensch nach Gottes Bestimmung richtig ausgedrückt werden. Des Menschen Dank

---

[146] Vgl. KD II/1, S.27, "Erkenntnis Gottes ist Gehorsam gegen Gott. Man bemerke: Wir sagen nicht, daß Erkenntnis Gottes auch Gehorsam sei oder daß sie Gehorsam notwendig neben sich habe oder nach sich ziehe. Nein: Erkenntnis Gottes als Erkenntnis des Glaubens ist in sich selber, ist wesensnotwendig Gehorsam, ein Akt menschlicher Entscheidung entsprechend dem Akt göttlicher Entscheidung, entsprechend jenem Akt des göttlichen Seins als des lebendigen Herrn, entsprechend dem Akt der Gnade, in welchem der Glaube an Gott begründet ist und je und je neu begründet wird. Eben indem Gott sich in diesem Akt zu unserem Gegenstand und uns zu Erkennenden seiner selbst setzt, ist es ausgemacht, daß unser Erkennen Gottes nur darin bestehen kann, daß wir diesem Akt folgen, daß wir selbst eine Entsprechung dieses Aktes, daß wir also mit unserer ganzen Existenz und so auch mit unserem Anschauen und Begreifen der dem göttlichen Akt entsprechende menschliche Akt werden. Das ist Gehorsam, der Gehorsam des Glaubens. Eben als dieser Gehorsamsakt und nur als dieser Gehorsamsakt ist Gotteserkenntnis Glaubenserkenntnis und damit wirkliche Erkenntnis Gottes."

[147] Barth weist darauf hin, daß der Gehorsam gegenüber Gott unmittelbar mit dem aktiven Hören von dem Wort Gottes verknüpft ist: "Indem das menschliche Sein ein Sein in der Verantwortung vor Gott ist, hat es den Charakter des Gehorsams gegen Gott... Menschliches Sein ist Sein im Hören des Wortes Gottes. Verantwortung ist die spontane, die aktive Gestalt des Hörens. Indem das Hören zur Tat des Subjekts wird, wird es zum Gehorsam. Und wir sind durch unsere Analyse der menschlichen Verantwortung als Erkenntnis darauf vorbereitet: Erkenntnis selbst ist mehr als Wissen und Betrachtung. Erkenntnis selbst ist Tat, ist aktive Beteiligung an der von Gott herkommenden und zu Gott zurückkehrenden Erkenntnisbewegung. Sie ist Erkenntnis im Gehorsam gegen das Gesetz dieses Vorgangs". KD III/2, S.213f.

[148] Vgl. C. Walther, a.a.O.

[149] Vgl. KD IV/2, S.607f.

zu Gott ist nach Barth die einzig richtige Verhaltensweise, die einzig richtige Tat, die der Mensch als die der Gnade Gottes entsprechende hervorbringen kann.[150] Gott zu danken heißt, daß der Mensch "die ihm von Gott gegebene Zusage und Verheißung nicht nur empfängt und annimmt und als Wohltat an sich geschehen läßt, sondern indem er sie als Gabe, die er sich nicht nahm, als Tat, die er nicht vollbrachte, als Geschehnis, zu dem er nichts beitrug und das er nicht verdiente, gelten läßt"[151]. Der Dank des Menschen als seine der Gnade Gottes entsprechende Tat ist nach Barth das Wesentliche in der Beziehung zwischen Gott und Mensch, das sie von der Beziehung sowohl zwischen Gott und anderen Geschöpfen als auch von der zwischen Menschen und anderen Geschöpfen unterscheidet. Denn nur der Mensch ist fähig, Gott zu danken, und Gott fordert den Dank nicht von anderen Geschöpfen, sondern nur vom Menschen.[152] Die Gnade Gottes verlangt den Dank vom Menschen und nur der Dank ermöglicht dem Menschen sein Sein vor Gott.[153] Da das Wort Gottes das Wort seiner Gnade ist, muß das Wort des Menschen, wenn er dem Gnadenwort Gottes entsprechend sprechen will, das Wort des Dankens sein.[154]

---

[150] Vgl. *KD* III/2, S.202f.

[151] Ebd., S.200.

[152] Vgl. ebd., S.201f. und S.207.

[153] Das Sein des Menschen im Danken verbindet sich unmittelbar mit der Aktion, mit dem Werk und der Tat des Menschen: "Sie [Gottes Gnade] ruft nach Dank. Daß sie Dank findet, daß ihr gedankt wird, daß der seinem Geschöpf gnädige Gott als solcher in der Geschöpfwelt geehrt wird, das ist das menschliche Sein, und nun eben: das menschliche Sein als des Menschen Aktion, Werk und Tat. Verborgen im Dank und also verborgen in der Tat des Menschen kehrt die Gnade selbst, die in seinem Wort von Gott ausgegangen war, zu ihrem Ursprung, zu Gott, zurück". Ebd., S.201. Hier von Barth dargestellt ist die Anknüpfung zwischen dankendem Sein und dankender Tat des Menschen.

[154] "Ist das menschliche Danken und also das menschliche Sein aber Verantwortung, so ist es an seinem Ort und in seiner Weise selbst Wort: vom Worte Gottes verschiedenes, im Unterschied zu ihm das geschöpfliche, das menschliche Wort, das Wort des Dankes und nicht das Wort der Gnade und also mit ihm — obwohl ganz und gar in ihm begründet — nicht identisch und nun doch von Hause aus als Wort ihm zugewendet und zu ihm zurückkehrend, als Wort ihm entsprechend." Ebd., S.209.

Kapitel 5

DIE BEGEGNUNG IM SAKRAMENT

A. Sakrament als das Wort Gottes

1. Barths Lehre vom Wort Gottes

Die Sakramentslehre der Kirche ist unmittelbar mit dem Wort Gottes verbunden. Obwohl die Beziehung zwischen Sakrament und Gottes Wort in unterschiedlichen Traditionen anders betrachtet wird, ist das Sakrament sowohl für die katholische Kirche als auch für die lutherische und für die reformierte ohne das Wort Gottes undenkbar. Wenn Barths Theologie als die "Wort-Gottes-Theologie" bezeichnet wird, liegt es nahe, daß die Untersuchung über die Beziehung zwischen seiner Lehre vom Wort Gottes und seiner Sakramentslehre für unsere Arbeit von Bedeutung ist.

Barths Entwicklung der Lehre vom Wort Gottes setzt bereits in seiner frühen Theologie ein. Schon im Jahr 1927 hat Barth eine Vorlesung mit dem Thema "Die Lehre vom Worte Gottes" als Entwurf einer christlichen Dogmatik in Münster gehalten.[1] Der erste Band seiner *KD*, der fünf Jahre nach dieser Vorlesung im Jahr 1932 erschienen ist, trägt genau den Titel "Die Lehre vom Worte Gottes". Obwohl Barth in seiner *KD* I/1 eine viel reichere Lehre vom Wort Gottes als die in seiner Münster-Vorlesung vorlegt, die später in die *"Karl Barth - Gesamtausgabe"* aufgenommen worden ist,[2] ist sie nur der Aufbau seiner früheren Lehre vom Wort Gottes. Der Zentralgedanke über das Wort Gottes in seiner *KD* I/1 unterscheidet sich kaum von dem in der Münster-Vorlesung.

a. Eigenschaften des Wortes Gottes

Nach Barth ist das Wort Gottes geistig und natürlich-leiblich zugleich: "'Gottes Wort' heißt: Gott redet."[3] Da "es in der geschöpflichen Sphäre, in

---

[1] In der Tat hat Barth mit seiner Lehre vom Wort Gottes schon im SS 1924 in Tübingen angefangen. Vervollständigt wurde sie erst drei Jahre später und von Barth in der Vorlesung in Münster vorgetragen. Vgl. K. Barth, *"Die christliche Dogmatik im Entwurf, Karl Barth - Gesamtausgabe"*, Bd. 1, 1928, S.XIf., hrsg. v. G. Sauter.

[2] Vgl. ebd.

[3] *KD* I/1, S.137.

die es als Wort an uns Menschen eingeht, kein Geistiges ohne Natürlich-Leibliches gibt"[4], ist nach Barth das Wort Gottes nicht nur an die Geistigkeit, sondern auch an die Leiblichkeit der Kreatur gebunden.[5] Diese Ordnung "Geistigkeit dann Leiblichkeit" als das Wesen des Wortes Gottes bezeichnet Barth als eine "primäre und sekundäre Ordnung". Da es in allen Gestalten des Wortes Gottes ein Oben und Unten, ein Zuerst und Nachher gibt, ist das Wort Gottes primär geistiges und dann so, in dieser seiner Geistigkeit um ihretwillen und ihrer unbeschadet, auch leiblich-natürliches Geschehen.[6] Das Wort Gottes bedeutet in diesem Sinne "den redenden Gott".[7] "Gott redet" heißt: Gott redet in Person.[8] Hier führt Barth die Persönlichkeit des Wortes Gottes in seine Lehre vom Wort Gottes ein und versucht zugleich, den Begriff "Wort Gottes" zu verpersönlichen. Die Verpersönlichung des Wortes Gottes bedeutet jedoch keineswegs eine Entwörtlichung des Wortes Gottes, vielmehr ist sie die Erkenntnis des Personseins Gottes im Unterschied zu allem Dingsein oder Sachesein, auch wenn und sofern es Wort, Schriftwort und Predigtwort ist.[9] Indem Gott selbst zu uns in seinem Wort kommt, ist er der Herr der Wörtlichkeit seines Wortes und in seinem Wort als Person zu erkennen.[10] Das bedeutet nicht nur die Persönlichkeit des Wortes Gottes, sondern auch ihre Absichtlichkeit. Barth sagt: "Wir kennen das Wort Gottes weder in seiner Gestalt als Verkündigung, noch als Heilige Schrift, noch als Offenbarung als eine für sich seiende oder auch nur für sich sein könnende Wesenheit. Wir kennen es nicht anders denn als an uns gerichtetes, uns angehendes Wort"[11]. Weil das Wort Gottes als Rede Gottes an den Menschen gerichtet ist, hat es den Charakter der Gezieltheit. Aber für Barth soll man die Existenz des Menschen als die des Adressaten des Wortes Gottes weder als konstitutiv noch als notwendig betrachten, weil Gott nicht zu den Menschen zu reden braucht,[12] und eine Rede nur dann einen Sinn hat, wenn sie Zuhörer hat. Für Barth kommt aber eine Wesensnotwendigkeit der menschlichen Existenz für das Adressieren

---

4 Ebd., S.138.
5 Vgl. ebd.
6 Vgl. ebd., S.138f.
7 Vgl. ebd., S.141.
8 Vgl. ebd.
9 Vgl. ebd., S.143.
10 Vgl. ebd.
11 Ebd., S.144.
12 Vgl. ebd.

des Wortes Gottes nicht in Frage. Daß der hörende Mensch der Gegenstand der Absicht des redenden Gottes ist, ist nach Barth nur eine faktische Notwendigkeit.[13] Es ist aus der freien Gnade Gottes, daß die Menschen als Adressaten des Wortes Gottes von Gott eingesetzt sind. In diesem Sinne ist das Wort Gottes mit seiner Absichtlichkeit verbunden.[14]

Das Wort Gottes ist für Barth vom menschlichen Wort wesentlich unterschieden. Während das menschliche Wort bloß die Selbstäußerung einer Person ist, ist das Wort Gottes zugleich seine Tat.[15] "Gott redet" heißt in diesem Sinne "Gott tut". Was Gott sagt, das wird geschehen.[16] Seine Rede entspricht seiner Tat, wie seine Tat seiner Rede. Das Wort Gottes als Gottes Tat hat nach Barth folgende Charaktere: erstens die "kontingente Gleichzeitigkeit"[17]: Gottes Wort als seine Tat ist im Schritt von einer Zeit

---

[13] Barth stellt wörtlich dar: "Der hörende Mensch als Gegenstand der Absicht des redenden Gottes ist im Begriff des Wortes Gottes zwar faktisch notwendig, aber nicht wesensnotwendig eingeschlossen". Ebd., S.145.

[14] Vgl. ebd.

[15] Barth unterscheidet den Begriff "Wort" von dem Begriff "Tat" in dem Sinne, daß im Gegenteil zum Wort, das Barth als passive Teilnahme an der Geschichte versteht, die Tat eine aktive Teilnahme an der Geschichte ist. Gottes Wort als bloßes Wort ist aber Wort und Tat zugleich, weil sein Wort als Selbstäußerung auch eine Veränderung der Welt ist: "Das ist ja der Unterschied der Tat vom Wort: Bloßes Wort ist bloße Selbstäußerung einer Person. Tat ist darüber hinaus die von ihr ausgehende relative Veränderung der Umwelt. Bloßes Wort ist passive, Tat ist darüber hinaus aktive Teilnahme an der Geschichte. Aber für das Wort Gottes gelten diese Unterschiede gerade nicht. Denn gerade als bloßes Wort ist es Tat. Ist es doch als bloßes Wort die göttliche Person, die Person des Herrn der Geschichte, dessen Selbstäußerung als solche Veränderung und zwar absolute Veränderung der Welt, dessen *passio* in der Geschichte als solche *actio* ist. Was Gott tut, indem er redet, das läßt sich nun freilich genau so, wie das, was er sagt, weder reproduzierend noch vorwegnehmend allgemein bestimmen". *KD* I/1, S.149.

[16] Vgl. ebd., S.148.

[17] Mit dieser "kontigenten Gleichzeitigkeit meint Barth: "Je eine andere Zeit ist die Zeit der direkten ursprünglichen Rede Gottes selbst in seiner Offenbarung, die Zeit Jesu Christi, die Zeit dessen, was Propheten und Apostel gehört haben, um es dann zu bezeugen ...und wieder eine andere Zeit ist diese und diese Zeit der Kirche selber, die Zeit der abgeleiteten, auf die Worte der Propheten und Apostel bezogenen und durch sie normierten Verkündigung". *KD* I/1, S.150. Der Unterschied zwischen diesen "drei Zeiten" – "der Zeit Jesu Christi", "der Zeit der Prophetie und des Apostolats" und "der Zeit der Kirche" – hat nichts mit dem historischen Abstand zu tun, vielmehr geht es um einen qualitativen Unterschied, eine verschiedene Stellung Gottes zu den Menschen. "Das, die Verschiedenheit der Vor- und Nach-, der Über- und Unterordnungen ist es, was die Zeiten des Wortes Gottes so verschieden macht. Dreimal handelt es sich um ein Sagen des Wortes Gottes durch

152

in die andere, von der Offenbarung in die Schrift und in die Verkündigung
der Kirche. Es ist aber nur ein Wort, das immer dasselbe im strengen Unterschied der Zeiten gleichzeitig ist; Zweitens die "Regierungsgewalt"[18]:
Gottes Wort als seine Tat ist ein regierendes Handeln, das nicht nur an uns,
an der Welt und an der Geschichte wirkt, sondern uns, die Welt und die
Geschichte unter seine Herrschaft stellt; Drittens die "Entscheidung"[19]:
"Das Wort Gottes ist nicht zuerst als Geschichte und dann und als solche
auch noch als Entscheidung, sondern zuerst und grundlegend als Entscheidung und dann und als solche auch als Geschichte zu verstehen"[20].

Die für Barth entscheidende Eigenschaft des Wortes Gottes ist: "Die
Rede Gottes als Geheimnis Gottes"[21]. Mit "Geheimnis" meint Barth das,
was das Neue Testament "Mysterium" nennt. Unter "Mysterium" versteht
Barth jedoch nicht einfach die Verborgenheit Gottes, sondern Gottes Offen-
barwerden in einer Verborgenen, "in einer unscheinbaren, nicht direkt,

---

Menschenmund. Aber nur zweimal bei den biblischen Zeugen und bei uns, zuerst
auch um ein Sichsagenlassen und nur einmal, bei uns, um ein indirektes, durch die
Bibel vermitteltes Sichsagenlassen. Diese verschiedene Stellung in der Ordnung
Gottes unterscheidet diese drei Zeiten in einer Weise wie menschliche Zeiten sonst
nicht, wie sie eben nur hier, wie eben nur die Zeiten des Wortes Gottes verschieden
sind." Ebd.

18 Das Wort Gottes als Gottes Tat kann man als Gottes Handeln verstehen, das für
Barth ein regierendes Handeln Gottes ist: "Wo und wenn Jesus Christus uns gleichzeitig wird durch Schrift und Verkündigung, wo also das 'Gott mit uns' von Gott
selber zu uns gesagt wird, da kommen wir unter eine Herrschaft". Ebd., S.155. In
diesem Zusammenhang bezeichnet Barth die Tat Gottes als "Regierungsgewalt".
Barths Meinung nach muß sich aus der Erkenntnis der Regierungsgewalt des Wortes Gottes wie folgt ergeben: "Wir reden vom Worte Gottes. Darum müssen wir
von seiner Gewalt reden, von seiner Macht, von seinen Wirkungen, von den Ver-
änderungen, die es hervorbringt. Weil das Wort Gottes Geschichte macht, darum
ist es als Wort auch Tat". Ebd., S.157.

19 Entscheidung bedeutet für Barth "Wahl, gebrauchte Freiheit", ebd., S.163. Als geschehende Wahl ist das Wort Gottes "ja in der Menschheit Christi, in der Bibel und
in der Verkündigung auch menschliche Tat und also zeitliches Geschehen. Aber auf
Grund von Wahl ist das Wort Gottes eins mit der Menschheit Christi, mit der Heiligen Schrift, mit der Verkündigung und also zeitliches Geschehen. Beides miteinander: Die Wahl und das Geschehen machen das Wort Gottes zu Gottes Tat im
Unterschied von allen anderen Taten". Ebd.

20 Ebd., S.162.

21 Ebd., S.168.

sondern indirekt kundgebenden Weise"[22]. Indem Gott sich den Menschen in seiner Unterscheidung von den Menschen in seiner Weise gibt und verhüllt, ist das Wort Gottes ein Geheimnis, das aber zugleich welthaft ist: "Wir sind in dieser Welt, wir sind selber durch und durch welthaft. Wenn Gott nicht welthaft zu uns spräche, würde er gar nicht zu uns sprechen"[23]. Da Gott zu uns spricht, ist sein Wort seine Selbstdarbietung, die aber alle anderen, die sowohl direkt als auch indirekt die Gestalt der Sache, also des Subjektes wahrzunehmen geben, ausschließt.[24] "Gottes Wort" als seine Selbstdarbietung bedeutet nur seine Gestalt, "die das Wort Gottes sich selber gibt".[25] Die Welthaftigkeit, obwohl sie dem Wort Gottes eigen ist, ist nicht an sich und als solche transparent und dazu fähig, der Spiegel des Wortes Gottes zu sein.[26] Das Wort Gottes als Geheimnis ist deshalb "einseitig" zu verstehen.[27] "Einseitig" heißt: "Es begegnet uns, indem es zu uns gesprochen und von uns vernommen wird, nicht teils verhüllt, teils enthüllt, sondern entweder verhüllt oder enthüllt"[28]. Einseitigkeit bedeutet auch, daß die Rede Gottes uns Geheimnis ist und bleibt. Das in der Offenbarung enthaltene Verborgene kann nach Barth nur im Glauben ergriffen werden. In diesem Sinne ist der Glaube "die Anerkennung unserer Grenze und die Anerkennung des Geheimnisses des Wortes Gottes"[29]. Das Wort Gottes ist aufgrund dessen unmittelbar mit dem Glauben verbunden. Es gibt jedoch

---

22 "Mysterium ist die Verhüllung Gottes, in der er uns entgegentritt, gerade indem er sich uns enthüllt: weil er sich uns nicht anders enthüllen will und kann, als indem er sich verhüllt. Mysterium bezeichnet also genau das göttliche, d.h. aber das unsere Grenze bezeichnende Gegebensein des Wortes Gottes, durch das es sich von allem anderweitig Gegebenen selbst unterscheidet." Ebd., S.171.

23 Ebd., S.175.

24 Barth wörtlich: "Die Selbstdarbietung Gottes in seinem Wort ist keine direkte, aber auch nicht eine indirekte von der Art, wie etwa das Gesicht eines Menschen, das wir in einem Spiegel wahrnehmen, eine indirekte Selbstdarbietung dieses Menschen genannt werden kann... Die Selbstdarbietung Gottes in seinem Wort ist mit keiner anderen Selbstdarbietung vergleichbar, sofern alles, was uns sonst als Selbstdarbietung begegnet, entweder direkte Mitteilung oder doch, wenn indirekte, durch eine gewisse Ähnlichkeit und Entsprechung zwischen Sache und Gestalt charakterisiert ist, eine Eigentümlichkeit, die es ermöglicht (...), die indirekte in direkte Mitteilung bzw. Erkenntnis aufzulösen". Ebd., S.172.

25 Vgl. ebd., S.173.

26 Vgl. ebd.

27 Vgl. ebd., S.180.

28 Ebd.

29 Ebd., S.183.

154

keine vorgegebenen Bedingungen, bei deren Erfüllung der Mensch das Wort Gottes notwendig hören kann. Es gibt auch keine Methode einer "die Zuhörer in einem letzten Sinn wirklich treffenden Verkündigung"[30]. In diesem Sinne spricht Barth nun von der Geistlichkeit des Wortes Gottes, die das Wort Gottes von jeder bloßen Idee unterscheidet, der "irgendeine Erfahrung, eine Haltung, ein Begriff auf unserer Seite" entspricht.[31] Obwohl das Wort Gottes "immer in ganz bestimmten menschlichen Erfahrungen, Haltungen und Gedanken wirklich"[32] ist, hängt es nicht von deren Vorhandensein ab. In seiner eigenen Kraft und Würde ist es für sich wirklich und trifft uns "unter allen Umständen nur durch den Heiligen Geist, in aller Mittelbarkeit nur unmittelbar von Gott selbst her wirklich"[33]. Hierin, in dieser Geistlichkeit, begründet das Wort Gottes als Geheimnis, weil sich der Glaube als menschliche Erfahrung, als menschliche Haltung und als menschlicher Gedanke zugleich nicht vom Selbst entscheidet und entscheiden kann, "sondern vom geglaubten Wort her"[34].

b. Gestalten des Wortes Gottes

Das Wort Gottes ist die Rede Gottes. Gottes Rede bedeutet für Barth nicht einfach eine Rede im Allgemeinen oder irgendeine Rede Gottes zu irgend etwas, sondern die Rede Gottes, die mit Gott eins ist und zu uns, dem Menschen spricht. Das ist die Offenbarung Gottes, weil Gott in und mit seinem Wort zu uns kommt und uns sein Wort hören läßt. Gewiß ist aber, ohne das "zu uns gekommene Wort" Gottes, können wir weder vom Wort Gottes hören, noch sprechen. Für die Untersuchung über Barths Lehre vom Wort Gottes ist nicht nur das Wesen des Wortes Gottes von Bedeutung, sondern auch das Thema "die drei Gestalten des Wortes Gottes"[35], das den eigentlichen Kern unserer Untersuchung bildet, weil diese drei Gestalten in seiner Lehre vom Wort Gottes nicht nur die Offenbarungsweise Gottes darstellen, sondern auch einschränken.

---

[30] Vgl. ebd., S.190.
[31] Vgl. ebd., S.190f.
[32] Ebd., S.191.
[33] Ebd., S.190.
[34] Vgl. ebd., dazu auch S.193, "...weil das Hören des Wortes Gottes der Glaube, der Glaube aber das Werk des heiligen Geistes ist".
[35] Diese drei Gestalten sind die "verkündigte, geschriebene und offenbarte" Gestalt. Vgl. ebd., S.89-124 und *Die christliche Dogmatik im Entwurf*", S.58-68.

155

Die erste Gestalt des Wortes Gottes ist die Predigt der Kirche, die nach Barth das verkündigte Wort Gottes ist.[36] Barth bezeichnet sie als "Auftrag", "Gegenstand", "Urteil" und "Ereignis". Das verkündigte Wort Gottes beruht auf dem Auftrag, den wir schlechterdings als Gottes Befehl nur empfangen und im Akt des Empfanges haben können,[37] daß wir es nicht nur hören, sondern auch wiederholen und "so gut oder schlecht wir können, zu entsprechen"[38]. In diesem Zusammenhang heißt das verkündigte Wort Gottes: "menschliche Rede von Gott auf Grund der alle menschliche Veranlassung grundsätzlich transzendierenden und also menschlich nicht zu begründenden sondern nur faktisch sich ereignenden und zu anerkennenden Anweisung Gottes selber"[39]. Das Wort Gottes ist zugleich Gegenstand der Verkündigung. Dieser Gegenstand ist zwar nicht nur und nicht primär Gegenstand menschlicher Anschauung, er muß jedoch Gegenstand menschlicher Anschauung werden, um verkündigt werden zu können. Indem er aber verkündigt wird, ist er nicht mehr Gegenstand menschlicher Anschauung, weil "er sich uns und der ganzen Welt aller unserer Gegenstände gegenüber als Gegenstand gibt und setzt"[40]. Die anschauliche Gegenständlichkeit ist nur das Medium, in dem sich das Wort Gottes als Gegenstand der Verkündigung selber setzt. Verkündigtes Wort Gottes heißt deshalb: "menschliche Rede von Gott auf Grund der nicht vorhandenen, nicht vorherzusehenden, in keinen Plan einzubeziehenden, sondern nur in der Freiheit seiner Gnade wirklichen Selbstvergegenständlichung Gottes, kraft welcher er je und je Gegenstand dieser Rede sein will und ist nach seinem Wohlgefallen"[41]. Die dritte Eigenschaft der kirchlichen Verkündigung als Wort Gottes ist das Urteil, das über die Wahrheit der Verkündigung befindet. Dieses Urteil ist nach Barth das Wort Gottes selbst, das als Kriterium "sich selbst handhabt und außerdem in niemandes Hand ist"[42]. Die Verkündigung als das Urteil bedeutet deshalb eine menschliche Rede von Gott, "die nach Gottes eigenem, nicht vorwegzunehmendem und nie in unsere Hand geratendem Urteil im Blick auf das verkündigte Objekt wie im Blick auf das verkündigende Subjekt wahre und also zu hörende, mit Recht Gehorsam verlangende Rede

---

36 Vgl. Barth, *"Die christliche Dogmatik im Entwurf"*, S.58 und *KD* I/1, S.89.
37 Vgl. *KD* I/1., S.92.
38 Vgl. ebd.
39 Ebd.
40 Ebd., S.93.
41 Ebd., S.94.
42 Ebd., S.95.

ist"[43]. Aufgrund dieser Eigenschaften kann die Verkündigung keineswegs "ein irgendwie charakterisiertes menschliches Wollen und Vollbringen"[44] sein. Das verkündigte Wort ist das Ereignis, das Gottes eigene Tat ist. Nicht, daß die Verkündigung Wort Gottes wird, sondern umgekehrt, das Wort Gottes ist verkündigtes Wort. Damit schließt Barth aber das Wollen und Vollbringen des verkündigenden Menschen nicht aus[45], sondern für Barth bleibt das menschliche Wort dabei verantwortliches und irrtumsfähiges Menschenwort einerseits, tritt aber andererseits, kraft des "bevollmächtigten Vikariates Jesu Christi"[46], wahrhaft vikariierend auf. Das verkündigte Wort Gottes heißt in diesem Sinn die menschliche Rede von Gott, "in der und durch die Gott selber von sich selber redet"[47].

Die zweite Gestalt des Wortes Gottes heißt für Barth "das geschriebene Wort Gottes".[48] Für unsere Auseinandersetzung mit Barths Sakramentstheologie ist seine Erläuterung vom Wort Gottes als das geschriebene Wort von weniger Bedeutung. Hervorzuheben ist nur der Gedanke Barths, daß die Gestalt des Wortes Gottes als das geschriebene Wort, also als die Heilige Schrift[49], wie man es wörtlich verstehen kann, nicht das Wort Gottes selbst ist, sondern ihre Gestalt. Barths Stellungnahme ist ganz deutlich: Das Wort Gottes ist schon gesprochen und schon geschehen.[50] Die Bibel an sich ist nicht Gottes geschehene Offenbarung, sondern sie ist das Zeugnis von der geschehenen Offenbarung Gottes: "... die als Gottes Wort zu uns redende und von uns gehörte Bibel bezeugt die geschehene Offenbarung"[51]. Das geschriebene Wort als eine der Gestalten

---

43 Ebd.

44 Ebd.

45 "Das Wollen und Vollbringen des verkündigenden Menschen kommt aber gar nicht in Wegfall in der wirklichen Verkündigung. Wie Christus wahrer Mensch wurde und in alle Ewigkeit auch wahrer Mensch bleibt, so wird wirkliche Verkündigung Ereignis auf der Ebene aller anderen menschlichen Ereignisse. Sie kann auf dieser Ebene gesehen und gehört werden und dieses Gesehen- und Gehörtwerden darf auch kein bloßer Schein sein, sondern muß in aller Wesentlichkeit geschehen." Ebd., S.96.

46 Vgl. ebd., S.97.

47 Ebd.

48 In Barths "Die christliche Dogmatik im Entwurf" heißt sie "das Wort Gottes als Kanon", vgl. S.60.

49 Vgl. KD I/1, S.103.

50 Vgl. ebd., S.101.

51 Ebd., S.114.

des Wortes Gottes bedeutet nur die Erinnerung der Offenbarung Gottes: Die Heilige Schrift als solche erinnert uns an das geschehene Wort Gottes.[52] In diesem Zusammenhang ist die Bibel unmittelbar mit dem Wort Gottes verbunden und für die Offenbarung von Bedeutung, weil sie das Sagen, Bezeugen und Verkündigen der Propheten und der Apostel ist, die das "'Immanuel' ersehnt, erwartet, erhofft und endlich in Jesus Christus gesehen, gehört und betastet haben"[53]. Bezüglich der Beziehung des geschriebenen Wortes Gottes mit dem verkündigten Wort Gottes ist die Verkündigung der Kirche unmittelbar auf der Heiligen Schrift gegründet. Die Kirche ist deshalb durch die Heilige Schrift zu ihrer Verkündigung aufgerufen, ermächtigt und angeleitet. In diesem Sinne betrachtet Barth die Heilige Schrift als Wort Gottes, weil in dem Ereignis wirklicher Verkündigung das prophetisch-apostolische Menschenwort in der Weise Repräsentant des Wortes Gottes selber ist.[54]

Das offenbarte Wort, das Barth als die dritte Gestalt des Wortes Gottes bezeichnet, ist nicht anders als die Fleischwerdung des Wortes Gottes[55] zu verstehen – "Das Wort ward Fleisch und wohnte unter uns"[56]. Die Fleischwerdung des Wortes Gottes als Gottes Offenbarung ist geschehen mitten in der menschlichen Geschichte.[57] Mit anderen Worten ist das offenbarte Wort als die Offenbarung Gottes mit der Person Jesu Christi und mit der in ihm geschehenen Versöhnung identisch.[58] Wenn man im Sinne Barths von der Offenbarung Gottes spricht, spricht man von dem Ereignis der Fleischwerdung: "Das Wort ward Fleisch"[59]. Als solche geschieht das offenbarte Wort Gottes "wirklich und endgültig, einmal und einmal für al-

---

[52] "Die Bibel macht sich selbst zum Kanon. Sie ist Kanon, weil sie sich als solcher der Kirche imponiert hat und immer wieder imponiert. Die Erinnerung der Kirche an Gottes geschehene Offenbarung hat ausgerechnet die Bibel zum konkreten Gegenstand, weil faktisch dieser und kein anderer Gegenstand die Verheißung künftiger göttlicher Offenbarung ist, die der Kirche ihre Verkündigung zur Pflicht und die ihr zu dieser Pflicht Mut und Freude machen könnte." Ebd., S.110.

[53] Ebd.

[54] Vgl. ebd., S.111f.

[55] Vgl. ebd., S.118.

[56] Ebd., S.122.

[57] Vgl. ebd., S.119.

[58] Vgl. ebd., S.122.

[59] Ebd. Die Fleischwerdung ist für Barth das Ereignis, "in dem der freie Gott seine freie Gnade walten und wirken läßt". Ebd., S.120.

lemal"[60]. Es ist "nicht fortsetzungs-, nicht ergänzungsbedürftig"[61]. "Das Wort ward Fleisch" ist aus der freien Gnade Gottes. Diese Freiheit ist "der Grund und die Grenze, die Voraussetzung und der Vorbehalt der Sätze, "laut welcher die Verkündigung und die Bibel das Wort Gottes sind"[62], "weil 1. die Verkündigung nur als Wiederholung der biblischen Bezeugung der geschehenen Offenbarung wirkliche Verkündigung, d.h. Verheißung künftiger Offenbarung ist, und weil 2. die Bibel nur in ihrer Beziehung auf die in ihr bezeugte geschehene Offenbarung wirkliche Bezeugung, d.h. faktische Erinnerung an diese geschehene Offenbarung ist"[63]. Insofern kann die Bibel Gottes Offenbarung nur bezeugen, ebenso die Kirche sie nur verkündigen.[64] Es geht nicht nur um das "Können", sondern auch um das "Müssen". Barths Meinung nach muß sowohl die Bibel als auch die Verkündigung "Gottes Wort je und je werden"[65].

2. Sakrament als Ereignis des Wortes Gottes

Der Kernpunkt der Sakramentskontroverse der Reformatoren ist bekanntlich die Frage nach der Heilswirkung des Mittels der Sakramente. Ob Taufe und Abendmahl Sakramente sind, war nicht das Zentralanliegen der Sakramentstheologie der Reformatoren. Durch die neuzeitliche Exegese ist der Sakramentsbegriff seit dem 19. Jahrhundert fraglich. Der Sprachgebrauch des Begriffs "Sakrament" ist für die Theologen nicht mehr selbstverständlich. Auch die Überzeugung der Reformatoren, daß die Sakramente durch Christus eingesetzt sind, wird heute als Problem gestellt.[66] Die Theologen

---

60 Ebd., S.118.
61 Ebd., S.119.
62 Ebd., S.120.
63 Ebd.
64 Vgl. S.123.
65 Ebd., S.120.
66 Jüngel hat Recht, wenn er sagt: "Der Begriff des Sakraments ist eine permanent latente Bedrohung der evangelischen Theologie und Kirche, nicht weil er da ist und – hier mit Zurückhaltung, dort mit Emphase – verwendet wird, sondern weil er unbestimmt da ist und unscharf definiert verwendet wird". Vgl. E. Jüngels "Das Sakrament – was ist das?", in: ders. und K. Rahner "Was ist ein Sakrament?", S.13. Vgl. dazu auch U. Kühn, "Sakrament", S.205ff und 309f. und W. Joests "Dogmatik", Bd. 2, S.569f. und S.582f. Darüber hinaus G. Ebelings "Dogmatik des christlichen Glaubens", S.316. Er sagt, daß von einer Einsetzung der Taufe durch den historischen Jesus nicht die Rede sein kann. Auch aus der katholischen Tradition betrachtet K. Rahner die Einsetzung der Sakramente durch Jesus Christus

in unserem Jahrhundert, besonders seit der Mitte des 20. Jahrhunderts, haben ihr Interesse daran und die Aufgabe zugleich, das Sakrament, das trotz dieser Feststellung immer noch weiter in der Kirche praktiziert wird, deutlich zu definieren,[67] ihm eine neue theologische Bedeutung zu geben. Die Tendenzen in der christlichen Kirche gehen in Bezug auf die geänderte Situation weitergehend dahin, daß die Frage nach dem Ursakrament und seiner Beziehung zu kirchlichen Sakramenten und die Frage nach dem einheitlichen Grund der Mehrzahl der Sakramente in der Mitte der Sakramentsdiskussion der Gegenwart stehen.[68] Für unsere Untersuchung ist vor allem die Diskussion über "Wort und Zeichen", die bereits ursprünglich in Augustins Sakramentslehre erörtert wurde und aus der Tradition der Reformationstheologie in der Theologie der Gegenwart fortgeführt und ausgearbeitet wird, und die Diskussion über "Sakramentsgeschehen als Wortgeschehen" von Bedeutung, die vor allem in der Theologie unserer Zeit geführt wird. In den kontroversen Auseinandersetzungen über das Sakrament ist man aber im Allgemeinen darüber einig, daß es neben Jesus Christus kein anderes Sakrament gibt. Jesus Christus ist das einzige Sakrament. Diese Position stimmt mit Barths Stellungnahme überein. Es bleibt zu fragen: Wie Barth das kirchliche Sakrament und seine Beziehung zu dem Sakrament Jesu Christi definiert, welche Bedeutungen Barth dem Wort Gottes für das kirchliche Sakrament beimißt und ob das kirchliche Sakrament heilsnotwendig oder nur für die christliche Ethik von Bedeutung ist.

a. Wort und Zeichen

Bekanntlich wurde das Sakrament als Zeichen von Augustin in die Sakramentslehre eingeführt und später von der Kirche für die amtliche Lehre des Sakraments aufgenommen. Bis heute ist diese Definition des Sakraments

---

als fraglich. Vgl. K. Rahner, "*Was ist ein Sakrament?*", in: ders. und E. Jüngel "*Was ist ein Sakrament?*", S.66.

[67] Wie Jüngel in seinen Thesen zum Sakrament dies fordert: "Evangelische Theologie muß die ihr aus der Reformation überkommene Unsicherheit im Blick auf den Begriff des Sakramentes durch eine dem reformatorischen Ansatz evangelischer Theologie entsprechende Bemühung um einen eindeutigen Sakramentsbegriff überwinden lernen". A.a.O., S.44.

[68] Vgl. J. Moltmanns "*Kirche in der Kraft des Geistes*", S.225.

sowohl in der Kirche als auch in der Theologie problemlos anerkannt.[69] Schon die Verwendung des Wortes "Zeichen" zeigt ausreichend Augustins Auffassung vom Sakrament auf, die auf der Unterscheidung und Verbindung bzw. Beziehung von *signum* und *verbum* besteht.[70] Im Sakrament wird Gottes Gnadenwort nicht nur verkündigt, sondern auch durch Handlung dargestellt. Das Sakrament als *signum* kann folglich als *verbum visibile* bezeichnet werden, weil das Gnadenwort durch das Sakrament sichtbar gemacht wird. Diese Sakramentsdefinition Augustins wird von der herrschenden kirchlichen Sakramentslehre bis in die Gegenwart übernommen. Auf der anderen Seite betont Augustin die Unterscheidung zwischen den Sakramenten in der Kirche und dem Sakrament Jesu Christi. Die Definition des Sakraments als "Zeichen" in der Theologie des 20. Jahrhunderts unterscheidet sich jedoch von Augustins Lehre, die auf der Lokalisierung des auferstandenen Leibes Christi im Himmel beruht[71]. Vielmehr ermöglicht diese Bezeichnung in der evangelischen Theologie, das Ursakrament von den kirchlichen Sakramenten zu unterscheiden. Auch Barths Auffassung von Sakrament hat ihren Grund in diesem Gedanken.[72] Das *signum* ist seinem Wesen nach dem *verbum* nicht gleich.[73] Das *signum* im sakramentalen Sinne hat die Aufgabe, das *verbum* zeichenhaft zu verdeutlichen, zu unterstreichen und sinnfällig zu machen. Das *signum*

---

69 Auch in Barths früher Diskussion über Sakrament war Augustins Gedanke vom "*verbum visibile*" von großer Bedeutung. Vgl. *KD* I/2, S.251.

70 Vgl. G. Ebelings "*Wort Gottes und Tradition*", S.219f.

71 Dieser Gedanke zeigt sich deutlich in Augustins Lehre vom Abendmahl. Seiner Meinung nach ist der Leib Jesu Christi nach der Auferstehung im Himmel lokalisiert und räumlich begrenzt. Der Wein und das Brot im Abendmahl sind deshalb auf keinen Fall das Blut und der Leib Christi selbst, sondern ein Zeichen, das als das sichtbare die unsichtbare Gnade Gottes zeigt. Vgl. W. Elert, "*Der christliche Glaube*", S.381 und J. Beckmann, "*Vom Sakrament bei Calvin*", S.114ff.

72 "Wie das Wort der Predigt dadurch Gottes Wort wird, daß es im Gehorsam gegen Christus gesprochen ist, so wird hier das elementare Geschehen dadurch Sakrament, 'verbum visibile', daß es im Gehorsam gegen denselben Christus geschieht, der als das fleischgewordene Wort der Prototyp beider, des Predigtwortes und des Sakramentes, ist." Barth, "*Die Lehre von den Sakramenten*", S.446.

73 Barths Meinung nach ist die christliche Taufe in ihrem Wesen das Abbild der Erneuerung des Menschen durch seine in der Kraft des Heiligen Geistes sich vollziehende Teilnahme an Jesu Christi Tod und Auferstehung. Für ihn besteht zwischen einem Abbild und dem Abgebildeten immer eine Distanz. In diesem Sinne darf man nach Barth das Bezeichnende keineswegs mit dem Bezeichneten direkt für identisch halten. Vgl. ebd., S.456.

weist hin auf die *res*, trennt jedoch und hält fern von ihr.[74] Sicherlich sind mit *verbum* nicht die sakramentalen Einsetzungsworte Jesu gemeint, sondern das Gnadenwort Gottes, das dem Menschen Gottes Heil verheißt. Die Frage nach dem Lebensvollzug der Kirche, die in Augustins Sakramentslehre kaum behandelt wurde, bildet das zentrale Anliegen der Überlegungen zum Sakramentsverständnis im 20. Jahrhundert, wie U. Kühn stellvertretend formuliert: "Ist das sakramentale Handeln etwas, was dem Menschen am Ende des 20. Jahrhunderts überhaupt noch Wirklichkeit, Lebenswirklichkeit, geistliche Wirklichkeit gar, vermittelt? Was bindet uns, auch fernerhin diese altehrwürdigen Riten zu vollziehen ...Welche neuen Entdeckungen sind vom Leben und Glauben in unserer Zeit im Blick auf die Sakramente gemacht worden und möglich?"[75]

In Barths Lehre vom Wort Gottes bzw. in seiner Diskussion über die drei Gestalten des Wortes Gottes wird das Wort "Sakrament" ebenfalls gebraucht und in Verbindung mit der Predigt als die Gestalt, die das Wort Gottes verkündigt, dargestellt.[76] Für den frühen Barth ist das Sakrament in gewissem Sinne auch ein Zeichen, das dem Menschen das Wort Gottes bringt.[77] Damit schließt Barths in seiner *KD* I/1 über die Predigt als das verkündigte Wort Gottes die kirchlichen Sakramente nicht aus. Man könnte mit Recht sagen, daß Barth das verkündigte Wort Gottes in Zusammenhang mit "Sakrament" erörtert.[78] Drei Jahre vor der Veröffentlichung des 1. Bands der *KD* hat Barth in seiner Schrift "*Die Lehre von den Sakramenten*" das Sakrament als Wort Gottes bezeichnet,[79] und die Zuordnung des Sa-

---

74 Vgl. G. Ebeling, "*Wort Gottes und Tradition*", S.220f.

75 Kühn, a.a.O., S.197f.

76 Vgl. *KD* I/1, S.93f. und S.166.

77 In der Tat sieht Barth Predigt und Sakrament als Verkündigungsweise eng miteinander verknüpft. Vgl. *KD* I/2, S.251.

78 In *KD* I/1 hat Barth die Verkündigung der Kirche als Predigt und Sakrament aufgefaßt: "...Verkündigung ist das Sakrament, d.h. die in der Gemeinschaft der Kirche nach Anweisung des biblischen Offenbarungszeugnisses vollzogene, die Predigt begleitende und bestätigende symbolische Handlung, die als solche das die Verheißung nicht nur erfüllende, sondern schon begründende Ereignis der Offenbarung, Versöhnung und Berufung Gottes bezeugen will". S.56f.

79 "Weil das Wort Gottes in dieser doppelten Weise [Predigt und Sakrament] unter uns bezeichnet und doch hier wie dort dasselbe eine Wort Gottes ist, weil das Wort auch Sakrament und Sakrament auch Wort ist, kann eine dieser Bezeichnungen allenfalls auch fehlen, ohne daß der Mensch darum weniger in jener Gemeinschaft mit Gott stünde." Barth, "*Die Lehre von den Sakramenten*", S.437.

kraments zum gesprochenen Wort erwähnt.[80] Indem Gottes Offenbarung nicht ohne Welthaftigkeit[81] geschieht, daß Gott sich "in der Gestalt geschöpflicher Gegenständlichkeit und damit in der Angemessenheit unserer geschöpflichen Erkenntnis"[82] offenbart, ist Sakrament für Barth eine Zeichengebung,[83] wobei Barth das Zeichen in ein primäres und ein sekundäres Zeichen teilt: Das primäre Zeichen ist nach Barth die Menschwerdung Gottes in Jesus Christus. Das sekundäre Zeichen sind die sakramentalen Zeichen der Kirche.[84] Das sekundäre Zeichen ist zwar dem primären nicht gleich, doch hält Barth es im sakramentalen Sinne für die Fortsetzung der

---

[80] Vgl. ebd., S.436.

[81] Vgl. ebd., S.175.

[82] *KD* II/1, S.56.

[83] Vgl. ebd., dazu auch *KD* I/1, S.138.

[84] A. V. Bauer hat Barths Erörterung der sakramentalen Zeichen in seinem Aufsatz über das Verhältnis von Wort und Sakrament bei Barth zusammenfassend dargestellt:

a) Das sakramentale Zeichen schlechthin ist die Menschwerdung Gottes in Jesus Christus. Sie ist das primäre Zeichen.

b) Die Menschwerdung Jesu Christi ermöglicht und begründet jene Fülle sekundärer geschöpflicher, d.h. sakramentaler Zeichen, in denen sich die Heilsgeschichte Gottes mit den Menschen vollzieht. 'Die ganze göttliche Zeichengebung, in der die Offenbarung zu uns kommt, hat auf der ganzen Linie etwas an sich von der Art eines Sakramentes' (*KD* I/2, S.252).

c) Die Menschwerdung Christi setzt sich fort in dem sakramentalen Zeichen der Kirche: In ihr wird den Menschen, was in Christus ein für allemal geschehen, im Zeichen vergegenwärtigt, damit es ihnen subjektiv zu eigen wird: 'Die Kirche ist nach ihrer objektiven Seite sakramental, d.h. nach Analogie von Taufe und Abendmahl zu verstehen. Oder: der Raum der subjektiven Wirklichkeit der Offenbarung ist der sakramentale Raum (*KD* I/2, S.253).'

d) Die Menschwerdung Christi setzt sich fort im sakramentalen Ereignis der Inspiration, wenn im geschöpflichen Wort der Schrift Gottes Wort hörbar wird: 'Das gesprochene und geschriebene Wort ist in der Tat auch Sakrament (Die Lehre von den Sakramenten, S.434).' Denn 'das Wort der Verkündigung nimmt teil an der sakramentalen Kraft, welche die ganze Kirche durchherrscht (Die Lehre von den Sakramenten, S.413)'.

e) Die Menschwerdung Jesu Christi setzt sich schließlich fort in den Sakramenten im engsten Sinn (Taufe und Abendmahl). So legen sich um den Kern der Menschwerdung Gottes in Jesus Christus gleich konzentrischen übereinandergeschichteten Kreisen die verschiedenen Schichten der sakramentalen geschöpflichen Zeichenwelt.

A. V. Bauer, *"Inspiration als sakramentales Ereignis — Zum Verhältnis von Wort, Sakrament und Menschheit Christi nach der Theologie Karl Barths"*, in: *Trierer Theologische Zeitschrift*, 72, 1963, S.89f.

Menschwerdung Christi, daß das, was in Christus ein für allemal geschehen ist, den Menschen in sakramentalen Zeichen vergegenwärtigt wird. In diesem Zusammenhang spricht Barth von den Funktionen der Sakramente: "Das Sakrament behauptet und sichert innerhalb der Verkündigung der Kirche überhaupt den Gnadencharakter des Wortes, es unterscheidet es von unserem Werk, auch und gerade vom Werk unseres Glaubens und unserer Glaubenserkenntnis, es bezeichnet unserem Werk gegenüber das *Apriori* des göttlichen Werkes".[85] Indem die kirchlichen Sakramente als das sekundäre Zeichen des Wortes Gottes das primäre Zeichen, die Fleischwerdung Gottes, in der Sinnlichkeit des Menschen darstellen müssen, haben sie den Geschehnischarakter: "Das Sakrament scheint mir zur Predigt hinzuzutreten mit dem Hinweis: Hier wird nicht nur geredet, sondern hier geschieht etwas! ...Zum gesprochenen Wort tritt die Handlung"[86].

Es ist bekanntlich nicht die Meinung Barths, daß die Sakramente an sich die Heilskraft haben, die Vergebung der Sünden zu wirken. Für ihn kommt die Kausalität der Sakramente nicht in Frage. Er hält weder die zwinglische, noch die katholische, noch die calvinische Deutung der Kausalität der Sakramente für richtig, sondern distanziert sich von jener Anschauung, nach der dem sakramentalen Zeichen "von Hause aus" eine eigene Wirksamkeit innewohnt.[87] Die Gnade Gottes ist auch weder im Glauben des Menschen noch im Zeichen des Sakraments zu suchen. "Weder dem Glauben an sich noch dem Zeichen an sich wird hier die sakramentale Gnade zugeschrieben."[88] Der Akzent in der Überlegung der Sakramentsfrage liegt für Barth auf der Vergegenwärtigung des Gnadenwortes Gottes im sakramentalen Zeichen. "Nicht das Sakrament errettet, sofern unter Errettung das Geschehen der Versöhnung, Wiedergeburt und Erlösung im Glauben als solches verstanden werden soll. Aber das in diesem Sinn allein errettende Wort und Werk Jesu Christi und des Glaubens an ihn hat auch eine sakramentale Dimension und Gestalt."[89] Denn die Heilskraft des Sakraments wirkt "in der Aktualität der göttlichen Selbstoffenbarung gegenüber dem Empfänger des Sakraments"[90]. Die Heilskraft der kirchlichen Sa-

---

85 Barth, *"Die Lehre von den Sakramenten"*, S.429. Vgl. dazu A. Skowroneks *"Sakrament in der evangelischen Theologie der Gegenwart"*, S.50.
86 Barths *"Credo"*, S.171.
87 Vgl. A.a.O., Skowronek, S.54.
88 Barth, *"Die Lehre von den Sakramenten"*, S.458.
89 Barth, *"Die kirchliche Lehre von der Taufe"*, S.18.
90 Barth, *"Die Lehre von den Sakramenten"*, S.448.

164

kramente ist entschieden abgelehnt.[91] Dieser Gedanke wird im letzten Band der *KD* durch die Unterscheidung von Geisttaufe und Wassertaufe deutlich dargestellt. Nicht die Wassertaufe, sondern die Geisttaufe bewirkt die Gnade der Versöhnung. Nur die Geisttaufe "ist effektives, kausatives, ja kreatives und zwar göttlich wirksames, göttlich verursachendes, göttlich schöpferisches Handeln am und im Menschen"[92]. Wenn man dem Sakrament der Taufe unbedingt eine Heilskraft zuschreiben will, so muß das Sakrament nicht auf die Wassertaufe angewandt werden, sondern auf die Geisttaufe. Indem das Sakrament mit der Heilskraft Gottes als Ursakrament das Wort und Werk Gottes selbst ist, unterscheidet Barth die kirchlichen Sakramente als menschliche Handlung im Unterschied zu dem Ursakrament. In diesem Sinne unterscheidet sich die spätere Sakramentsauffassung Barths von der in seinen früheren Schriften.[93] Es ist nun mit Recht festzustellen, daß das Sakramentsverständnis "Sakrament als Zeichen", das das Gnadenwort Gottes sichtbar macht und in Barths früheren Schriften eine große Rolle gespielt hat, in der Endphase seiner Sakramentstheologie anders interpretiert wird. Das Sakrament als Zeichen verkündigt nicht mehr die Gnade Gottes, sondern deutet auf eine menschliche Handlung hin, die im strengen Sinne nichts anderes als die "Gestalt der der göttlichen Wendung entsprechenden menschlichen Entscheidung in der Begründung des christlichen Lebens"[94] ist, also die entsprechende Antwort auf den Ruf und das Tun Gottes an den Menschen.

b. Sakramentsgeschehen und Wortgeschehen

In der Sakramentsfrage unseres Jahrhunderts besteht kein Zweifel daran, daß die in der Kirche praktizierten Sakramente eine Handlung, ein Ritus, und zugleich ein Zeichen sind, das die Gnade Gottes an dem Menschen einerseits, und die entsprechende Reaktion des Menschen auf Gottes Gnade andererseits, aufzeigt. Die neue Sakramentsauffassung Barths, daß die kirchlichen sakramentalen Handlungen als Handlung des Menschen einseitig zu definieren sind, erweckt eine neue Kontroverse um die Sakramentsfrage

---

91 Vgl. Barths *"Die christliche Lehre nach dem Heidelberger Katechismus"*, S.91.
92 *KD* IV/4, S.37.
93 Vgl. E. Jüngel, *"Das Sakrament - was ist das?"*, in: *Evangelische Theologie*, 26, S.333.
94 *KD* IV/4, S.49.

seit der Reformation.[95] Der Versuch Barths, dem kirchlichen Sakrament die soteriologische Bedeutung zu entziehen, ihm eine ekklesiologische zuzugeben[96], die Sakramente im kausativen Sinne mit dem Heil Gottes zu verneinen und sie ausschließlich im kognitiven Sinne als "Antwort- und Bekenntnishandlung der Gemeinde Christi"[97] zu interpretieren, bildet den Kern der Kontroverse. Auf der Linie Barths definiert E. Jüngel das Sakrament in seinem Vortrag "Das Sakrament - was ist das?" wie folgt: "Jesus Christus ist das eine Sakrament der Kirche... Taufe und Abendmahl sind die beiden Feiern des einen Sakraments der Kirche"[98]. Diese barthsche Position unterscheidet sich von der reformatorischen Tradition, die die Sakramente als die "auf den Menschen zukommende Gabe Gottes" betrachtet, wie sie bei Luther, Melanchthon und Calvin vertreten ist.[99] Dieses Verständnis der kirchlichen Sakramente setzt sich fort durch Jahrhunderte bis zu den Theologen des 20. Jahrhunderts, wie z.B. bei P. Althaus, bei O. Weber, und bei W. Elert.[100] Im Allgemeinen kann man sagen, daß dieses Sakramentsverständnis in der Diskussion unseres Jahrhunderts über die

---

[95] Vgl. die angegebene Literatur über die Debatte mit Barth.

[96] Vgl. U. Kühn, a.a.O., S.214. Noch deutlicher ist es der Versuch des späteren Barth, die Bedeutung des Sakraments im reinen christlich-ethischen Bereich zu lokalisieren.

[97] Vgl. ebd., dazu auch Barths *"Die kirchliche Lehre von der Taufe"*, S.18.

[98] E. Jüngel, a.a.O., S.334. Er argumentiert: "Die Bezeichnung bestimmter für die Existenz der Kirche und ihrer Glieder entscheidender Vorgänge (wie Taufe und Abendmahl) als μυστηρια (und die dafür üblich gewordene lateinische Übersetzung *sacramenta*) ist also ein Werk der Kirche, das dem Sprachgebrauch des Neuen Testaments nicht entspricht", ebd., S.331. Darüber hinaus formuliert Ebeling seine fünfte These von Sakrament wie folgt: "Taufe und Abendmahl sind die beiden Ereignisse kirchlicher Existenz, in denen der Glaube sich selber selbstverständlich wird und das Selbstverständliche tut. Sie sind als solche die beiden die Weltlichkeit der Kirche bezeugenden Feiern des einen Sakramentes der Welt, das Jesus Christus selber ist". Ders., 2. Vortrag, in: ders., *"Was ist ein Sakrament?"*, S.59. Vgl. dazu U. Kühn, a.a.O., S.212.

[99] Vgl. Kühn, a.a.O., S.214.

[100] Vgl. ebd., besonders: "In den von uns dargestellten Positionen aus der Mitte des 20. Jahrhunderts trat dies [der Charakter der Heilsgabe der Sakramente] deutlich hervor bei P. Althaus, der das Sakrament als *'verbum actuale'* verstehen will, und im Terminus 'Verkündigungshandlung' bei O. Weber. W. Elert wehrt sich gegen eine Subsumption des Sakraments unter das Wort, weil dadurch die Unableitbarkeit und Eigenständigkeit des Sakraments beeinträchtigt werde - daß das Sakrament eine von Gott auf uns zukommende Gabe des Heiles ist, ist aber gerade auch bei Elert entscheidend".

Sakramentsfrage unbestritten ist.[101] Einig ist man auch darin, daß das Sakrament keine andere Möglichkeit des Heilshandelns Gottes ausschließt, wie schon Luther es in seiner Predigt von 1522 vertritt: "Es kann auch einer glauben, wenn er gleich nit getauft ist; denn der Tauf ist nicht mehr denn ein äußerlich Zeichen, das uns der göttlichen Verheißung ermahnen soll. Kann man sie haben, so ist gut, so nehme man sie; denn niemand soll sie verachten. Wenn man sie aber nicht haben könnte oder einem versagt würde, ist er dennoch nicht verdammt, wenn er nur das Evangelium glaubt. Denn wo das Evangelium ist, da ist auch Taufe und alles, was ein Christenmensch bedarf"[102].

In bezug auf die Spätphase der Sakramentslehre Barths, müssen wir Barth Recht geben, wenn er die ekklesiologische Bedeutung der kirchlichen Sakramente betont. Der ekklesiologischen Deutung von Taufe und Abendmahl wird in der evangelischen Theologie des 20. Jahrhunderts überhaupt große Bedeutung zuerkannt.[103] Für die Theologie bleibt jedoch als Frage, ob dieser Verstehensansatz, die ekklesiologische Deutung der kirchlichen Sakramente "wirklich ausschließt, daß in solchen Handlungen der Gemeinde sich Gottes Heil ereignet, sich Christus den so Feiernden zuwendet, hier die Stimme und das Tun Christi als des Herrn und Erlösers gefunden wird"[104].

Ein führender Versuch G. Ebelings, der die Sakramente weder als magische Handlung, die die Heilskraft von Gott besitzt, noch als eine reine menschliche Handlung definiert, sondern sie sowohl christologisch als auch soteriologisch und ekklesiologisch betrachtet, ist für unsere Überlegung von Bedeutung.[105] Im Unterschied zu den Reformatoren, deren Anliegen um die Frage nach *res* und *forma* des Sakraments geht, entwickelt sich der Zentral-

---

[101] Vgl. E. Kinder, *"Zur Sakramentslehre"*, in: *Neue Zeitschrift für systematische Theologie und Religionsphilosophie*, 3, 1961, S.141-174.

[102] *WA* III, S.142.

[103] "Daß auch im Raum evangelischer Theologie der Versuch einer ekklesiologischen Deutung von Taufe und Abendmahl begegnet, korrespondiert jener bereits oben erwähnten Erneuerung der Tauf- und Abendmahlspraxis und des Tauf- und Abendmahlsbewußtseins in den evangelischen Kirchen des 20. Jahrhunderts, die diese Handlungen vor allem als Gemeinschaftshandlungen, als Vollzüge der Gemeinde Christi, als Familienfeiern (Abendmahl) und als Eingliederungshandlungen (Taufe) sehen lehrt." U. Kühn, a.a.O., S.213.

[104] Ebd.

[105] Vgl. Ebeling, *"Wort Gottes und Tradition"*, S.225f.

gedanke Ebelings über Sakrament aus der Frage: "Wenn das Evangelium
mündliches Wort ist, entsprechend dem, daß das göttliche Offenbarungsge-
schehen Wort Gottes ist und 'Wort' hier nicht symbolisch, sondern *sensu
strictissimo* gemeint ist, dann erhebt sich die Frage, was denn daneben noch
die Sakramente sollen"[106]. Wenn Sakrament vom Wort Gottes absehen
könnte, hätte es keinen Sinn, von Sakrament zu sprechen.[107] Aus dieser
grundlegenden Frage heraus versucht Ebeling, die Besonderheit der Sakramente gegenüber der Predigt herauszuarbeiten und sie vor allem im Zusammenhang zwischen Wort und Glaube zu betrachten.[108]

In Übereinstimmung mit Luthers Äußerung in der Gründonnerstags-
predigt von 1523, in der Luther das Sakrament als ein Geschehen darstellt[109], versteht Ebeling das Sakrament nicht anders als ein
Wortgeschehen in der Gestalt von Handlungen.[110] Seiner Meinung nach
dient die evangelische Lehre von den Sakramenten ausschließlich der
präzisen Erfassung des "*solo verbo - sola fide*"[111]. Man kann "Wort" als
das "bloß mündliche" Wort verstehen, "etwas der [die] Predigt, also als
nichtsakramentliche Gestalt der Verkündigung neben und im Unterschied zu
den Sakramenten"[112]. Bemerkenswert ist hier die Interpretation des "*solo
verbo*" Ebelings. Für ihn ist das "*solo verbo*" auf keinen Fall als "*solo
praedicatione*" zu erfassen,[113] sondern ein "*verbo*" in Gestalt. Wie die

---

[106] Ebd., S.217.

[107] Auch für Barth steht Sakrament in unmittelbarem Zusammenhang mit dem Wort,
indem er das Sakrament als menschliche Antwort auf das Gnadenwort Gottes versteht.

[108] U. Kühn, a.a.O., S.217. besonders: "Ebelings Anliegen ist es also, die Besonderheit der Sakramente gegenüber der Predigt unter dem Gesichtspunkt verstehbar zu
machen, daß sie deutlicher als die Verkündigung in der Predigt die Situation von
Wort (als Wort Christi) und Glaube (des Menschen, der auf seine Grundbestimmt-
heiten hingewiesen wird) betonen und unterstreichen und gerade darin dem Glauben
das Sein Christi zueignen".

[109] Vgl. ebd., S.219 und *WA* 12; S.472-493.

[110] Vgl. Ebeling, a.a.O., S.218 und 222.

[111] Vgl. ebd., S.215 und 224. In seiner Dogmatik argumentiert Ebeling: "Auch das
Sakrament stellt keine Ausnahme von dem *solo verbo - sola fide* dar, sondern muß
in diesem Sinne interpretiert werden". Ders., "*Dogmatik des christlichen Glaubens*", Bd. III, S.297.

[112] M. Raske, "*Sakrament, Glaube, Liebe. Gerhard Ebelings Sakramentsverständnis –
eine Herausforderung an die katholische Theologie*", S.50.

[113] Ebeling wörtlich: "Wenn man die mißverständliche Formel 'Wort und Sakrament'
in dem Sinne interpretiert hat, daß die verschiedenen Weisen mündlicher Ausrichtung des Evangeliums samt den beiden Sakramenten Taufe und Abendmahl Modi-

Predigt das "*verbo*" in der Gestalt von Verbalen ist, ist das Sakrament das "*verbo*" in der Gestalt von Handlung.[114] Diese "*verbo*" in der Gestalt von Handlung ist das Wort in der Zeit, das der Situation zugeordnet wird: Zwischen Wort und Sakrament gibt es für Ebeling eine unzertrennbare Beziehung. "Situation ist das Wesen des Wortes; Wort ist das Wesen von Situation"[115], denn das, "was es um die Vollmacht des Wortes ist, erschließt sich überhaupt erst vom Gesichtspunkt der Situation her. Vollmächtiges Wort ist das Wort, das in seinem radikalen Sinne die Situation trifft, das haargenau an der Zeit ist"[116]. Taufe und Abendmahl als Wortgeschehen müssen nach Ebeling mit der Situation zusammen gedacht werden, die er in Verbindung mit allgemein menschlicher Erfahrung als "Reinigung" und "Ernährung" in sakramentaler Handlung darstellt.[117] Da

---

fizierungen ein und desselben Wortgeschehens sind, daß also das '*solo verbo*' nicht '*sola praedicatione*' bedeutet und die Geltung der Sakramente nie durch ein '*solis sacramentis*', aber auch nicht durch ein das *solo verbo* korrigierendes '*et sacramentis*', sondern nur durch das '*solo verbo*' selbst ausgesagt werden kann, dann kann es einem gar nicht in den Sinn kommen, daß die Sakramente den Weisen mündlicher Verkündigung und umgekehrt diese den Sakramenten das Recht streitig machen, vielmehr ist eines für das andere da und auch aufeinander angewiesen". Ders., "*Wort Gottes und Tradition*", S.218f.

[114] Vgl. ebd., S.217. Für Ebeling ist es mit dem "Wort" "*sensu strictissimo*" gemeint. Dazu auch ders., "*Dogmatik des christlichen Glaubens*", S.296f.

[115] Ebeling, a.a.O., S.222. Für Ebeling gehören Wort und Situation zusammen und diese Zusammengehörigkeit verbindet das Wortgeschehen mit dem Sakramentsgeschehen: "Daß Wort und Situation zusammengehören, ist selbstverständlich, sobald man 'Wort' nicht abstrakt von der Bezeichnungsfunktion für einen zeitlosen Ideengehalt her bestimmt sein läßt, sondern konkret vom Gesprochenwerden in der Zeit, also vom Wesen des Wortes als Zeit-Wortes her, vom Wort als Geschehen her. Aber auch dann muß man sich noch hüten, Wort und Situation nicht bloß äußerlich zu addieren, sondern auf ihren wesenhaften Zusammenhang hin zu bedenken. Demnach könnte man sagen: Wort ist Situationsbestimmung; Situation ist zur Sprache gekommene, erhellte geschichtliche Gegenwart". Vgl. dazu Kühn, a.a.O., S.215.

[116] Ebeling, a.a.O., S.223.

[117] "Die Reinigung dient dem Wohlbefinden des Einzelnen und macht ihn dem anderen angenehm. Sie spielt leicht hinüber in das Bedürfnis, sich von Befleckung und Sünde zu reinigen, um Gott angenehm zu sein. Die Nahrung kommt wohl ebenfalls primär dem eigenen Leib zugute. Wie die Reinigung des Äußeren muß auch die Nahrungsaufnahme in das Innere des Leibes an jedem selbst vollzogen werden. Hunger und Durst sind wie das Beschmutztsein Nötigungen, die jeden in eigener Person betreffen. Dennoch verbindet sich gerade mit dem Mahl das Gemeinschaftserlebnis, nicht aus rein praktischen Gründen, sondern weil das gemeinsame Essen

das Wort nicht von der Situation zu trennen ist, ist es auch unmöglich, das Wort vom Sakrament als Wortgeschehen zu trennen. Weil das Sakrament bzw. die Taufe und das Abendmahl für Ebeling so konkret wie Reinigung und Ernährung im Alltagsleben sind, und zwar das sakramentale Mittel, bzw. das Wasser, das Brot und der Wein durch das Wort bestimmt und in das Wort gefaßt ist,[118] verneint er ausdrücklich die symbolische Deutung des Sakraments.[119]

Im Unterschied zu Barth, der das Wort Gottes in dreifachen Gestalten katalogisiert und das geschriebene Wort, das verkündigte Wort und das offenbarte Wort voneinander unterscheidet, geht es Ebeling in seiner Sakramentsüberlegung vor allem um die Begegnung des Wortes Gottes mit dem des Menschen im christlichen Sakrament. Für ihn sind nur das Wort Gottes und menschliches Wort von Bedeutung. Sie sind einerseits von ihrem Wesen her zwar völlig unterschiedlich, andererseits aber gerade im Sakrament einig, weil das, was im Sakrament geschieht, nicht nur das Wort des Menschen ist, sondern Gott auch im menschlichen Wortgeschehen zur Sprache kommt.[120] Ebeling sagt: "Denn mit Gottes Wort ist gar nichts anderes ge-

---

und Trinken untereinander verbindet, indem es die Beteiligten mit dem verbindet, dessen sie alle bedürfen und an dem sie alle teilhaben dürfen. Darum gehört das Mahl auch zu den Grundformen religiöser Riten." Ebeling, *"Dogmatik des christlichen Glaubens"*, Bd. III, S.318. Auch H. Thielicke ist der ähnlichen Meinung, daß das Wort auf keinen Fall nur als informierendes Wort und das Zeichen als didaktisches Hilfsmittel der Illustration verstanden werden dürfen. Vielmehr hält er daran fest, daß die Priorität des Wortes gegenüber dem sakramentalen Zeichen das Sakrament als Wortgeschehen, als *verbum actuale* erscheinen läßt. Als Tat-Wort und Wort-Ereignis hat das Sakrament keine reine symbolische Bedeutung, sondern eine konkrete Wirkung. Vgl. H. Thielicke, *"Der evangelische Glaube"* Bd. III, S.338.

[118] Vgl. ebd., S.319.

[119] Vgl. ebd. Ein rein symbolisches Verständnis der Sakramente bedeutet für Ebeling eine Entwertung des Sakraments. Nach ihm darf das Sakramentsgeschehen weder als symbolischer Ersatz für das Wortgeschehen noch als angebliche Überbietung des Wortgeschehens betrachtet werden. Es ist vielmehr ein Wortgeschehen selbst. Vgl. ders, *"Wort Gottes und Tradition"*, S.217. Auch von Barth wird alle Symbolkräftigkeit der Sakramente abgelehnt. Vgl. Barth, *"Die Lehre von den Sakramenten"*, S.444.

[120] Vgl. Kühn, a.a.O., S.216. Der frühe Barth war auch der ähnlichen Meinung. Er sagt: "Nicht das Sakrament allein, auch nicht die Predigt allein und, wenn man exakt reden will, auch nicht einfach zweispurig: die Predigt und das Sakrament, sondern: die Predigt mit dem Sakrament, mit dem ihre menschliche Rede als göttliches Werk bestätigenden, sichtbaren Handeln ist das konstitutive Element, die anschauliche Mitte des Lebens der Kirche". KD I/1, S.71. Aber dieser Gedanke Barths, daß

170

meint als Wort schlechthin: reines, wahres Wort, in dem das, was das Wort eigentlich sein und wirken soll, zur Erfüllung kommt und geschieht"[121]. Aus diesem Satz ist die Festlegung Ebelings nicht anders zu verstehen, als daß das Wort Gottes im Sakrament dem Wort des Menschen begegnet.[122] Indem Ebeling Wort und Situation in einer Einheit betrachtet, spricht er auch von der Christussituation und von der Situation des Menschen. Wenn Ebeling sagt, daß "die Christussituation in die eigene Situation und die eigene Situation in die Christussituation"[123] eingehen, bedeutet dies nicht nur eine Verbindung oder ein Zeugnis[124], wie es Barth versteht, sondern ein Geschehen: Das, was in der Christussituation geschah, das geschieht auch in der eigenen Situation des Menschen im Sakrament. Aufgrund der Christussituation hat diese eigene Situation des Menschen im Sakrament die christologische, soteriologische und die ekklesiologische Relevanz.

Überhaupt gibt es nach Ebeling eine Grundsituation, "aus der das Evangelium entsprungen ist"[125]. Im christologischen Sinne betonen die Sakramente diese Grundsituation. Nur Jesus, der als der Gekreuzigte und der Auferstandene zur Sprache gekommen ist, ist der Grund der Kirche und der Sakramente. Weil Jesus seinen Weg mit seiner Taufe beginnt und in der Hingabe seines Leibes und Blutes *pro nobis* sich vollendet, bezeugen Taufe und Abendmahl dem Weg Jesu entsprechend diese beiden Grundsituationen als Ursprungssituation des Evangeliums.[126] Taufe und Abendmahl als solche sind im soteriologischen Sinne auf die Grundsituationen des Menschen bezogen: "...sein Bestimmtsein durch Geburt und Tod, und zwar in deren

---

Gott dem Menschen sein lebendiges Wort gibt und in Sakrament zur Sprache kommt, ist in seiner späten Sakramentslehre nur für das Sakrament Jesu Christi gültig. "Indem Gott sich in des Menschen Jesu Auferweckung von den Toten öffentlich zu dieser in seiner Geschichte wirksamen Macht bekannte, hat er das Geschehene öffentlich zur Sprache gebracht – ist die Geschichte Jesu Christi über das hinaus, daß sie geschah und für Alle geschah, zum lebendigen Wort an Alle, zur unüberhörbaren Aussage: daß sie geschah und für Alle geschah, geworden." *KD* IV/4, S.27.

[121] Ebeling, *"Das Wesen des christlichen Glaubens"*, S.252f.
[122] Vgl. ebd.
[123] Ebeling, *"Dogmatik des christlichen Glauben"*, Bd. III, S.319.
[124] Ähnlich steht es bei U. Kühn, a.a.O., S.218 und M. Raske, *"Sakrament, Glaube, Liebe. Gerhard Ebelings Sakramentsverständnis – eine Herausforderung an die katholische Theologie"*, S.131.
[125] Ebeling, *"Wort Gottes und Tradition"*, S.225.
[126] Vgl. ebd.

eigentümlicher Dialektik, daß das Zum-Leben-Kommen der Beginn des Sterbens und allein das Sterben der Eingang ins Leben ist"[127]. Aus der ekklesiologischen Perspektive sieht Ebeling den Menschen durch die Sakramente an einen bestimmten Ort, in eine bestimmte Situation gestellt: "Wer vom Wort Gottes getroffen ist, durch das Wort Gottes in Anspruch genommen ist, ist ein für alle Mal gezeichnet, ist in Christus eingeleibt, auch wenn er zu einem abgetrennten, toten Glied werden sollte ...Und gleichfalls ist das die Situation unter dem Evangelium, daß die Freude an dem Jesus *pro nobis* nicht einsam macht, sondern ein Mahl der Gemeinschaft, Gemeinschaft im Empfangen, Gemeinschaft in der Danksagung, der Eucharistie ist"[128]. Mit anderen Worten gründet das Sakrament allein in der Christussituation, in der das Heilswort von außen, also "*extra nos*" die Existenz des Menschen betrifft und dem Menschen Gottes Verheißung versichert.[129]

Obwohl Ebeling die Sakramentsfrage in einer ganz anderen Weise behandelt als die Reformatoren, ist die Schlußfolgerung aus seiner Erörterung rein reformatorisch: Das Wesen und die Gültigkeit des Sakraments können keineswegs durch das dem Sakrament entsprechende Bekenntnis des Menschen, wie es Barth vertritt, sondern allein durch Gottes Wort und Tat begründet werden.[130] Zusammenfassend steht Ebeling mit seiner Darstellung des Wortgeschehens als Sakramentsgeschehens im Gegensatz zu Barth, der das Werk Gottes vom Wort im Sakrament abtrennen und das Wort im Sakrament im Sinne der christlichen Ethik allein als menschliche Antwort zur Geltung bringen wollte.[131]

---

[127] Ebd.

[128] Ebd., S.226.

[129] Vgl. ebd., S.198 und 215.

[130] Vgl. Ebeling, "*Kirchenzucht*" S.31-39, besonders seine Meinung zur Taufe: "In der Taufe handelt der dreieinige Gott nicht anders als in der Verkündigung, nämlich allein durch sein Wort" (S.31). Für ihn vermittelt die Taufe nicht eine andere Gabe als das Wort (S.32), weil es aus dem Willen Jesu Christi in der Einsetzung ist, darum ist sie heilsnotwendig (S.33f).

[131] Obwohl Sakrament für Barth auch einen Akt bzw. ein Geschehen bedeutet, also eine "Tatgeschichte" (vgl. "*Die christliche Lehre nach dem Heidelberger Katechismus*", S.89), ist dieses Sakramentsgeschehen ganz in einem anderen Sinne zu interpretieren. Die Sakramente sind "ereignishafte Zeugnisse". Die Zeichenhaftigkeit der Sakramente ist keineswegs von dem "Sakrament als Zeichen des Wortes Gottes" her zu begreifen, sondern von dem "Sakrament als Zeichen des menschlichen Zeugnisses" her.

B. Sakrament als die Antwort des Menschen auf die Gnade Gottes

Das Sakrament, wie es Ebeling darstellt, hat nicht nur christologische[132] und soteriologische Bedeutung[133], sondern auch ekklesiologische Deutung. In der neueren evangelischen Theologie werden im ekklesiologischen Sinne die Taufe als Eingliederungshandlungen und das Abendmahl als Familienfeiern betrachtet.[134] Es sollte aber auch in Erinnerung gerufen werden, daß Barth die christlichen Sakramente ausschließlich nur als die Antwort des Menschen auf Gottes Gnade gelten läßt, bzw. sowohl die Taufe als auch das Abendmahl nur im Sinne des christlichen Lebens, also im Sinne der christlichen Ethik als dem Gnadenwerk und -wort Gottes entsprechende freie menschliche Tatantwort in der kirchlich sakramentalen Handlung versteht.[135] Beide Positionen sprechen den Sakramenten eine ekklesiologische Bedeutung zu, während die soteriologische Erläuterung der Sakramente von Barth abgelehnt wird. In diesem Abschnitt werden die Fragen, wie die Sakramente als menschliche Handlung der Kirche von der evangelischen Theologie unseres Jahrhunderts verstanden werden, und in welchem Zusammenhang diese Auffassung von Sakrament mit der Ansicht Barths steht, erörtert.

1. "Antwort" - Zugang zur Barths Sakramentstheologie

Der Sakramentsgedanke Barths, daß er das Heilswerk Gottes von den kirchlichen Sakramenten unterscheidet, ist entfaltet in seiner früheren Schrift *"Die kirchliche Lehre von der Taufe"* von 1947.[136] Wenn man den von Barth eingeführten Sakramentsbegriff in dieser Schrift mit dem in der *KD* IV/4 vergleicht, ist es klar, daß sich Barth in seiner Sakramentsauffassung mit dem Begriff "Abbild" in der genannten Schrift von 1947 mehr mit der Ekklesiologie auseinandergesetzt hat, während er in seiner späteren *KD*

---

[132] Barth wird auch nicht verneinen, daß das Sakrament unmittelbar mit Jesus Christus verbunden ist und nur in dieser Verbindung hat das Sakrament seinen Sinn. Aber für Barth bleibt die christologische Relevanz schlechthin im Hintergrund, weil in den christlichen Sakramenten allein die Menschen das Subjekt sind.

[133] Nach Barth ist eine soteriologische Deutung des Sakraments auf keinen Fall zu billigen.

[134] Vgl. U. Kühn, a.a.O., S.213.

[135] Vgl. *KD* IV/4, S.IX.

[136] Vgl. dazu U. Kühn, a.a.O., S.178.

IV/4 mit dem Begriff "Antwort" mehr die christliche Ethik meint.[137] Es läßt sich mit Recht sagen, daß sich die spätere Sakramentsauffassung Barths noch weiter von der traditionellen entfernt hat. Offenbar ist nun der Begriff "Antwort" der Schlüssel zu Barths Sakramentsauffassung, weil er das kirchliche Sakrament letztendlich als menschliche Antwort auf Gottes Wort versteht.[138]

a. Die christologische Voraussetzung

In gewissem Sinne hat Jüngel Recht, wenn er sagt, daß der christologische Gebrauch des Sakramentsbegriffs Luthers[139] in der Sakramentskontroverse nichts Neues ist. Neu ist nur die Ausschließlichkeit, mit der das Sakrament im christologischen Sinne interpretiert wird.[140] Zur neueren Diskussion über das Sakrament sagt Jüngel, daß Barth früher auch den Ansatz der Reformatoren aufgenommen hat, "den Begriff des Sakraments ausschließlich christologisch zu verwenden"[141], und daß er seine frühere Position mit der Frage radikalisiert: "Wie man auch diese 'Sakramente' (und dann wohl gleich auch den 'sakramentalen' Charakter der Kirche und ihres Tunes überhaupt) interpretiere – was geschah da, was wagte und unternahm man eigentlich, als man besondere 'Sakramente', bzw. ein besonderes sakramentales Geschehen und Sein neben das eine, das in Jesus Christus geschah und ist, stellte".[142] Für Barth ist die reformatorische Deutung des Sakraments "Taufe und Abendmahl als das Sakrament Jesu Christi" ebenso fraglich wie die katholische "die Kirche als das Sakrament Jesu Christi". Die

---

[137] Ein "Abbild" im sakramentlichen Sinne kann nur bedeuten, daß die christlichen Sakramente das eine Sakrament Jesu Christi im Geschehen einer kirchlichen Handlung abbilden (vgl. Barth, *"Die kirchliche Lehre von der Taufe"*, S.17ff.). Im Unterschied zu "Abbild" hängt "Antwort" nur mit dem Anruf Jesu Christi zusammen. In diesem Sinne muß es nicht unbedingt von der ekklesiologischen Perspektive her aufgefaßt werden (vgl. *KD* IV/4, S.20f, 165f und 175ff.).

[138] Vgl. *KD* IV/4, S.20f, 165f und 175ff.

[139] Vgl. *WA* 6, 86, 5ff.

[140] Vgl. E. Jüngel, *"Das Sakrament - was ist das?"*, in: *Evangelische Theologie*, 26, S.333.

[141] Ebd., S.333. In seiner Vortragsschrift *"Die Lehre von den Sakramenten"* von 1929 hat Barth bereits die Gnade Gottes christologisch für das Sakrament vorausgesetzt, daß "weder dem Glauben an sich noch dem Zeichen an sich ...die sakramentale Gnade zugeschrieben [wird]", die Gnade Gottes nur bei Jesus Christus selbst zu finden. Vgl. a.a.O., S.456-460.

[142] *KD* IV/2, S.59. Vgl. auch Jüngel, a.a.O.

174

"Exklusivität" des Sakraments kann nach Barth nur heißen, daß nur Jesus Christus das eine Sakrament ist, das alle anderen Sakramente ausschließt. Der grundlegende Gedanke Barths ist die Frage nach der Legitimität der kirchlichen Sakramente, für die er die Prolongation der Inkarnation für diese Legitimität voraussetzt,[143] "daß die Einsetzung von Taufe und Abendmahl und ihre Feier in der Kirche als Anordnung und Vollzug einer solchen Repräsentation und Wiederholung, d.h. wiederholten Verwirklichung der Inkarnation und in diesem Sinn als Sakrament neben und nach jener zu betrachten ist"[144]. Offensichtlich ist die wirkliche *unio sacramentalis* für Barth allein die *unio personalis* in Jesus Christus selbst, weil er weder eine Parallelisierung noch eine Identifikation des Sakraments Jesu Christi mit dem der Kirche billigt.[145] Die Inkarnation des Wortes ist nach Barth ohne Parallele und ohne Wiederholung. Die Exklusivität des christologischen Gebrauchs des Sakramentsbegriffes kann nichts anderes bedeuten als die Exklusivität der Christologie schlechthin. In diesem Sinn ist Barths Sakramentstheologie nicht nur auf der Christologie gegründet, sondern auch auf der Exklusivität der Christologie. Aus diesem Grund hat er auch seine frühe Position[146] modifiziert, daß die Person Jesu Christi zwar der Grund der kirchlich-sakramentalen Handlung ist, daß sie als das Sakrament jedoch keiner Fortsetzung bedarf, und daß es keine sakramentalen Kontinuität gibt. Die Person Jesu Christi allein ist die *unio sacramentalis*. Ihre Geschichte bedarf weder einer Parallele noch einer Wiederholung durch irgend etwas oder durch die Kirche. Dieser Gedanke

---

[143] Barths Ansicht nach hat es nur den Sinn, einen Vergleich zwischen dem Sakrament Jesu Christi und dem der Kirche zu machen, wenn sich die Kirche selbst als eine Art Prolongatur der Inkarnation verstehen dürfte. Vgl. Barth, a.a.O.

[144] Ebd.

[145] Barth kritisiert in diesem Punkt die Position von Donald Baillie und A. E. Biedermann zugleich. Vgl. a.a.O., S.60ff.

[146] In *KD* II/1 von 1940 verfaßte Barth die Inkarnation des Wortes Gottes doch in einer Fortsetzung in der Existenz der Kirche. Eine sakramentale Kontinuität war für ihn nicht nur möglich, sondern spielte auch eine bedeutende Rolle für die Erläuterung seiner Sakramentslehre. "Die Fleischwerdung des ewigen Wortes als solche [daß Gottes Offenbarung in Jesus Christus ein- für allemal geschehen ist] ist ein einzigartiges und einmaliges Geschehen und also kein Anfang, von dem aus es weiter ginge zu einer allgemeinen Fleischwerdung. Ihre Bezeugung durch die Existenz des Menschen Jesus aber ist ein Anfang, von dem her es Fortsetzungen gibt: eine sakramentale Kontinuität ...vorwärts in die Existenz des Apostolates und der auf den Apostolat begründeten Kirche." A.a.O., S.58.

widerspricht vor allem der katholischen Sakramentslehre, läßt sich aber auch schwer mit der reformatorischen Tradition vereinbaren.

Dennoch meint Barth, daß das Sakrament Jesu Christi trotz dieser Exklusivität die sakramentale Handlung der Kirche nicht ausschließt,[147] wie seine Darstellung der Beziehung zwischen Geisttaufe und Wassertaufe zeigt. Barth gibt die Notwendigkeit dieser Handlung zu, weil diese sakramentale Handlung nicht nur ihren Grund in dem Sakrament Jesu Christi hat, sondern auch von dem Sakrament Jesu Christi gefordert wurde.[148] Diese Forderung an die Kirche steht in unmittelbarem Zusammenhang mit der Einsetzung des Sakraments durch Jesus Christus. Barths Ansicht nach hat diese Einsetzung zwei Bedeutungen. Die eine heißt, daß der geschichtliche Jesus das eine und einzige Sakrament mit seiner Taufe am Jordan[149] und mit seinem Tod am Kreuz eingesetzt hat, d.h. das Sakrament Jesu Christi ist von ihm mit seiner Person und seinem Werk eingesetzt. Die andere Bedeutung ist aber, daß das Sakrament Jesu Christi der Grund des Sakraments der Kirche ist und daß das Sakrament der Kirche von Jesus selbst mit seiner Taufe und seinem Kreuzestod eingesetzt worden ist. Aus diesem Grund müssen diese Einsetzung immer mit dem Sakrament der Kirche und das Sakrament der Kirche immer mit dieser Einsetzung zusammengedacht werden. Sowohl das eine Sakrament Jesu Christi als auch die abbildende sakramentale Handlung der Kirche ist in der Geschichtlichkeit Jesu gegründet. Die Taufe und der Kreuzestod Jesu bedeuten für Barth die Christusgeschichte schlechthin.[150] Gerade diese Christusgeschichte, also nicht das Christuswort[151], bildet den Kern der Sakramentslehre Barths. Was Jesus Christus nach dem Willen Gottes in seinem Gehorsam dem Vater gegenüber als der Fleischgewordene in seiner

---

147 Barth wörtlich: "Die Taufe mit dem Heiligen Geist schließt die Taufe mit dem Wasser nicht aus, sie macht sie auch nicht überflüssig, sie ermöglicht und fordert sie vielmehr". *KD* IV/4, S.45.

148 Vgl. ebd.

149 Die Taufe mit dem Heiligen Geist als das Sakrament Jesu Christi ist für Barth in der Geschichte Jesu Christi begründet, die Barth als göttliches Geschehen bezeichnet. Vgl. *KD* IV/4, S.19.

150 Vgl. ebd., S.24f.

151 In diesem Punkt unterscheidet sich Barths Auffassung von der Einsetzung des Sakraments von der der Reformatoren, weil die Einsetzung des Sakraments durch Jesus Christus keinesfalls die Einsetzungsworte Jesu z.B. den Taufbefehl im Mt 28,19 bedeutet. Obwohl er in seiner *KD* IV/4 auch von dem Heilswort Gottes spricht, ist dieses Heilswort im Zusammenhang mit seinem Sakramentsverständnis allein als die Verheißung bzw. als das Heilswerk Gottes zu verstehen. Vgl. ebd.

176

irdischen Geschichte getan hat, ist seine Geschichte,[152] sein Sakrament.
Das ist das Bild, das die Kirche mit ihren Sakramenten abbilden soll. Das
Sakrament der Kirche hat ihre Bedeutung nur aus dieser Sicht. Schon in
seiner Schrift von 1947 hat Barth den Ruf Jesu Christi an die Menschen zu
seinem Abbild behandelt.[153] In der *KD* IV/2 von 1955 hat er unter dem
Thema "Der Ruf in die Nachfolge" den Ruf Jesu an die Menschen zur
Nachfolge, also zu dem der Gnade Gottes entsprechenden Glauben an Gott
in der Gestalt des Gehorsams konkret als Gottes Forderung an den
Menschen dargestellt.[154] Dieser Gedanke Barths "Glaube und Gehorsam als
Forderung Gottes" wird auch in den letzten Band seiner *KD*
übernommen,[155] in dem Glaube und Gehorsam zusammen mit der
Dankbarkeit zu Gott als die richtige Antwort des Menschen auf Gottes
Gnadenwort bezeichnet wurden.[156] Zusammenfassend läßt sich sagen, daß
die christologische Voraussetzung für das Sakramentsverständnis Barth unter zwei Hinsichten zu begreifen ist. Zum einen ist das Sakrament der Kirche vom Sakrament Jesu Christi eingeschränkt und bestimmt. Es ist einerseits keinesfalls mit dem Sakrament Jesu Christi identisch, andererseits als
das von Jesus Christus gegründete Sakrament vor allem in der christlichen
Ethik notwendig.[157] Zum zweiten bildet Barths Christologie die Voraussetzung für sein Sakramentsverständnis. Für Barth schließt das Sakrament Jesu
Christi zwar das der Kirche als Heilswerk Gottes aus, aber in den kirchli-

---

[152] K. Bertold hat Barth richtig verstanden, daß die Geschichte Jesu Christi schlechthin
die Einheit von seiner Person und seinem Werk ist. Vgl. K. Bertold, "*Promissio
und Bund*", S.166.

[153] Vgl. Barth "*Die kirchliche Lehre von der Taufe*", S.19.

[154] Vgl. *KD* IV/2, S.606ff.

[155] Vgl. *KD* IV/4, S.45 und 169.

[156] Vgl. *KD* IV/4, S.38ff., 45ff., 204ff. und 211ff.

[157] Barth setzt voraus, daß eine christliche Ethik ohne die Einheit und Unterscheidung
des Göttlichen und des Menschlichen undenkbar ist. Indem er die Taufe mit Wasser
im Sinne der christlichen Ethik als den ersten Schritt des christlichen Lebens betrachtet, ist seine Interpretation der christlichen Taufe selbstverständlich in diesem
Zusammenhang zu verstehen, "daß es in dem einen Ereignis der Begründung des
christlichen Lebens hier und dort um ein je ganz verschiedenes Handeln zweier un-
aufhebbar verschiedener Subjekt geht: dort ganz um das Handeln des dem Menschen zugewendeten Gottes – hier, durch jenes ermöglicht und hervorgerufen, ganz
um das des Gott zugewendeten Menschen. Dort um Gottes mit seiner Gabe ausge-
sprochenes Wort und Gebot, hier um den dem Menschen als Empfänger der Gabe
aufgegebenen und von ihm zu leistenden Gehorsam seines Glaubens". *KD*
IV/4, S.45.

chen Sakramenten hängt die Christologie mit der Ekklesiologie und mit der christlichen Ethik in der Weise zusammen, daß eine dem Gnadenwort Gottes im Sakrament des fleischgewordenen Sohnes entsprechende Antwort gefordert wird.

b. Die anthropologische Voraussetzung

Im dritten Kapitel wurde festgestellt, daß für Barth das Menschenverständnis nur im Zusammenhang mit der Bestimmung des Menschen durch Gott zu verstehen ist. Seine anthropologische Voraussetzung für das Sakramentsverständnis ist im Grunde aus dieser Bestimmung entfaltet. Der Mensch als Geschöpf seinem Schöpfer gegenüber unterscheidet sich von Gott nicht nur in seinem Wesen, sondern auch in seinem Tun: "Gott ist der ganz Andere". Dieser Grundgedanke, der die ganze Theologie Barths bestimmt, ist nicht nur für seine Gotteslehre und für seine Anthropologie von Bedeutung, sondern auch für seine Sakramentslehre.

In Barths Sakramentslehre wird die ontologische Differenz zwischen Gott und Mensch deutlich gezeigt. Diese ontologische Differenz ist nicht nur in dem Gegenüber von Gott und Mensch offensichtlich, sondern auch in der Beziehung zwischen Gott und Mensch, in der Gott die Quelle des Menschenlebens ist, der die Existenz des Menschen möglich macht, der den Menschen nicht nur erschafft, sondern auch zu seinem Bundespartner bestimmt hat. Eine Sakramentslehre ohne diesen Bundesgedanken ist für Barth undenkbar.[158] In seiner Sakramentslehre mißt Barth der Beziehung zwischen Gott und Mensch große Bedeutung bei, weil das Sakrament seiner Ansicht nach allein Jesus Christus selbst ist und die Sakramente schlechterdings das Abbild der Kirche sind. Es darf aber nicht vergessen werden, daß in der Bundesschließung allein Gott der Initiator ist. Er schließt den Bund mit dem Menschen aus seinem freien Willen und aus seiner Gnade. Im gleichen Sinne ist Jesus Christus das Subjekt seines Sakraments. Er ist aus dem Willen und der Gnade Gottes in seiner Fleischwerdung zum Menschen gekommen, hat sich ihm gegeben und ist für ihn gestorben.[159] Das ist das Tun und das Heilswerk Gottes. Der Mensch kann weder das gleiche tun

---

[158] Barth hat bereits am Anfang der *KD* IV/4 seinen Gedanken von der Bestimmung des Menschen und seinen Bundesgedanken als die Basis seiner Tauflehre eingeführt. Vgl. ebd., S.4f.
[159] Vgl. ebd., S.27ff.

noch sich an diesem Heilswerk Gottes beteiligen,[160] sondern nur der Empfänger der Gnade Gottes sein,[161] weil nur Gott das Heilswerk tun kann und das Heil als Gnade Gottes zum Wesen Gottes gehört. In diesem Zusammenhang unterscheidet Barth das Sakrament Jesu Christi von dem Sakrament der Kirche und setzt seinen anthropologischen Grundsatz voraus, daß der Mensch als der Bundespartner Gottes das dem Werk Gottes entsprechende tun soll. Indem Barth das Sakrament Jesu Christi als die Gnade bzw. das Heilswerk Gottes versteht, ist das Sakrament der Kirche in diesem Zusammenhang das diesem Heilswerk Gottes entsprechende Tun des Menschen. Der Mensch ist also das Subjekt im kirchlichen Sakrament.[162] Die Sakramentslehre Barths ist gerade in dieser Orientierung charakterisiert, weil in seiner Sakramentslehre bzw. in der Lehre von den kirchlichen Sakramenten nicht das Wort Gottes in der Mitte steht, sondern die Antwort des Menschen,[163] und daß diese menschliche Antwort sowohl mit dem Wort Gottes zusammenhängt als auch ihm entsprechen soll. Dieser Gedanke Barths ist besonders eindeutig in seiner Diskussion über die Taufe mit Wasser in seiner *KD* IV/4 dargestellt.[164]

---

[160] In seiner Kritik an der anthropomonistischen Deutung des Heils (vgl. *KD* IV/4, S.21ff.) formuliert Barth seinen Grundansatz vom Heil, das er in der Geschichte Jesu Christi begründet sieht. Das Heil Gottes ist lediglich die Geschichte des fleischgewordenen Sohnes Gottes. Diese Geschichte ist "als *extra nos* geschehende zugleich in *nobis* wirksame, nämlich ein neues Sein jedes Menschen auf den Plan führende Geschichte. Gewiß ganz *extra nos*, ist sie doch nicht um ihrer selbst willen, sondern ganz *pro nobis* geschehen". A.a.O., S.23.

[161] Vgl. ebd., S.28f.

[162] Im Grunde ist die Frage nach dem Subjekt des sakramentalen Geschehens der Grund der Sakramentslehre Barths. Nach ihm geht es im Sakrament schließlich darum, "...wie dieser Mensch selbst Subjekt dieses Geschehens [der der Treue Gottes entsprechenden menschlichen Treue], des Glaubens an Gott, der Liebe zu Ihm, der Hoffnung auf Ihn, ein Wollender und Handelnder in diesem positiven Verhältnis zu Ihm, aus seinem Feind zu seinem Freund, aus einem für Ihn Toten zu einem für Ihn Lebenden wird". Ebd., S.4.

[163] Indem das Sakrament Jesu Christi für Barth selbstverständlich ist, ist ihm das wichtige Anliegen in der Sakramentsfrage allein die Frage nach den Sakramente der Kirche. Er bestreitet kräftig die Gleichsetzung der kirchlichen Sakramenten mit dem Heilswerk Gottes und versucht, sie als menschliche Antwort auf Gottes Gnadenwort zu definieren. In diesem Sinne kann man Barths Sakramentsverständnis als die Antwort des Menschen bezeichnen.

[164] Barth stellt wörtlich dar: "Die Taufe [mit Wasser] antwortet auf das eine 'Mysterium', das eine 'Sakrament' der Geschichte Jesu Christi, seiner Auferste-

Es wurde bereits darauf hingewiesen, daß Barth das christliche Sakrament nicht nur für das Abbild des Sakraments Jesu Christi, für eine dem Heilswerk Gottes entsprechende Tat des Menschen hält,[165] sondern auch für die Forderung Gottes an die Menschen. Der Inhalt dieser Forderung Gottes ist hier für unsere Diskussion von Bedeutung. Diese Forderung Gottes ist nach Barth unter einem doppelten Gesichtspunkt zu erfassen: der Gehorsam[166] und die Dankbarkeit[167] des Menschen gegenüber Gott. Unter Gehorsam versteht Barth im Sinne des Sakraments ein Abbild des Gehorsams des Gottessohnes. Nicht nur die Taufe[168], sondern auch die Geschichte Jesu Christi[169] überhaupt ist für Barth die Gehorsamstat des Sohnes gegenüber dem Vater. Aus diesem Grund muß das Sakrament der Kirche im abbildenden Sinne ein Gehorsam sein, und zwar ein Gehorsam in der Freiheit, weil ein Gehorsam gegen Gott nur ein freier Gehorsam sein kann.[170] Dankbarkeit bedeutet für Barth allein das Tun des Menschen[171] in der Gestalt eines "Ja" zu Gottes Gnade und zur göttlichen Wendung im Glauben und in seiner Entscheidung für Gott.[172] Indem der Mensch im Ge-

---

hung, der Ausgießung des Heiligen Geists: sie selbst ist aber kein Mysterium, kein Sakrament". Ebd., S.112.

[165] Vgl. ebd., S.143ff.

[166] Vgl. ebd., S.46f.

[167] Vgl. ebd., S.38.

[168] "Die Taufe Jesu ist ...eindeutig die Gehorsamstat, in welcher er seinen Dienst und damit seinen Lebensweg, entscheidend und exemplarisch für alles Folgende angetreten hat." Ebd., S.70.

[169] Die Geschichte Jesu Christi in Gestalt seiner Taufe und seines Todes bedeutet für Barth schlechthin den Gehorsam Jesu Christi gegen Gott. Vgl. ebd., S.25ff.

[170] Ein Gehorsam unter Druck wäre für Barth kein Gehorsam. Er sagt: "Gehorsam gegen Gott kann nur freier Gehorsam sein... Die in der Taufe handelnden Menschen tun, was sie tun... angesichts dessen, was Gott in Jesus Christus für sie getan hat und durch den Heiligen Geist an ihnen tut. Darauf geben sie in der Taufe eine erste, exemplarische, für ihre Zukunft verbindliche Antwort ...Dieser Tat Gottes entsprechend – dementsprechend, daß Gott selbst gerade sie in Freiheit erwählt und in dieser freien Wahl für sie gehandelt hat und an ihnen handelt – dürfen sie tun, was sie in der Taufe tun". Ebd., S.145.

[171] In diesem Punkt unterscheidet Barth das Tun Gottes von dem Tun des Menschen ganz konkret: "Was Gott in Jesus Christus durch den Heiligen Geist tut, das ist und bleibt sein Tun ganz allein. Und so ist und bleibt das, was der Mensch angesichts des Tuns Gottes seinerseits tun darf und soll, ganz und gar sein, des Menschen Tun. Seien wir dankbar...". Ebd., S.79f.

[172] Vgl. ebd., S.45ff.

horsam gegen Gott und in der Dankbarkeit zu ihm die Forderung Gottes erfüllt, sind sie zugleich das Werk des Menschen. Die anthropologische Voraussetzung bedeutet in diesem Sinne für Barths Sakramentsverständnis einerseits die Einschränkung, daß der Mensch niemals aus seiner Bestimmung als Gottes Bundespartner hinaustreten darf, sondern in Treue gegenüber Gott, dem Bundesmacher, bleiben soll, andererseits auch die Aufgabe, daß der Mensch die Forderung Gottes mit Gehorsam und Dank erfüllen soll. Barths Sakramentslehre ist also sowohl unter seiner christologischen als auch unter seiner anthropologischen Voraussetzung zu verstehen.

2. Sakrament als kirchliche Handlung – Ansicht der evangelischen Theologie

Barths Grundüberzeugung, daß Gott selbst das Primärsubjekt des Sakraments ist, steht nicht im Widerspruch zur lutherisch-calvinistischen Tradition.[173] Der Grundsatz, daß das Sakrament primär Zeichen der göttlichen Gabe und sekundär und von daher Zeichen der menschlichen Antwort ist, wird sowohl unter den Reformatoren als auch in der heutigen evangelischen Theologie vertreten, mit dem auch Barths Sakramentslehre in Übereinstimmung steht. Zu bedenken ist nur, daß in den unterschiedlichen Traditionen auch unterschiedliche Akzente gesetzt worden sind.[174] Für Barth liegt der Schwerpunkt des Sakramentsverständnis auf der Seite des Menschen. Er ordnet deshalb das Thema "Sakrament" der christlichen Ethik unter.[175] Im Gegensatz zu Barth wird "Sakrament" in Veröffentlichungen der bedeutenden Theologen seit jeher kaum als Thema der christlichen Ethik behan-

---

[173] Vgl. G. Wenz, "Einführung in die evangelische Sakramentenlehre", S.67.

[174] Vgl. ebd., S.68. Hier hat Wenz ein Beispiel genannt: "Korrespondiert der sakramentstheologischen Konzentration auf die Elemente bei Luther die dezidierte Betonung des göttlichen Gabencharakters, so läßt Melanchthons Definition der Sakramente als Riten und Zeremonien stärker ihre 'Phänomenstruktur als Handlungen der Gemeinde' ins Bewußtsein treten".

[175] Barths Sakramentslehre wurde als Problem gekennzeichnet, weil er zunächst das Sakrament der Kirche streng vom Sakrament Jesu Christi unterscheidet, danach die soteriologische Bedeutung der kirchlichen Sakramente bestreitet. Das bewirkt unvermeidlich scharfe Kritiken seitens der Theologen, die die traditionelle Sakramentslehre verteidigen.

delt,[176] sondern vor allem als Thema der Ekklesiologie diskutiert. Da das Sakrament von der evangelischen Theologie vornehmlich als ein ekklesiologisches Thema betrachtet wird,[177] ist es notwendig, über folgende Fragen zu diskutieren: Inwiefern ist das Sakrament eine menschliche bzw. kirchliche Handlung? In welchem Sinne ist Sakrament als menschliche Handlung in der evangelischen Dogmatik von Bedeutung? Nur durch die Beantwortung dieser Fragen kann man erst das Zentralanliegen der evangelischen Theologie in der Sakramentsfrage herausarbeiten.

Es muß zuerst darauf aufmerksam gemacht werden, daß der Schwerpunkt in der dogmatischen Überlegung der Sakramentsfrage nicht in der christlichen Ethik, wie Barth es gemacht hat, sondern in der Frage nach dem Gnadenmittel liegt,[178] obwohl Sakrament als Bekenntniszeichen[179] auch in die Diskussion im Bereich der christlichen Ethik gebracht werden kann. Die Frage nach dem Gnadenmittel bildet den Kern der Diskussion der Sakramentslehre.[180] Das Wort Gottes, das in seinem Wesen die Gnade Gottes ist, als das Heil für die Menschen ist im Sakrament sichtbar geworden. Diese augustinische Aussage gilt nicht nur in der evangelischen Theologie, indem sie das Mysterium Jesu Christi als das Ursakrament und

---

[176] Vielleicht ist Barth der einzige, der die Sakramentslehre dem Thema "christlicher Ethik" untergeordnet hat.

[177] Wie z.B. W. Elert, der die Sakramente als den Auftrag der Kirche betrachtet: "Der Kirche sind auch die kultischen Handlungen der Taufe und des Abendmahls aufgetragen, die keineswegs als bloße Anhängsel der Wortverkündigung gelten können". Vgl. ders., "Der christliche Glaube", S.354.

[178] Vgl. Th. Haering, "Der christliche Glaube", S.566. Er hat mit Recht gesagt, daß die Sakramente unter einen doppelten und zwar entgegengesetzten Gesichtspunkt gestellt werden können: "[denn] als Gnadenmittel sind sie [die Sakramente] Tat Gottes für uns, als Bekenntniszeichen unsere Tat und zwar vor Gott wie vor Menschen". Seiner Meinung nach ist von den Sakramenten im dogmatischen Sinne als Gnadenmitteln die Rede, "als Bekenntniszeichen gehören sie wesentlich in die christliche Ethik...". S.567.

[179] Unbestritten ist also die Meinung, daß das Sakrament als Bekenntnis verstanden werden kann, weil es im Grunde auch im Sinne menschlicher Handlung aus christlichem Glauben als Bekenntnis eines Christen und der Kirche betrachtet werden soll. So ist allgemein die Meinung der evangelischen Theologie. Vgl. z.B. Althaus' Äußerung, daß das Sakrament für ihn zugleich das Handeln Gottes und des Menschen bedeutet: "Im Sakramente handelt Gott und handelt der Mensch. Die Sakramentshandlung ist Träger von Gottes Handeln und zugleich Bekenntnisakt des Empfangenden". Ders., "Die christliche Wahrheit", S.538.

[180] Obwohl Barth die Sakramente in der christlichen Ethik zuordnet, hat er seine Sakramentslehre dennoch neu formuliert, deren Schwerpunkt in der Auseinandersetzung mit dem Gedanken "Sakrament als Gnadenmittel" liegt.

zugleich die soteriologische Bedeutung der kirchlichen Sakramente anerkennt, sondern sie gilt auch für Barth, indem er die Überzeugung vertritt, daß es nur Jesus Christus ist, der als das Wort Gottes und als das Ursakrament dem Menschen die Gnade Gottes in seiner Person und in seiner Tat sichtbar gemacht hat. In der evangelischen Theologie gehören die Sakramente zum Wort.[181] Sie sind untrennbar vom Wort Gottes.[182] In bezug auf diese Zusammengehörigkeit von Sakrament und Wort wird mit Recht die Frage gestellt, die den Kernpunkt der dogmatischen Überlegung der Sakramentslehre betrifft: "Gerade wenn man die Sakramente dem Wort zuordnet, erhebt sich die Frage, was sie neben oder bei dem Wort noch sollen, welchen Sinn sie als eine Sonderform des Wortes haben?[183]" Mit dieser Frage werden nicht nur das Sakrament, sondern auch das Wort und die Predigt in der dogmatischen Überlegung positioniert. Die Antwort darauf soll das Verhältnis zwischen Wort, Sakrament und Predigt klären helfen.

Sakrament und Predigt sind in der neueren evangelischen Theologie dem Wort unter-, und zugleich nebeneinander geordnet.[184] Nach P. Althaus steht das Sakrament nicht als ein anderes neben dem Wort, sondern es ist eine bestimmte Gestalt des Wortes[185]: "Das Besondere des Sakramentes gegenüber der Verkündigung des Evangeliums liegt nicht im Gehalte, sondern in der Gestalt"[186]. Im Sinne Luthers haben die Predigt als verkündigtes Wort auf der einen Seite und das Sakrament als äußerliches Zeichen auf der anderen Seite den gleichen Gehalt, jedoch unterschiedliche Gestalt.[187] Aufgrund dieser Bestimmung des Verhältnisses von Wort und

---

181 Vgl. H. Graß, "*Christliche Glaubenslehre*", Bd. II, S.144. Dazu auch H. Thielicke, "*Der evangelische Glaube*", Bd. III, S.336.

182 Vgl. P. Althaus, a.a.O., S.542f., besonders: "Das Sakrament wird nur vom Worte aus recht verstanden, aber auch das Wort nur von seiner Gestalt als Sakrament aus".

183 Graß, a.a.O.

184 Vgl. W. Elert, a.a.O., S.345. Er hält daran fest, daß die beiden Handlungen bzw. Taufe und Abendmahl der Wortverkündigung bzw. der Predigt nicht unter- sondern nebengeordnet sind.

185 Althaus wörtlich: "Gottes persönliches Handeln mit uns, das 'Wort', tritt in mehreren Gestalten an uns heran. Die erste und grundlegende ist die mündliche Verkündigung. Neben ihr steht das Sakrament. Nicht Wort und Sakrament stehen also nebeneinander, sondern mündliche Verkündigung und Sakrament, beide als Gestalten des Wortes". Ders., a.a.O., S.538. Vgl. dazu Pöhlmann, a.a.O., S.285.

186 Althaus, a.a.O., S.542.

187 Vgl. H. G. Fritzsche, "*Lehrbuch der Dogmatik*", Teil 4., S.122.

Sakrament werden alle anderen Gedanken der dogmatischen Tradition als unevangelisch abgelehnt.[188] Es bleibt jedoch zu fragen, welche Sonderform der Gestalt das Sakrament im Unterschied zur Predigt hat.

a. Akt-Charakter des Sakraments

Indem das Sakrament in kirchlicher Handlung geschieht, hat es im Unterschied zur Predigt den Akt-Charakter. Sakrament bedeutet eine in der Form der Verkündigung mit dem Wort verbundene sinnfällige Handlung, in der Gott dem Menschen sein Heil schenkt.[189] Nach Graß liegt die Besonderheit des Sakraments darin, "daß sie [die Sakramente] mit einer sinnbildlichen Handlung verbunden sind"[190]. Gott spricht nicht nur durch das Wort, sondern auch durch eine Handlung.[191] Der Akt-Charakter des Sakraments spielt auch eine große Rolle für Althaus' Sakramentsauffassung, indem er das Sakrament als eine neben der Wortverkündigung stehende Gestalt des Wortes bzw. eine einfache sinnbildliche Handlung bezeichnet.[192] Seiner Ansicht nach liegt die Besonderheit des Sakraments gegenüber der Predigt

---

[188] Althaus kämpft kräftig gegen die römisch-katholische Lehre, die behauptet, daß das Sakrament mehr als die Predigt gibt: "Das Sakrament ist im Unterschiede von dem verkündigten Worte erst und allein Träger der Gnade. Das ist die römisch-katholische Lehre. Die Verkündigung belehrt über die Gabe, verheißt sie, bereitet auf sie vor; aber die Mitteilung der Gnade erfolgt allein im Sakramente". (Althaus, a.a.O., S.542) Darüber hinaus bestreitet er auch die Behauptung des alten Luthertums, nach der das Sakrament eine Wirkung über die Predigt hinaus hat: "Das Sakrament hat eine Gabe und Wirkung über das verkündigte Wort hinaus. Im alten Luthertum hält man im ganzen daran fest: die eigentliche Gabe und Wirkung der Sakramente ist die gleiche wie die des Evangeliums, nämlich die Vergebung der Sünden mit allem, was sie bedeutet". (Ebd., S.543) Vgl. dazu H. G. Pöhlmann, a.a.O., S.238 und 258, auch Fritzsche, a.a.O., S.122f.

[189] Vgl. Graß, a.a.O., S.144f.

[190] Ebd., S.144.

[191] Gott spricht in einer sinnbildlichen Handlung heißt, "daß diese wortverbundene oder worthafte Handlung [Sakrament] eine eigentümliche Konstanz und Monotonie hat; sie wird ständig wiederholt, sie ist nicht so wie das verkündigte Wort in sich mannigfaltig und auf manigfaltige Situationen eingestellt". Ebd.

[192] Althaus wörtlich: "In ihm [Sakrament] tritt der Charakter des Wortes als Akt heraus; denn das Sakrament ist eine einfache sinnbildliche Handlung, in der der Glaube gegenwärtiges göttliches Handeln ergreift. Das Wort wird im Sakramente deutlich als *verbum actuale*, dem in einem Akte der Entscheidung zu antworten ist. In seiner Gestalt als Sakrament ruft das Wort heraus aus der Unverbindlichkeit bloßen Hörens zu dem Akte der Annahme, daß ich dieses Wort als mich betreffend hinnehme, mich zu ihm bekenne". A.a.O., S.538.

184

in seinem Akt-Charakter.[193] Im Unterschied zur Predigt, die intellektualistisch mißverstanden werden könne, tritt der Charakter des Wortes als Akt im Sakrament deutlicher heraus.[194] Der Sakramentsbegriff Augustins wird von Althaus revidiert: "An die Stelle der unzulänglichen augustinisch-reformatorischen Formel, das Sakrament sei *verbum visibile*, setzen wir die andere: das Sakrament ist *verbum actuale*"[195]. In diesem Zusammenhang ist auch die Erläuterung des Sakraments E. Brunners zu erwähnen. Die Sakramente sind für ihn das Wort Gottes für das Auge[196] und für den Leib.[197] Gott spricht zu Menschen im Sakrament "durch das Auge, anstatt durch das Ohr, durch eine Handlung, statt durch eine Rede"[198]. Die Sakramente, die als Handlung zur Sprache kommen, verkündigen nicht nur die Botschaft vom Kreuz,[199] sondern verhindern auch die Willkür der Auslegung vom Evangelium.[200] In diesem Sinne hat der Akt-Charakter des Sakraments seine Bedeutung nicht nur in der Unterscheidung von der Predigt, sondern auch in seiner Funktion.

b. Gemeinschafts-Charakter des Sakraments

Das Sakrament hat nicht nur den Akt-Charakter, sondern auch den Gemeinschafts-Charakter. Schon unter den Reformatoren wurde der Gemeinschafts-Charakter des Sakraments betont,[201] der für das Sakramentsver-

---

[193] Vgl. ebd., S.542.

[194] Vgl. ebd., S.538.

[195] Ebd., S.542. Vgl. dazu H. Thielicke, a.a.O., S.336, und F. Brunstäd, *"Theologie der lutherischen Bekenntnisschriften"*, S.139.

[196] Haering ist auch der gleichen Meinung: "Es [Sakrament] zeigt dem Auge, was das Wort durchs Ohr dem Geist vermittelt". Ders., a.a.O., S.569.

[197] Vgl. Brunner, *"Unser Glaube"*, S.145, und Pöhlmann, a.a.O., S.284.

[198] Brunner, ebd.

[199] "...dass man sich das sagen lässt, was uns Gott damit sagen will. Und das ist nun eben nichts anderes als das Evangelium, in seinem Mittelpunkt erfasst, die Botschaft von Kreuz." Ebd.

[200] "Und sie [die Sakramente] sind, wie sie sind; die Schrift kann man auslegen, dass das Gegenteil daraus wird; die Sakramente aber reden, Gott sei Dank, eine Sprache, die von der des Pfarrers unabhängig ist. Sie sind der Teil der kirchlichen Verkündigung, der von den theologischen und anderen Strömungen am wenigsten berührt wird, und das gerade ist ihr besonderer Segen." Ebd.

[201] Vgl. Luthers §Von der Taufe in *"Der Große Katechismus"*: "durch sie [die Taufe] werden wir ja am Anfang in die Christenheit aufgenommen." darüber hinaus Art. 24, von der Messe in *"Das Augsburger Bekenntnis"*: "...Die Messe ist also kein Opfer... sondern sie soll eine Kommunion [Abendmahlsempfang oder Gemein-

ständnis der evangelischen Theologie heute weiter von Bedeutung ist.[202] Für Brunner hängen der Gemeinschafts-Charakter des Sakraments und die Gemeinschaft des Glaubens miteinander zusammen.[203] Seiner Meinung nach ist das Wort Gottes immer Gemeinschaftswort und Liebeswort. Gottes Wort und Gemeinschaft sind unzertrennlich. "Die Sakramente binden uns an die Gemeinde."[204] Nach Brunner hat der Gemeinschafts-Charakter des Sakraments im Unterschied zur Predigt die besondere Funktion, daß man zusammenkommen muß, "um Gottes Wort zu hören und gemeinsam dafür zu danken im Gebet und Gesang"[205]. Dieser Gemeinschafts-Charakter ist für das Sakramentsverständnis von großer Bedeutung, weil ein Privatchrist, der das verkündigte Wort durch das Radio hört, jedoch nicht in die Gemeinschaft kommt, nichts von Gemeinde und von Gemeinschaft des Glaubens wissen kann.[206] Ähnlich ist auch Althaus der Meinung, daß die kirchliche Bedeutung des Sakraments, im Sinne der Gemeinschaft über das Individuelle hinausgreift.[207] In diesem Zusammenhang ist das Sakrament im Sinne der evangelischen Theologie als Taufe und Abendmahl

---

schaft] sein, ...Darum wird bei uns folgende Ordnung gehalten, daß man an Feiertagen [und] auch sonst, wenn Kommunikanten da sind, Messe hält und jeder, der [das Sakrament] begehrt, kommuniziert."

[202] Das Sakrament im Sinne der Gemeinschaft ist für viele Theologen selbstverständlich. Z.B. das Sakrament im gemeinschaftlichen Sinne bedeutet für Fritzsche wie folgt: "Andererseits ist natürlich Hineinstellen in die Gemeinschaft gemeint, bei der Taufe als *sacramentum initiationis* oder *inaugurationis* als erstmaliger, einführender, begründender Akt, beim Abendmahl als *sacramentum confirmationis* als stärkender, bestätigender fortwährend prägender Akt". Fritzsche, a.a.O., S.126.

[203] Vgl. Brunner, a.a.O., S.146.

[204] Ebd., S.147.

[205] Ebd., S.146.

[206] Vgl. ebd.

[207] "So ist das Evangelium für uns zum Heile absolut unentbehrlich, die Sakramente aber als besondere Gestalt des Evangeliums nur relativ unentbehrlich. Absolut unentbehrlich sind sie aber für die Kirche als Gemeinde in dieser Welt, daher auch für den einzelnen Christen, sofern er Glied der Gemeinde sein soll. Die kirchliche Bedeutung des Sakraments greift über seine individuelle hinaus." Althaus, a.a.O., S.546.

schlechterdings die Aufnahme in die und die Kommunion in der Gemeinde. Das Sakrament hat insofern eine gemeindebauende Funktion.[208]

C. Sakrament als Kooperation Gottes mit dem Menschen

Das Wort "*cooperari*" vermittelt den Eindruck, daß verschiedene Mitarbeiter für das gemeinsame Ziel an einer Arbeit kooperieren. In der Geschichte der Theologie wurde der Begriff "Synergismus"[209] für die Diskussion über die Mitwirkung des Menschen am Werk Gottes verwendet. Er bildete den Streitpunkt zwischen Augustins Gnadenlehre und dem Gedanken von der Fähigkeit des Menschen zum Glauben bei Pelagius.[210] Auch unter den Reformatoren war der Streit zwischen Luther und Erasmus über das gleiche Thema bekannt.[211] Es erhebt sich nun die Frage, ob das Sakrament auch eine Kooperation Gottes mit dem Menschen ist, wenn es von der evangelischen Theologie als das Geschehen des Gnadenwort Gottes in der menschlichen Handlung verstanden wird. Weiterhin läßt es sich fragen, in welchem Sinne das Sakrament eine Kooperation ist, wenn es von Barth in Ursakrament und kirchliches Sakrament unterschieden, und das Ursakrament als das Mysterium Jesu Christi, das kirchliche Sakrament als Bekenntnis definiert wird.

---

[208] Vgl. Graß, a.a.O., S.145. Hier hat er die gemeindebauende Funktion eindeutig dargestellt: "Zugleich hat das Sakrament eine gemeindebauende Funktion. Die Taufe bedeutet die Aufnahme in die Gemeinde. Im Abendmahl versammelt sich die Gemeinde um ein Geschehen, das am stärksten ihre Gemeinschaft zum Ausdruck bringt. Abendmahlsgemeinschaft unter Gemeinden und Kirchen gilt als Zeichen der Kirchengemeinschaft".

[209] Im Allgemeinen versteht man unter "Synergismus" die Anschauungen, "die mit der Annahme einer Mitwirkung des Menschen zu seinem Heil der Alleinwirksamkeit (Monergismus) der Gnade Gottes widerstreiten". G. Buttler, "*Synergismus*" in: *EKL*, S.1247.

[210] Im Gegensatz zu Pelagius, der den Menschen nach dem Fall Adams für frei, sündlos und die Verdienste des Menschen für möglich hält, und die Gnade Gottes als geschöpfliche Freiheit des Willens interpretiert, ist für Augustin der Mensch nach Adams Fall unfähig und sündig. Die Verdienste des Menschen sind nur Gnadengaben. Sein Wille ist der Befreiung zum Gehorsam gegen Gott durch Gottes Gnade bzw. durch das erlösende Handeln Gottes bedürftig. Vgl. E. Schlink, "*Ökumenische Dogmatik*", S.472.

[211] Vgl. die Streitschriften von Luther "*De servo arbitrio*" und von Erasmus "*De libero arbitrio diatribe sive collatio*" und "*Hyperaspites diatribae adversus servum arbitrium Martini Lutheri*".

1. Barths Verständnis von Kooperation

Der Leitsatz, daß es zwischen Gott und Mensch einen unendlichen qualitativen Unterschied gibt, spielt eine große Rolle sowohl für Barths Rechtfertigungslehre als auch für seine Anthropologie.[212] Er ist auch die Grundlage seiner Schöpfungstheologie und seiner Bundeslehre zugleich. Die Frage nach der Kooperation zwischen Gott und Mensch bezieht sich auf das Verhältnis zwischen Gott und Mensch, das Barths Ansicht nach von der Schöpfung und vom Bundesschluß bestimmt ist. Für Barth ist der Mensch weder mit Gott gleichzusetzen noch kann er Gott und sein Heilswerk ersetzen.[213] Die Differenziertheit und die unumkehrbare Ordnung des Verhältnisses zwischen Gott und Mensch sollen treu bewahrt werden.[214] Aus diesem Grund verneint Barth entschieden die Heilskooperation im Sinne eines Mitwirkens.[215] Dennoch wird die Anteilnahme des Menschen an der Heilsgeschichte von ihm nicht ausgeschlossen: "Die Anteilnahme des Christen an jener Geschichte [Heilsgeschichte[216]], seine Funktion in jenem großen Zusammenhang kann nur eine ihm als Mensch, der nicht wie Christus Gott-

---

[212] Vgl. A. Peters, "*Rechtfertigung*", S.166.

[213] Vgl. *KD* IV/3,2, S.687: "Wird die die christliche Existenz entscheidend bestimmende und charakterisierende Aktion gemeinsam mit der Jesu Christi selbst Ereignis, so bedeutet das tatsächlich des Christen reale und konkrete Anteilnahme an dem großen Zusammenhang der Geschichte Gottes mit der Welt, an der Heilsgeschichte. Es ist klar, daß hier nicht zu viel gesagt werden darf. Nichts, was den Christen auch nur auf der schmalsten Linie mit Gott gleichsetzen und also zum Subjekt dieser Geschichte und also ihn selbst zum Versöhner oder doch Mitversöhner der Welt erklären würde! Nichts also, was eine Verdrängung und Ersetzung des Berufenden durch den Berufenen, Christi durch den Christen, in welchem Jener lebt und welcher in ihm leben darf...".

[214] Vgl. ebd.

[215] Vgl. ebd.: "...daß der Christ zwar nicht Subjekt, in keinem Sinn Urheber der in der Aktion Jesu Christi sich ereignenden Heilsgeschichte und also nicht selbst Versöhner oder auch nur Mitversöhner, in keinem Sinn als selbständiger Promotor des Reiches Gottes [ist]".

[216] Heilsgeschichte bedeutet für Barth die Geschichte Gottes in der Welt, "in der es um die von Gott gewollte und vollzogene Erneuerung, Wiederherstellung und Erfüllung des Bundes geht, den er, indem er sie erschuf, mit ihr geschlossen hat – um den Durchbruch, das Leuchten, die Herrschaft seiner Ehre in ihr und eben damit um ihre Errettung, ihr Heil, ihren Frieden". Ebd., S.685.

188

mensch ist, zukommende sein"[217]. Kooperation ist deshalb nicht ein "Mitwirken"[218], sondern ein "Mittun"[219].

Mit dem Neuen Testament definiert Barth das Mittun des Menschen als "Dienst". Vorbildlich hat Jesus Christus den Dienst in seiner Selbsterniedrigung getan und gezeigt:[220] "Eben als dieser Dienende ist er der Herr, ...ruft er seine Jünger zu sich[221], in seine Nachfolge."[222] Der Dienst des Christen ist unmittelbar mit dem Christi verbunden. Was Jesus Christus tut, tut der Christ nach. Der Dienst in diesem Sinne ist nichts anderes als die Tatgemeinschaft[223] Christi mit den Christen. Der Unterschied in der Tatgemeinschaft bleibt jedoch bewahrt: "Wo Dienst geschieht, da sind offenbar zwei ganz verschiedene und in verschiedener Weise tätige Subjekt gemeinsam, aber auch in klarer Unterschiedenheit ihrer Funktionen am Werk: Das eine ist der Herr, dem Anderen abgesehen von der Überlegenheit seiner Person auch darin übergeordnet, daß es sich in dem gemeinsamen Werk ganz und gar um seine Sache handelt. Das andere ist der Diener, jenem Ersten abgesehen von der Geringfügigkeit seiner Person auch darin unter-

---

[217] Ebd., S.687.

[218] Barths Meinung nach hat der Begriff "Mitwirken" in seinem Ursprung als "Synergismus" unmittelbar eine Verbundenheit mit der pelagianischen und semipelagianischen Lehre von einem *libero arbitrio*. Dadurch begibt man sich in eine Gefahrenzone, wenn man von "Mitwirken" redet. Vgl. ebd., S.688.

[219] Obwohl Barth den Menschen, also den Christen, bereits als mitwirkendes Subjekt der Heilsgeschichte bezeichnet, will er jedoch den Ausdruck "Mitwirken" durch den "Mittun" ersetzen: "...[der Christ] wohl aber an jener Geschichte als mit wirkendes Subjekt beteiligt, und zwar an seinem Ort und in seiner Art ...scheinbar, ...wirklich ...bedeutungs- und wirkungsvoll beteiligt wird". (A.a.O., S.687) "Denn daß der Christ, in welchem Christus und welcher seinerseits in Christus lebt, als Subjekt, und zwar als tätiges Subjekt an Christi Tun und also an der Heilsgeschichte beteiligt ist und also dabei – sagen wir denn statt 'mitwirkt': 'mittut'...". (A.a.O., S.688). Vgl. dazu Peters, a.a.O., S.159.

[220] In seinem Dienst an den Jüngern ist Jesus Christus in seiner eigenen Unterordnung seinen Jüngern vorgeordnet, sind sie ihm nach- und ihrerseits untergeordnet. Vgl. Barth, a.a.O., S.689.

[221] Die Berufung Jesu Christi im Zusammenhang mit dem Kooperationsgedanken bedeutet für Barth eine Berufung zur Gemeinschaft der gottmenschlichen Aktion: "Christus ist in einem Werk begriffen – in vollkommener Gemeinschaft mit ihm ist es auch der von ihm berufene Mensch. Dieser Mensch wirkt – er tut es aber in vollkommener Gemeinschaft mit den Werken Christi". Ebd., S.685.

[222] Ebd., S.689.

[223] Tatgemeinschaft heißt in diesem Sinne Gemeinschaft gottmenschlicher Aktion. Vgl. ebd., S.685.

geordnet, daß es sich bei seiner Beteiligung an dem gemeinsamen Werk nur darum handeln kann, daß er unter Verzicht auf eine eigene Sache mit der seines Herrn umgehe, ...vielmehr: sie wirklich zu seiner eigenen mache"[224]. Der Diener ist also wie sein Herr ein lebendiges und tätiges Subjekt. Doch er ist in seiner eigenen Überlegung, Entschließung und Verantwortlichkeit absolut auf die Sache seines Herrn ausgerichtet. Daraus ergibt sich die Folgerung im Sinne Barths: "Sein freies Tun als Diener besteht aber darin, daß er seinem souveränen Herrn bei dessen Tun an die Hand geht, ihm assistiert, ihm sekundiert, ihm damit hilft, ...weil es ja das Werk Christi ist, bei dem er – ihm nicht nur partiell, sondern prinzipiell untergeordnet – nur eben helfend mittun kann... weil er als solcher helfender Mittäter am Tun Christi tatsächlich eigenen, verantwortlich zu realisierenden Anteil bekommt, nimmt und hat."[225] Die Kooperation Gottes mit dem Menschen hat in diesem Zusammenhang zwei Bedeutungen: Erstens, der Christ als Diener muß seine eigenen Meinungen, Tendenzen, Zwecke und Pläne auf das Werk seines Herrn ausrichten, also im Gehorsam gegen Gott mit seinem dienenden Tun dem Tun Christi folgen;[226] Zweitens, die Bedeutung der Kooperation ist nach Barth mit dem Wort von Maria deutlich dargestellt – "Mir geschehe nach deinem Wort" (Lk 1,38), also Mittun im Sinne eines "Geschehen-lassens".[227]

Zu bedenken ist aber nun, ob Sakrament für Barth auch eine Kooperation ist? Seine Position, daß das Heil als Versöhnung Gottes mit dem Menschen nur von Gott durch die Fleischwerdung Jesu Christi kommt, hat Barth in seiner ganzen Theologie nie geändert. Diese Position ist auch der Grundsatz seiner Rechtfertigungslehre bzw. seiner Versöhnungslehre. Wenn Kooperation im Sinne eines Mittuns des Menschen am Heilswerk Gottes verstanden werden sollte, steht sie allerdings mit diesem Grundsatz in Widerspruch. Die Erklärung Barths in seinen frühen Äußerungen über Sakrament war eben in diesem Punkt sehr vieldeutig, weil er einerseits die reformatorische Behauptung festhalten wollte, daß das christliche Sakrament, in dem die Verheißung des Heils Gottes versichert wird[228], das Gnadenmittel ist, durch das die Sünden vergeben werden, andererseits dem ko-

---

[224] Ebd., S.689f.

[225] Ebd., S.690.

[226] Vgl. ebd., S.690 und 692.

[227] Vgl. ebd., S.693.

[228] Vgl. Barth, *"Die Lehre von den Sakramenten"*, S.428, 447, 457.

gnitiven Bestandteil des Sakraments[229] bzw. der Taufe ausdrücklich wesentliche Bedeutung zugesprochen hat.[230] Es entsteht nun die Frage, ob das Sakrament im Barthschen Sinne doch eine Heilskooperation ist. Obwohl er in seinen Schriften über das Sakrament das Wort "Kooperation" nicht verwendet, hat er doch die Kognition, ohne die das Sakrament bzw. die Taufe nicht richtig vollzogen wird[231], zunächst als Erkenntnis, dann als Bekenntnis, und das Bekenntnis als Menschenwerk interpretiert.

Barths Sakramentslehre hat eine Entwicklung durchzogen. Die Änderung seines Sakramentsverständnisses hat Barth im Vorwort seiner *KD* IV/2 bekanntgegeben.[232] Die wesentliche Änderung ist, daß die soteriologische Bedeutung bzw. die Heilswirkung der christlichen Sakramente in seiner Sakramentslehre keine Rolle mehr spielt. Der Mensch tut nach Barth kein gutes Werk als Beitrag zum Heil im Sakrament. Die christlichen Sakramente sind eine menschliche Handlung, in der der Mensch seinen Glauben bekennt. Gottes Handeln und Menschenwerk unterscheiden sich nach Barths späterer Sakramentsauffassung völlig voneinander. In diesem Sinne ist das christliche Sakrament weder ein Gnadenmittel noch die Sündenvergebung Gottes und als solche keinesfalls eine Heilskooperation. Wenn Kooperation im Sinne Barths als Mittun und Dienst zu verstehen ist und konkret als "Nachmachen" und "Geschehen-lassen" dargestellt werden kann, kann das Sakrament in diesem Sinne auch als Kooperation interpretiert werden, denn nach Barth sind die christlichen Sakramente das Abbild des Ursakraments,

---

229 Das Tun des Menschen im Sakrament ist für Barth die *cognitio salutis*. Vgl. Barth, *"Die kirchliche Lehre von der Taufe"*, S.18.

230 Vgl. Barth, *"Die Lehre von den Sakramenten"*, S.429.

231 Dies ist gerade der Kritikpunkt Barths an der Kindertaufe. Der Täufling darf nicht ohne Erkenntnis bzw. ohne Glauben passiv zur Taufe gebracht werden, weil er die Gnade Gottes nicht erkennen und sich dafür nicht entscheiden kann. Vgl. *"Die kirchliche Lehre von der Taufe"*, S.35.

232 Vgl. *KD* IV/2, S.IX: "Ich hatte in der Einleitung zu IV,1 in Aussicht gestellt, daß die Lehre von der Taufe und die vom Abendmahl in den beiden ersten, den konstitutiven Teilen der Versöhnungslehre (jeweils in den Paragraphen über die Kirche) zur Sprache kommen sollten. Das ist nun, indem ich näher an die Probleme heran kam, nicht geschehen. Und man wird vielleicht schon in den Bänden II und III bemerkt haben, daß ich von dem Allgemeinbegriff 'Sakrament', mit dem ich noch in Band I etwas sicher und sorglos umgegangen war, immer weniger und schließlich fast gar keinen Gebrauch mehr gemacht habe. ...Man wird Taufe und Abendmahl auch im vorliegenden Band nur beiläufig berührt finden. Sie sind aber nicht vergessen, sondern sollen als Grundlegung und Krönung des vierten, ethischen Teils der Versöhnungslehre ihre nach meiner Erkenntnis sachgemäße und würdige Stellung finden".

die dem Gnadenwort Gottes bzw. dem Ursakrament entsprechende Antwort des Menschen sind. Was Gott von ihm fordert, wird im christlichen Sakrament gegeben.

2. Die Stellungnahme der evangelischen Theologie

Kooperation im Sinne einer Heilsmitwirkung des Menschen wird ausdrücklich in der evangelischen Theologie nicht gebilligt.[233] Sowohl unter den Kirchenvätern als auch unter den Reformatoren[234] und den evangelischen Theologen unserer Zeit wird eine Heilskooperation im allgemeinen abgelehnt.[235] Der Lehre der evangelischen Theologie über Kooperation liegt die reformatorische Lehre des "Alleins" zugrunde.[236] Für die Frage nach der Kooperation ist das "*sola fide*" besonders von Bedeutung. Der Mensch wird durch den Glauben allein gerechtfertigt, nicht durch seine Werke.

Zur Beantwortung der Frage nach dem Verhältnis von Gottes Gnadenwirken und menschlichem Tun ist die führende Auffassung Schlinks von der doppelten Anrede Gottes[237] von Bedeutung. Die doppelte Anrede

---

[233] Zur neuesten Stellungnahme der evangelischen Theologie zum Thema "Kooperation" bzw. "Rechtfertigungslehre" vgl. J. Baur, "*Einig in Sachen Rechtfertigung?*"; T. Mannermaa, "*Einig in Sachen Rechtfertigung*", in: *Theologische Rundschau*, 55 (1990) und H. Schütte (Hg.), "*Einig in der Lehre von der Rechtfertigung*" mit Beiträgen von H. G. Pöhlmann und V. Pfnür. Bemerkenswert ist auch das Dokument des evangelisch-römisch-katholischen Dialogs über "Rechtfertigung" im Jahr 1986, in: H. Meyer und G. Graßmann (Hg.), "*Rechtfertigung im ökumenischen Dialog - Dokumente und Einführung*", 1987.

[234] Vgl. *CA* Art. 5.

[235] Vgl. Schlink, a.a.O., S.475, besonders: "Geht es in unserer Frage zunächst um das Verhältnis von Gottes Gnadenhandeln und menschlichem Tun, so wird hinter das geschichtliche göttliche Handeln zurückgefragt nach Gottes ewigem Ratschluß und Gottes Sein und Wesen. In diesem Sinn hat Augustin und haben in seiner Nachfolge auch Luther und Calvin die doppelte Prädestination im Sinn einer von Ewigkeit bestimmten göttlichen Willensentscheidung gelehrt, die ausschließt, daß der Empfang des Heils vom menschlichen Willen abhängt".

[236] Peters, a.a.O., S.232: "Die Reformatoren haben das 'Für uns' des weltumspannenden Schöpfer-, Erlöser- und Vollenderwirkens des dreieinigen Gottes präzise anvisiert; hierbei hob sich das vierfache 'Allein' (*Christus solus, sola gratia, sola promissione, sola fide*) klar heraus. Die gegenwärtigen Überlegungen zu Stellenwert und Funktion der Rechtfertigung haben diese Orientierung verschärft...". Vgl. dazu Ebeling, a.a.O., S.220-225.

[237] Schlink, a.a.O., S.475: "Der tiefere und eigentliche Grund für das Nicht-zur-Ruhe-Kommen der Frage nach dem Verhältnis von Gottes Gnadenwirken und menschlichem Tun dürfte jedoch darin zu suchen sein, daß Gott dem Menschen sowohl im

Gottes heißt: "Es spricht den Sünder ohne verdienstliche Werke allein aus Gnaden frei und kündigt zugleich an, daß einst ein jeder nach seinen Werken gerichtet wird".[238] Schlink hat Recht, wenn er sagt, daß die dogmatischen Aussagen über das Verhältnis von Gnade und Werk auf das aktuelle Handeln Gottes am Menschen und auf die existentielle Antwort des Menschen[239] bezogen werden müssen,[240] weil Gnade und Werk in ihrem Wesen eine Interaktion sind, in der Gott dem Menschen seine Gnade schenkt und der Mensch auf die Gnade Gottes antwortet. Gott will aber nicht nur schenken und retten, sondern auch fordern und richten.[241] In diesem Punkt stimmt die doppelte Anrede mit den lutherischen Bekenntnissen überein, nach denen der Glaube allein rechtfertigt, aber der rechtfertigende Glaube nie allein bleibt, nie ohne gute Werke.[242] Der Mensch ist also durch diese doppelte Anrede aufgerufen, "als Beschenkte und Geforderte dem kommenden Herrn entgegenzugehen"[243]. Dieser Ansicht nach sind die Selbstbestimmung Gottes und die Bestimmung des

---

alten Bund wie auch im neuen in doppelter Anrede begegnet ist und begegnet: verheißend und gebietend, schenkend und fordernd, rettend und richtend".

[238] Ebd., S.476.

[239] In der gegenwärtigen evangelischen Theologie wird die Diskussion über das Verhältnis von Gottes Gnade und menschlichem Werk im Zusammenhang mit dem Verhältnis von Gottes Aufruf und menschlicher Antwort gestellt. Vgl. Pöhlmann, a.a.O., S.262f.

[240] Vgl., Schlink, a.a.O., S.477.

[241] Die doppelte Anrede Gottes als Schenken und Fordern hat Schlink wie folgt dargestellt: "Die dogmatischen Aussagen müssen somit den Raum offenlassen, in dem Gott in seiner Freiheit sowohl den ganzen Menschen annimmt wie auch den ganzen Menschen fordert. Dieses Offenbleiben für die Freiheit der doppelten Anrede und des doppelten Wirkens Gottes bedeutet nicht die Anerkennung einer unlösbaren Antinomie in Gottes Tun, sondern die Anerkennung, daß Gott durch sein Schenken und Fordern sein Volk zubereitet und führt. Es bedeutet auch keine Anerkennung einer Dialektik, deren beide Seiten einander mit gleichem Gewicht gegenüberstünden, sondern eine auf die endgeschichtliche Vollendung ausgerichtete Dialektik geschichtlichen Vorwärtseilens". Ebd., S.477. Vgl. auch D. Bonhoeffer, "*Nachfolge*", S.2 und 7. Bonhoeffer verwirft die billige Gnade, also die Gnade ohne Nachfolge, zu der die Nachfolger Luthers die "teure Gnade" verfälscht hätten: "wie die Raben haben wir uns um den Leichnam der billigen Gnade gesammelt, von ihr empfingen wir das Gift, an dem die Nachfolge Jesu unter uns starb". Hier betont Bonhoeffer den Tatcharakter des Glaubens.

[242] Vgl. *CA*, Art. 6.

[243] Schlink, a.a.O., S.477.

Menschen durch Gott sowohl im Sinne der Schöpfung als auch im Sinne des Bundes eindeutig dargestellt, daß der Mensch als der von Gott Aufgerufene Gott gegenüber, der ihm die Gnade schenkt und sein Werk fordert, die Gnade Gottes nur schenken lassen kann,[244] und daß sein Werk zugleich von Gott gefordert wird. In diesem Sinne kann das Verhältnis von Gottes Gnadenwirken und menschlichem Tun analog mit dem Verhältnis von Gottes Schöpferwirken und dem Eigenwirken der Geschöpfe erklärt werden. Dieser Gedankengang geht auf Luthers Rechtfertigungslehre zurück, indem Rechtfertigung für ihn nicht einfach eine Amnestieerklärung, sondern die schöpferische Gerechtsprechung bedeutet, die als Aufnahme in die Gemeinschaft Christi in Werken der Liebe lebenswirksam wird:[245] "Wie in der Frage des *concursus divinus* ist es auch in der Frage des göttlichen Gnadenwirkens unmöglich, einen Standort einzunehmen, von dem aus es möglich wäre, Gott und Mensch als gegenüberstehende Größen zu betrachten, zu vergleichen und in ihren beiderseitigen Wirkungen zu verrechnen."[246] Man darf Gott und Mensch keinesfalls in gleichem Sinne als Ursachen ansehen. Das gute Werk kommt nicht vom Menschen, wie die reformatorische Theologie dies ausdrücklich behauptet, sondern von Gott,[247] weil Gott nicht nur als der Transzendente von außen, sondern auch immanent im Menschen einwirkt.[248] In diesem Zusammenhang gehören das

---

[244] Nach der Konkordienformel kann das "Schenken-lassen" als Mitwirkung interpretiert werden. Vgl. Epit. Art. 2.

[245] Vgl. Joest, a.a.O., S.448. Diese lutherische Äußerung ist nach Joests Darstellung in der katholischen Theologie heute auch erkannt und gewürdigt.

[246] Schlink, a.a.O., S.477f. Vgl. dazu Pöhlmann, *"Trennt die Rechtfertigungslehre wirklich noch die Konfessionen?"* in: H. Schütte (Hg.), *"Einig in der Lehre von der Rechtfertigung"*, S.25f. und Joest, a.a.O., S.456, besonders: "Wird in der heutigen Theologie oft vom Menschen als dem 'Partner Gottes' gesprochen, so kann dies also nicht im Sinn einer Rechts- oder Vertragspartnerschaft auf Gegenseitigkeit, nicht im Sinn des arbeitsteiligen Zusammenwirkens in einem gemeinsamen Unternehmen verstanden werden. Weil solche Assoziationen sich ungewollt einstellen können, wäre es m. E. besser, gerade diesen Begriff zur Interpretation des Gegenüber von Gott und Mensch nicht heranzuziehen".

[247] Joest, a.a.O., S.449: "Dann muß aber das, was die Gnade Gottes in ihm [Menschen] wirkt, doch ein ihm, dem Menschen wirklich zugeeignetes neues Leben werden, aus dem heraus er Gott gute Werke darbringen kann, die als Gottes Gabe zugleich in einem echten Sinn auch des Menschen eigene Werke sind und von Gott als solche gewürdigt werden". Vgl. dazu S.457.

[248] Schlink, a.a.O., S.478: "Dies [die Bezeichnung, daß Gott und Mensch im gleichen Sinne als Ursachen zu verstehen sind] ist in der Schöpfungslehre schon deshalb unmöglich, weil Gott den Geschöpfen nicht nur als der Transzendente gegenüber-

Gnadenwirken Gottes und das menschliche Werk zusammen,[249] weil das gute Werk des Menschen, das als eigene Verdienste des Menschen mißinterpretiert wurde, auch aus der Einwirkung Gottes im Menschen entsteht.

In der evangelischen Theologie ist das Sakrament keinesfalls eine Kooperation im Sinne einer Mitwirkung des Menschen in Gottes Heilshandeln. Das Heilshandeln Gottes wirkt im Sakrament nur durch das Pneuma.[250] Obwohl der Glaube, der für das Sakrament eine bedeutende Rolle spielen kann, eine kognitive Seite hat,[251] kann er nicht als eigene Verdienste oder gute Werke des Menschen betrachtet werden[252]. Der Mensch kann glauben und im Glauben die Gnade Gottes erkennen. Das ist aber allein die Wirkung des Heiligen Geistes in ihm. Die evangelische Theologie legt den Wert auf das Wort Gottes. Was im Sakrament geschieht, geschieht nicht nach dem Wort oder nach dem Tun des Menschen, sondern nach dem Wort Gottes, weil das Sakrament das Wort Gottes als seine Verheißung beinhaltet. Im Sakrament geschieht also Gottes Verheißung.[253] In diesem Sinne ist eine Heilsmitwirkung des Menschen im Sakrament unmöglich. Kooperation

---

steht, sondern ihnen zugleich immanent ist, – der also nicht nur von außen auf sie einwirkt, sondern in ihrem Eigenwirken am Werke ist".

[249] Pöhlmann, "*Abriß der Dogmatik*", S.261: "Daß die Alleinwirksamkeit der Gnade die freie Entscheidung des Menschen ein- und nicht ausschließt, wird in der gegenwärtigen evangelischen Theologie stärker hervorgehoben als in der Reformation".

[250] Vgl. Thielicke, a.a.O., S.358.

[251] Nach Thielicke hat es keinen Sinn, mit den Begriffen "kausativ" und "kognitiv" in der Sakramentsfrage umzugehen, weil Sakrament für ihn ein vollziehender Akt bedeutet: "Nach allem Gesagten ist die Kontrastierung der beiden Begriffe 'kausativ' und 'kognitiv' im Rahmen des Taufverständnisses also sinnlos: Der Begriff 'kausativ' setzt die Korrelation zu einem aufweisbaren *effectus* voraus, d.h. zu einer realen Verwandlung des Getauften in etwas, das er vorher nicht war, zu einer habituellen Veränderung... Der Begriff 'kognitiv' macht – im Sinne des zwinglischen Sakramentsbegriffs – das Zeichen zur Illustration eines Wortes, das seinerseits nur deskriptiven, nicht aber vollziehenden Charakter hat". Thielicke, a.a.O., S.359f.

[252] Vgl. ebd., S.358: "Nicht das Zeichen ist insofern kreativ und bewirkend, sondern allein der Geist Gottes selbst, der es allererst zum Zeichen werden läßt, der die Dechiffrierung des Zeichens ermöglicht und das Wunder seiner Zugänglichkeit vollbringt".

[253] Vgl. Elert, a.a.O., S.359: "Was dabei [Sakrament] empfangen wird, ist Inhalt der Verheißung".

ist also auf keinen Fall als Heilskooperation zu verstehen. Das Sakramentsgeschehen nach Gottes Wort schließt das menschliche Tun jedoch nicht aus,
weil die menschlichen Handlungen als Sakrament in ihrer Verbundenheit
mit dem Wort Gottes sakralen Charakter haben.[254] Sakrament als Wortgeschehen in der menschlichen Handlung ist in gewissem Sinne eine Kooperation, nicht daß der Mensch im Sakrament mit seinem Glauben zum Heil
beitragen kann, sondern daß er mit dem Glauben die Heilsgnade Gottes erkennt und auf sie antwortet.[255] Sakrament im kognitiven Sinne bedeutet nur
Zuspruch der Teilnahme am Gnadenbund Gottes.[256]

---

[254] Vgl. ebd., S.358.

[255] In der Frage nach der Passivität des Menschen oder nach der Mitwirkung mit der
Gnade hält die evangelische Theologie immer mit der Konkordienformel daran fest,
daß die Antwort des Menschen auf das Wort der Verheißung im "Glauben" aber
"kein Werk" ist , sondern selbst durch das Wort der Verheißung erwirkt. Vgl.
Pöhlmann, "*Trennt die Rechtfertigungslehre wirklich noch die Konfessionen?*" In:
H. Schütte (Hg.), a.a.O., S.25.

[256] Vgl. Thielickes, a.a.O., S.358.

ERGEBNIS

In der vorliegenden Diskussion wurde darauf hingewiesen, daß Barths Sakramentslehre bzw. seine Tauflehre weder exegetisch noch kirchengeschichtlich begründet ist, sondern daß sie aus dem Grundsatz seines dogmatischen Gedankens entwickelt worden ist: Gott ist Gott und Mensch ist Mensch.[1] Jesus Christus als das gnädige Handeln Gottes ist das Ursakrament. Dementsprechend sind die christlichen Sakramente als menschliche Handlung die Antwort auf das Ursakrament. Zwischen dem Ursakrament und den christlichen Sakramenten besteht einerseits eine wesentliche Unterscheidung, wie die zwischen göttlicher Handlung und menschlicher Handlung, andererseits eine untrennbare notwendige Beziehung zwischen der Berufung Gottes und der Antwort des Menschen. Da das gnädige Handeln Gottes in Jesus Christus und die menschliche Handlung eine große Rolle in der Sakramentstheologie Barths gespielt haben, wurde ihre Bedeutung in der vorliegenden Arbeit behandelt. Nach dieser Erörterung läßt sich nun fragen, ob die Sakramentsauffassung Barths stichhaltig ist?

Nach Barth ist die Gnade Gottes für die Menschen nichts anderes als das Wort Gottes. Sie ist identisch mit Jesus Christus,[2] der das Ursakrament ist. Das Ursakrament ist in diesem Sinne das Wort Gottes. Aber die christlichen Sakramente als Antwort des Menschen, wie der späte Barth sie versteht, sind nur menschliches Wort. Diese spätere Interpretation Barths widerspricht vor allem seiner eigenen früheren Sakramentsauffassung. Obwohl er dort in seiner Lehre vom Wort Gottes das Sakrament nicht zu der dreifachen Gestalt von Gottes Wort zählte, betrachtete er das Sakrament doch als die verkündigte Offenbarung Gottes,[3] und kannte keine Trennung von Ursakrament und christlichem Sakrament. In seiner Lehre vom Wort Gottes gibt es nur die Unterscheidung zwischen geschehener Offenbarung und künftiger Offenbarung.[4] Die Verkündigung der Kirche in Form von Predigt und Sakrament und die Bibel sind nach Barth keinesfalls die geschehene Offenbarung, sondern nur die künftige Offenbarung und als solche können sie die geschehene Offenbarung nur bezeugen. Dies setzt aber vor-

---

[1] Vgl. *KD* II/1, S.212.
[2] Vgl. ebd., S.122.
[3] Vgl. ebd., S.93f. und 166.
[4] Vgl. ebd., S.114.

aus, daß die Verkündigung nur insofern das Wort Gottes ist, wenn sie die wirkliche Offenbarung verheißt.[5]

Sowohl in Barths Sakramentslehre als auch in der evangelischen Theologie hat das Sakrament seinen Grund auf dem Wort Gottes und auf seiner Verheißung, weil im Sakrament nicht nur die menschliche Handlung geschieht, sondern primär das Wort Gottes ist, das das Heil verheißt. Das Sakrament ist in diesem Sinne durch das Wort Gottes mit der Gnade Gottes verbunden. Wie gestaltet sich nun das Verhältnis zwischen Gottes Wort und dem Sakrament? Es ist richtig, daß das Sakrament Jesu Christi nicht mit dem der Kirche identisch ist und daß sie aus diesem Grund voneinander zu unterscheiden sind. Das bedeutet aber keinesfalls eine Trennung, wie der späte Barth sie vollzogen hat.[6] Obwohl sich das Wort Gottes und die Verkündigung dieses Wortes voneinander unterscheiden, sind sie aber nicht voneinander zu trennen. D.h. das Wort, das als Offenbarung in der Person Jesus Christus geschah, geschieht auch hier und jetzt in der Verkündigung, wo und wann das verkündigte Wort durch die Predigt gehört und durch das Sakrament gesehen wird.[7] Das Sakrament ist ohne dieses verkündigte Wort, also ohne das Verheißungswort kein Sakrament. Es ist undenkbar, wenn die Taufe mit Wasser, die ihre Begründung auf dem Verheißungswort Gottes hat, nicht die Taufe mit dem Heiligen Geist zugleich ist. Das Ursakrament hätte überhaupt nichts mit dem christlichen Sakrament zu tun, wenn das Wort Gottes nicht zugleich das Verheißungswort im christlichen Sakrament wäre. Aus diesem Grund muß man daran festhalten, daß das Ursakrament und das christliche Sakrament zwar voneinander zu unterscheiden, aber nicht voneinander zu trennen sind. Was das Wort Gottes dem Menschen im Sakrament verheißt, ist aber nicht nur eine künftige Gnade bzw. nicht nur ein künftiges Heil, sondern auch schon die Gnade bzw. das Heil Gottes hier und jetzt,[8] die dem Menschen, der im Glauben am Sakrament teilnimmt,

---

5   Vgl. ebd.

6   Wenn Barth das christliche Sakrament nicht als Gnadenmittel Gottes betrachtet, durch das das Heil Gottes für die Menschen gilt, sondern nur als menschliche Handlung, ist das eindeutig eine Trennung.

7   Indem das Wort Gottes als Verheißungswort durch die Ohren und zugleich durch die Augen dem Menschen in der Verkündigung als das Heil Gottes wahrgenommen wird, haben die Predigt und das Sakrament die gleiche Wirkung. Vgl. "*Apologie des Augsburger Bekenntnisses*", 5.

8   Man kann in der *Confessio Augustana* lesen, daß "Gott das Predigtamt eingesetzt [hat], Evangelium und Sakrament zu geben, durch die er als durch Mittel den Heiligen Geist gibt, der den Glauben, wo und wann er will (*ubi et quando visum est*

zuteil werden. Wenn das Wort Gottes Barth zufolge nicht nur die eigene Rede Gottes selbst, sondern auch Gottes Tat bedeutet[9] — was Gott verheißt, das tut Gott, muß er auch zugeben, daß die Heilsverheißung im Sakrament in diesem Sinne auch die Heilstat Gottes bedeutet.

Die Heilstat Gottes geschieht im Sakrament. Das bedeutet nicht, daß das Sakrament selbst die Heilstat Gottes ist und die Heilswirkung an sich hat, sondern nur, daß das Sakrament im Zusammenhang mit dieser Heilstat Gottes ein Gnadenmittel ist[10], durch das die Menschen zum Heil begnadigt werden. Für Barth ist jedoch das christliche Sakrament kein Gnadenmittel Gottes. Seiner Ansicht nach ist Jesus Christus allein das einzige Gnadenmittel,[11] der die Gnade Gottes allein vermittelt hat.[12] In diesem Sinne unterscheidet sich Barths Verständnis vom Gnadenmittel von dem der evangelischen Theologie.

In Barths Erläuterung über den Unterschied zwischen der Einmaligkeit des Kreuzestodes und der Einmaligkeit der Auferstehung Jesu Christi betont er ausdrücklich die Kontinuität der Offenbarung Gottes: Das vollendete Sein und Werk Jesu Christi und seine vollendete Offenbarung genügen für alle Zeiten.[13] Es ist wichtig und richtig, daß sich Gott nicht nur einmal in der Menschengeschichte offenbart hat, sondern kontinuierlich offenbart. Weil die Menschen nicht nur zeitlich und räumlich, sondern auch in der weltlichen Wahrnehmung von menschlichen Anschauungen und Begriffen begrenzt sind[14], muß die Offenbarung Gottes nicht nur eine kontinuierliche Offenbarung sein, sondern sie muß sich auch für die menschliche Wahr-

---

Deo), in denen, die das Evangelium hören, wirkt, das da lehrt, daß wir durch Christi Verdienst, nicht durch unser Verdienst, einen gnädigen Gott haben, wenn wir das glauben". (*CA* Art. 5.) Dieser reformatorische Gedanke gilt in der evangelischen Theologie immer noch als Leitsatz, wenn sie die Wirksamkeit des Sakraments behandelt.

9 Es ist undenkbar, daß Gott seine Verheißung nicht erfüllen würde. Vgl. *KD* I/1, S.138-148, besonders S.148.

10 Vgl. *CA* Art. 5.

11 Vgl. *KD* IV/3, S.682.

12 Er ist aber mehr als Gnadenmittel, weil er selbst die Gnade ist. Sein Sein und sein Werk für die Menschen sind die Gnade Gottes selbst. In seiner Fleischwerdung hat er sich als die Gnade zum Gnadenmittel gemacht, um Gott mit dem Menschen zu versöhnen. Vgl. *KD* IV/1, S.133f. und 138.

13 Vgl. *KD* IV/2, S.156-172.

14 Vgl. *KD* II/1, S.200.

nehmung möglich machen. Wenn nach Barths Ansicht die Fleischwerdung Jesu Christi bedeutet, daß Jesus Christus als Geschöpf unter Geschöpfen teilnehmend an Fleisch und Blut in der Zeit wie alle anderen Menschen existiert,[15] so muß Jesus Christus ebenfalls den menschlichen Grenzen unterliegen. Es läßt sich nun fragen, wie Gottes Gnade in der Fleischwerdung Jesu Christi auch für die Menschen in der Gegenwart vermittelt wird, wenn Jesus Christus das einzige Gnadenmittel ist, der in seiner Fleischwerdung die Gnade Gottes mit dem Menschen vermittelt? Wie kann die Gnade Gottes für die heutigen Menschen durch eine zeitlich und räumlich begrenzte Fleischwerdung vermittelt werden?

Man muß Barth Recht geben, daß unter Fleischwerdung die Teilnahme Gottes an Fleisch und Blut des Menschen in der Person Jesus Christus zu verstehen ist. Gott hat sich in der Menschenform für die menschliche Wahrnehmung möglich und wirklich gemacht, und in der Fleischwerdung Jesu Christi zeitlich und räumlich offenbart. Die Fleischwerdung ist allein die Offenbarung Gottes. Es muß aber darauf hingewiesen werden, daß das Wort Gottes nicht mehr in der Existenzform des Menschen — in Fleisch und Blut existiert, sondern in der Geschichte. Die Fleischwerdung Gottes bleibt unter uns. Sie ist in diesem Sinne überzeitlich und überräumlich aber auch wahrnehmbar, weil sie als die Geschichte Jesu Christi dem Menschen aller Zeiten immer weiter durch Predigt, durch Sakrament und durch die Bibel verkündigt wird. Diese Geschichte zu verkündigen ist der Auftrag der Kirche. Ihre Verkündigung darf nur diese Geschichte bzw. die Botschaft des Wortes und der Gnade Gottes in der Fleischwerdung beinhalten. In diesem Sinne wird die Gnade Gottes durch die Verkündigung vermittelt.[16] Die Verkündigung der Kirche ist dann durch Gottes Wort Gnadenmittel geworden. Als beauftragtes Gnadenmittel ist sie zwar nicht identisch mit dem Gnadenmittel Jesus Christus, wie Barth es mit Recht hervorhebt, und kann als das verkündigte Wort nur die geschehene Offenbarung bezeugen,[17] und in diesem Sinne keine Heilswirkung an sich haben. Aber sie ist ein Gnadenmittel, gerade weil sie die Offenbarung Gottes bezeugt und in Form von Predigt - dann durch das mündliche Wort - und von Sakrament - dann durch die sichtbare Handlung mit Brot, Wein und Wasser - das Verhei-

---

15 Vgl. *KD* IV/2, S.39ff.
16 Daß die Gnade Gottes nur durch oder mit dem äußeren Wort (*cum verbo externo*) gegeben wird, stimmt mit dem Gnadenmittelverständnis der reformatorischen Theologie überein. Vgl. "*Die Schmalkaldischen Artikel*", Art. 8.
17 Vgl. *KD* I/1, S.114.

ßungswort Gottes verkündigt und die Gnade Gottes auf diese Weise vermittelt. Aus dieser Perspektive ist Barths Begriff von Gnadenmittel zu eng definiert, was dazu führt, daß er die Eigenschaft des Sakraments als Gnadenmittel verneint.

Nicht nur die Heilswirkung des Sakraments im Sinne des beauftragten Gnadenmittels bestreitet Barth, sondern er insistiert auch, daß das Sakrament nur die christlich-ethische Bedeutung hat.[18] Selbstverständlich hat das Sakrament eine christlich-ethische Bedeutung, weil es das Gnadenhandeln Gottes durch sein Wort und zugleich die menschliche Handlung ist. Ohne die Teilnahme des Menschen gäbe es kein Sakrament. Aber die menschliche Handlung ist nicht mit dem Gnadenhandeln Gottes identisch, weil die Menschen nicht primär das Subjekt des Sakraments sind, und weil das Sakrament nicht für Gott eingesetzt ist, sondern Gott hat das Sakrament für den Menschen eingesetzt. In diesem Sinne ist das Telos des Sakraments nicht das Wort des Danks des Menschen an Gott, wie Barth behauptet, sondern das Verheißungswort der Gnade Gottes für den Menschen. Das Sakrament als menschliche Handlung ist nur in dem Sinne aufzufassen, daß es ein kirchlicher Ritus ist, durch den nicht nur das Heilswort Gottes zu den Menschen gesagt wird, sondern auch der Mensch seinen Dank zu Gott sagt. Die Kirche ist beauftragt, diesen Ritus auszuführen. Um diesen Auftrag zu erfüllen, muß sie das Heilswort Gottes immer wieder durch das Sakrament verkündigen, die Menschen zur Teilnahme an den Sakramenten einladen. Indem die Teilnehmer im Sakrament vor Gott und vor der Gemeinde ihren Glauben bekennen und Gott Dank sagen, erhält das Sakrament seine christlich-ethische Bedeutung. In diesem Sinne ist das Sakrament die menschliche Antwort auf die Berufung Gottes, weil das Sakrament nicht nur die Erfüllung des Auftrags der Kirche ist, sondern die Einzelnen, die am Sakrament teilnehmen, die Gnade Gottes empfangen wollen und das Heilswort für sich geschehen lassen. Eine Kooperation von Gott und Mensch ist nur in diesem Sinne zu verstehen.

---

18 Da die Taufe als Eingliederung des Täuflings in die Gemeinschaft Jesu Christi das Bekenntnis vor Gott und vor der Gemeinde ist, hat Barth insofern Recht, wenn er sagt: "Der erste Schritt seines Gott gegenüber treuen und also seines christlichen Lebens ist seine in eigener Entscheidung von der Gemeinde begehrte und durch sie vollzogene Taufe mit Wasser als das verbindliche Bekenntnis seines Gehorsams, seiner Umkehr, seiner Hoffnung, abgelegt in der Bitte um Gottes Gnade, in der er ihrer Freiheit die Ehre gibt". Vgl. *KD* IV/4, S.1.

Aus den vorangehenden Überlegungen läßt sich nun die Schlußfolgerung ziehen: In Barths Sakramentslehre wird das Sakrament nicht nur in Ursakrament und kirchlichem Sakrament unterschieden, sondern auch voneinander getrennt. Die enge Definition des Gnadenmittels, das Barth mit der Fleischwerdung identisch betrachtet und alle anderen Gnadenmittel neben der Fleischwerdung verneint, schließt die Möglichkeit und die Wirklichkeit der Kontinuität der Fleischwerdung in der Form des Verheißungswortes Gottes in der Verkündigung aus, die als Sakrament doch den Gnadenmittel-Charakter besitzt. Indem das Sakrament für Barth kein Gnadenmittel ist und das Ursakrament nicht im christlichen Sakrament geschieht, verneint er die soteriologische Bedeutung des Sakraments und fordert die Reform der Sakramentslehre der Kirche und die Abschaffung der Kindertaufe. Nach den vorangehenden Überlegungen kann man diese Aussagen Barths jedoch nicht für gerechtfertigt halten. Die christlich-ethische Bedeutung des Sakraments hervorzuheben ist zwar richtig, weil sie in der kirchlichen Sakramentslehre seit tausend Jahren vernachlässigt wurde, doch sie macht keineswegs die gesamte Bedeutung der kirchlichen Sakramente aus. Eine Sakramentstheologie, die für die heutigen Menschen von Bedeutung sein kann, muß die christologische, die soteriologische und die christlich-ethische Bedeutung des Sakraments anerkennen. Barths Aufruf – laß Gott Gott sein – hat in seiner neuen Sakramentslehre gerade eine umgekehrte Wirkung, weil er den Menschen zum Subjekt des Sakraments gesetzt hat, das aber nur Gott sein kann. Dogmatisch betrachtet besteht diese spätere und problematische Sakramentsauffassung Barths darin, daß er das Wirken Gottes und das Wirken des Menschen polarisierend auseinanderreißt, statt beides im sachgemäßen Bezug aufeinander zu unterscheiden.

LITERATURVERZEICHNIS

A. Primärliteratur

Ansatz und Absicht in Luthers Abendmahlslehre, München: Chr. Kaiser, 1928, in: *Die Theologie und die Kirche, Gesammelte Vorträge*, Bd. 2 (= H. Stoevesandt (Hg.), *Karl Barth - Gesamtausgabe, III Vorträge und kleinere Arbeiten, 1922-1925*, Zollikon-Zürich: Theologisher Verlag, 1900, S.248-306)

Barth - Gesamtausgabe, Bd. I-V, Hg. v. Ursula und Jochen Fähler, Zürich: Theologischer Verlag, 1974ff

Das Bekenntnis der Reformation und unser Bekennen, München: Chr. Kaiser, 1935

Die Botschaft von der freien Gnade Gottes, Zollikon-Zürich: Evangelischer Verlag, 1947

Credo: Die Hauptprobleme der Dogmatik, Zollikon-Zürich: Evangelischer Verlag, 1948

Christliche Ethik, München: Chr. Kaiser, 1946

Das christliche Leben: die Kirchliche Dogmatik IV, 4, Fragmente aus dem Nachlaß Vorlesungen 1959-1961, in: Hans-Anton Drewes (Hg.), *Gesamtausgabe II. Akademische Werke*, 1959-1961, Zollikon-Zürich: Theologischer Verlag, 1976

Die christliche Lehre nach dem Heidelberger Katechismus, Zollikon-Zürich: Evangelischer Verlag, 1948

Das christliche Verständnis der Offenbarung, München: Chr. Kaiser 1948

Christus und Adam: Nach Röm 5. Ein Beitrag zur Frage nach dem Menschen und der Menschheit, Zürich: EVZ - Verlag, ²1964

Der Dienst am Wort Gottes, München: Chr. Kaiser, 1934 (Theologische Existenz Heute, 13)

Das Geschenk der Freiheit: Grundlegung evangelischer Ethik. Vortrag gehalten in der Gesellschaft für evanglische Theologie, 1953 in Bielefeld, Zollikon-Zürich: Evanglischer Verlag, 1953

Die Kirchliche Dogmatik, Bd. 1-5, Zürich: EVZ - Verlag, 1964-1970 *Die kirchliche Lehre von der Taufe, Vortrag an der Vierten Tagung der theol. Fakutäten der Schweiz, 1943 in Gwatt am Thunersee*, München: Chr. Kaiser [2]1947

Die lebendige Gemeinde und die freie Gnade, München: Chr. Kaiser, 1947

Die Lehre von den Sakramenten: Vortrag gehalten in Emden und Bern, 1929, München: Chr. Kaiser, 1929 (Zwischen den Zeiten, 7, S.426-460)

Die Menschlichkeit Gottes: Vortrag gehalten an der Tagung der Schweiz, Ref. Pfarrvereins in Aarau, 1956, Zollikon-Zürich: Evangelischer Verlag, 1956

Der Römerbrief, Zöllikon-Zürich: Evangelischer Verlag, [2]1921

Die Souveränität des Wortes Gottes und die Entscheidung des Glaubens, Zürich-Zollikon: Verlag der Evangelischen Buchhandlung, 1939

Die Wirklichkeit des neuen Menschen, Zollikon-Zürich: Evangelischer Verlag, 1950

Das Wort Gottes und die Theologie: Gesammelte Vorträge, München: Chr. Kaiser, 1924-1929

Dogmatik im Grundriss, Zürich: Theologischer Verlag, [4]1977

Einführung in die evangelische Theologie, Zürich: EVZ - Verlag, [2]1962

Einführung in den Heidelberger Katechismus, Zürich: EVZ -Verlag, 1960

Evangelium und Gesetz, München: Chr. Kaiser, 1956

Gottes Gnadenwahl, München: Chr. Kaiser, 1936

Gottes Wille und unsere Wünsche, München: Chr. Kaiser, 1934

Gotteserkenntnis und Gottesdienst nach reformatorischer Lehre: 20 Vorlesungen über das Schottische Bekenntnis von 1560, Zollikon-Zürich: Evangelische Buchhandlung, 1938

Humanismus, Zollikon-Zürich: Evangelischer Verlag, 1950

Mensch und Mitmensch: Die Grundform der Menschlichkeit, Göttingen: Vandenhoeck & Ruprecht, 1967

Nein!: Antwort an Emil Brunner, München: Chr. Kaiser, 1934

Offenbarung, Kirche, Theologie, München: Chr. Kaiser, 1934

Rechtfertigung und Recht, Zürich: EVZ - Verlag, 1970

Reformierte Lehre. Ihr Wesen und ihre Aufgabe: Vortrag, gehalten an der Hauptversammlung des "Reformierten Bundes in Deutschland", Endem, 1923, München: Chr. Kaiser, 1924 (Zwischen den Zeiten, 2, S.8-39)

Verheißung und Verantwortung der christlichen Gemeinde im heutigen Zeitgeschehen, Zollikon-Zürich: Evanglischer Verlag, 1944

Vom christlichen Leben, München: Chr. Kaiser, 1926

Von der Taufe des Johannes zur Taufe auf den Namen Jesu, in: Thomas Würtenberger u. a. (Hg.), *Existenz und Ordnung — Festschrift für Erik Wolf zum 60. Geburtstag*, Frankfurt a. M.: Klostermann, 1962, S.3-14

Zur Frage nach der Taufe, in: *Evangelische Theologie*, 9, 1949/50, S.187-189

206

B. Sekundärliteratur

Aland, Kurt: *Die Säuglingstaufe im Neuen Testament und in der alten Kirche: Eine Antwort an Joachim Jeremias*, München: Chr. Kaiser, 1961 (Theologische Existenz Heute, 86)

Ders.: *Die Stellung der Kinder in den frühen christlichen Gemeinden und ihre Taufe*, München: Chr. Kaiser, 1967 (Theologische Existenz Heute, 138)

Ders.: *Taufe und Kindertaufe — 40 Sätze zur Aussage des Neuen Testaments und der historischen Befund, zur modernen Debatte darüber und den Folgerungen daraus für die kirchliche Praxis – zugleich eine Auseinandersetzung mit Karl Barths Lehre von der Taufe*, Gütersloh: Mohn, 1971

Allmen, Jean-Jacques von: *Ökumene im Herrenmahl*, Kassel: Stauda, 1968

Almond, Philip C.: *Karl Barth and Anthropocentric Theology*, in: *The Scottish Journal of Theology*, 31, No.5, 1978, S.435-447

Althaus, Paul: *Die christliche Wahrheit — Lehrbuch der Dogmatik*, Gütersloh: Mohn, [7]1966

Ders.: *Die lutherische Abendmahlslehre in der Gegenwart*, München: Chr. Kaiser, 1931

Ders.: *Die lutherische Rechtfertigungslehre und ihre heutigen Kritiker*, Berlin: Evangelischer Verlags-Anstalt, 1951

Ders.: *Martin Luther über die Kindertaufe*, in: *Trierer Theologische Zeitschrift*, 73, 1948, S.705-714

Ders.: *Was ist die Taufe? Zur Antwort an Karl Barth*, in: *Theologische Literaturzeitung*, 74, 1949, S.705-714

Amberg, Ernst-Heinz: *Christologie und Dogmatik*, Göttingen: Vandenhoeck & Ruprecht, 1966

Ders.: *Luther in der Theologie des 20. Jahrhunderts: Beispiele theologischer Luther-Interpretation*, in: *Theologische Literaturzeitung*, 108, S.802-818

Amiet, Peter: *Systematische Überlegungen zur Amtsgnade — Zur Theologie Karl Barths*, in: *Internationale Kirchliche Zeitschrift*, 63, 1973, S.168-181

Andersen, Wilhelm: *Die neue Tauflehre Karl Barths*, in: *Lutherische Montshefte*, 8, 1969, S.247-255

Andresen, Carl: *Erlösung IV. Dogmengeschichtlich*: in: *RGG³*, Bd. II, S.590-594

Ders. u. a. (Hg.): *Handbuch der Dogmen- und Theologiegeschichte*, Bd. 1-3 Göttingen: Vandenhoeck & Ruprecht, ungekürzte Studienausgabe, 1988

Asendorf, Ulrich: *Glaube – Verheißung – Christus im Zusammenhang von Luthers Tauflehre*, in: *Luther*, 41, S.80-88

Auer, Johann: *Gnade. Dogmengeschichtlich/Systematisch*, in: *Handbuch theologischer Grundbegriffe*, 2, 1970, S.186-195

Ders.: *Um den Begriff der Gnade*, in: *Zeitschrift für katholische Theologie*, 70, 1948, S.341-368

Aulén, Gustaf: *Die drei Haupttypen des christlichen Versöhnungsgedankens*, in: *Zeitschrift für systematische Theologie*, 8, 1931, S.501-538

Baillie, Donald M: *Gott war in Christus*, Göttingen: Vandenhoeck & Ruprecht, 1959

Bakker, Jan T.: *Luthers Bekenntnis in "Vom Abendmahl Christi"* in: Helmar Junghans (Hg.), *Lutherjahrbuch — Martin Luther 1483-1983, Werk und Wirkung/Work and Impact, Referate und Berichte des Sechsten Internationalen Kongresses für Lutherforschung, Erfurt, DDR, 14.-20. August 1983*, Göttingen: Vandenhoeck & Ruprecht, 1985

Balthasar, Hans Urs von: *Karl Barth: Darstellung und Deutung seiner Theologie*, Köln: Verlag Jakob Hegner, ²1962

Barth, Markus: *Die Taufe – ein Sakrament? Ein exegetischer Beitrag zum Gespräch über die kirchliche Taufe*, Zollikon-Zürich: Evangelischer Verlag, 1951

Bastian, Hans-Dieter: *Vom Wort zu den Wörtern, Evangelische Theologie*, München: Chr. Kaiser, 1968

Bauer, Armin Volkmar: *Inspiration als sakramentales Ereignis: Zum Verhältnis von Wort, Sakrament und Menschheit Christi nach der Theologie K. Barth,* in: *Trierer Theologische Zeitschrift,* 72, 1963, S.84-104

Bauer, Gerhard (gesammelt): *Thesen über Kinder- und Mündigen-Taufe (G. Koch, G. Harder, H. Gollwitzer, M. Mezger, M. Barth, H. Bernau),* in: Robert Frick (Hg.), *Pastoraltheologie — Wissenschaft und Praxis,* 57, Göttingen: Vandenhoeck & Ruprecht, 1968, S.357-386

Bauer, Gerhard: *Die Evangelische Kirche in Deutschland vor der Tauffrage,* in: Robert Frick (Hg.), *Pastoraltheologie — Wissenschaft und Praxis,* 57, Göttingen: Vandenhoeck & Ruprecht, 1968, 389-396

Ders.: *Karl Barth und die Tauffrage,* in: Robert Frick (Hg.), *Pastoraltheologie — Wissenschaft und Praxis,* 57, Göttingen: Vandenhoeck & Ruprecht, 1968, S.417-423

Bayer, Oswald: *Promission — Geschichte der reformatorischen Wende in Luthers Theologie,* Göttingen: Vandenhoeck & Ruprecht, 1971, 367

Beasley-Murray, George R.: *Baptism Today and Tomorrow,* London: Macmillan, 1966

Ders.: *Die christliche Taufe: eine Untersuchung über ihr Verständnis in Geschichte und Gegenwart,* übers. von Günter Wagner, Kassel: Oncken, 1968

Becker, Dieter: *Karl Barth und Martin Buber — Denker in dialogischer Nachbarschaft?: Zur Bedeutung Martin Bubers für die Anthropologie Karl Barths,* Göttingen: Vandenhoeck & Ruprecht, 1986

Beckmann, Joachim: *Ist die Taufe ein Sakrament?,* in: *Evangelische Kommentare,* 1, 1968, S.330-333

Beinert, Wolfgang: *Die Sakramentaliät der Kirche,* in: *Theologische Berichte IX - Kirche und Sakrament,* S.13-66, Köln: Benziger Verlag, 1980

Die Bekenntnisschriften der reformierten Kirche, Ernst F. Karl Müller (Hg.), Zürich: Theologischer Buchhandlung, 1987

Berkouwer, Gerrit Cornelis: *Der Triumph der Gnade in der Theologie Karl Barths*, Neukirchen: Verlag der Buchhandlung des Erziehungsvereins, 1957

Ders.: *The Sacraments*, übers. von Hugo Bekker, Michigan: Willam B. Eerdmans Publ. Co., 1969

Bigwood, W.: *Karl Barth's Teaching of the Church Regarding Baptism*, in: *Scottisch Journal of Theology*, 2,2, 1949, S.217-219

Bizer, Ernst: *Die Abendmahlslehre in den lutherischen Bekenntnisschriften*, München: Chr. Kaiser, 1955, S.3-42 (Theologische Existenz Heute, Nr. 47)

Ders.: *Die Entdeckung des Sakraments durch Luther*, in: *Evangelische Theologie*, 17, 1957, S.66ff

Blaser, Klauspeter: *Gottes Heil in heutiger Wirklichkeit*, Frankfurt a. M.: Lembeck, 1978

Bogdahn, Martin: *Bekenntnisse der Kirche*, Wuppertal: Theologische Verlag Rolf Brockhaus, 1970

Bonhoeffer, Dietrich: *Nachfolge*, München: Chr. Kaiser, [9]1967

Bornkamm, Günther: *Herrenmahl und Kirche bei Paulus*, in: *Zeitschrift für Theologie und Kirche*, 1956, S.312-349

Ders.: *Die eucharistische Rede im Johannes-Evangelium*, in: *Zeitschrift für die neutestamentliche Wissenschaft und die Kunde der älteren Kirche*, 1956, S.161-169

Boro, Ladislaus: *Mysterium Mortis — Der Mensch in der letzten Entscheidung*, Freiburg: Walter-Verlag, [9]1971

Bouillard, Henri: *Die Problematik der Anthropologie Karl Barths*, in: *Dokumente*, 14, Nr. 1, 1958, S.11-17

Breuning, Wilhelm: *Jesus Christus, der Erlöser*, Mainz: Matthias-Grünewald-Verlag, 1968 (Unser Glaube 4)

Brunner, August: *Gnade*, Einsiedeln: Johannes-Verlag, 1983

Brunner, Emil: *Der Mittler: Zur Besinnung über den Christusglauben*, Tübingen: Mohr, [2]1930

Ders.: *Dogmatik*, Bd. 1-3, Zürich: Zwingli-Verlag, 1960ff

Ders.: *Das Ewige als Zunkunft und Gegenwart*, München: Siebenstern-Taschenbuch Verlag, 1965. (Siebenstern-Taschenbuch, Nr. 32)

Ders.: *Gott und sein Rebell: Eine theologische Anthropologie*, Ursula Berger-Gebhardt (Hg.), Hamburg: Rowohlt, 1958

Ders.: *Der Mensch im Widerspruch: Die christliche Lehre vom wahren und vom wirklichen Menschen*, Stuttgart: Zwingli-Verlag, [4]1965

Ders.: *Der neue Barth — Bemerkungen zu Karl Barths Lehre vom Menschen*, in: *Zeischrift für Theologie und Kirche*, 48, 1951, S.89-100

Ders.: *Natur und Gnade: Zum Gespräch mit Karl Barth*, Tübingen: Mohr, [2]1935

Ders.: *Unser Glaube — Eine christliche Unterweisung*, Bern-Leipzip: Gotthelf Verlag, 1935

Brunner, Peter: *Grundlegung des Abendmahlsgesprächs*, Kassel: Stauda, 1954

Bultmann, Rudolf: *Die Rede vom Handeln Gottes*, in: *Kerygma und Mythos* 2, hg. v. H. W. Bartsch, Hamburg: Evangelischer Verlag, [2]1965

Buri, Fritz: *Die anthropologische Bedeutung der Lehre von der Person Christi*, in: *Neue Zeitschrift für Systematische Theologie*, 1, 1959, S.139ff

Ders.: *Der Begriff der Gnade bei Paulus*, in: *Theologische Zeitschrift*, 1975

Busch, Eberhard: *Das Abendmahl als Eucharistie: Gedanken zur Einführung einer regelmäßigen Abendmahlsfeier*, in: R. Bohren und M. Geiger (Hg.), *Wort und Gemeinde*, Zürich: EVZ-Verlag, 1968, S.482-501

Ders.: *Karl Barths Lebenslauf: Nach seinen Briefen und Autobiographie*, München: Chr. Kaiser, 1975

Casel, Odo: *Gegenwart des Christus-Mysteriums*, Mainz: Matthias-Grünewald-Verlag, 1986

Clark, Gordon H.: *Karl Barth's Theological Method, Philadelphia*: The Presbyterian & Reformed Publishing Co., 1963

Cochrane, A. C.: *Baptism as the Basis of the Christian Life, K. Barth, KD IV/4, Book Review*, in: *Journal of Ecumenical Studies*, 5, 1968, S.745-757

Crawford, R.: *Theological method of K. Barth*, in: *The Scottish Journal of Theology*, 25, 1972, S.320-336

Cullmann, Oscar: *Heil als Geschichte*, Tübingen: Mohn, 1965

Ders.:   *Die Tauflehre des Neuen Testaments — Erwachsenen- und Kindertaufe*, Zürich: Zwingli-Verlag, 1948

Dahm, Albert: *Der Gerichtsgedanke in der Versöhnungslehre Karl Barths*, Paderborn: Bonifaticus-Druckerei, 1983

Dantine,   W.:   *Kirche   und   Sakrament*,   in: *Materialdienst   der Konfessionskundlichen Instituts*, 18, 1967

Das Herrenmahl: Dokumente seit 1965, hg. v. der Gemeinsamen Rö-Kath./Ev.-Luth. Kommission, Paderborn: Bonifacius, 1978

Deegan, Daniel L.: *Review of K. Barth: The Humanity of God*, in: *The Scottish Journal of Theology*, 16, 1963, S.195-197

Dembowski,   Hermann: *Einführung   in   die   Christologie*,   Darmstadt: Wissenschaftliche Buchgesellschaft, 1976

Ders.:   *Grundfragen   der   Christologie: Erörtert   am   Problem   der Herrschaft Jesu Christi*, München: Chr. Kaiser, 1969

Deuser, Hermann: *Glauben und Handeln — Evangelische Theologie in den Konsequenzen der Neuzeit*, in: Alois Halder und Klaus Kienzler (Hg.), *Auf der Suche nach dem Verborgenen Gott*, Düsseldorf: Patmos Verlag, 1987, S.322-348

Dewert, McWilliam Joanne: *The Theology of Grace*, Washington: The Catholic University of America Press, 1971

Diem, Hermann: *Karl Barths Kritik am deutschen Luthertum*, Zollikon-Zürich: Evangelischer Verlag, 1947

Dijk, Joseph van: *Die Grundlegung der Ethik in der Theologie Karl Barths*, München: Manz, 1966

Ebeling, Gerhard: *Gott und Wort*, Tübingen: Mohr, 1966

Ders.:   *Dogmatik des chrislichen Glaubens*, Bd. I-III, Tübingen: Mohr, 1979

Ders.:   *Lutherstudien — Begriffsuntersuchungen-Textinterpretationen Wirkungsgeschichtliches*, Bd. 1-3, Tübingen: Mohr, 1971-1985

Ders.:   *Theologie und Verkündigung*, Tübingen: Mohr, 1962

Ders.:   *Über die Reformation hinaus? Zur Luther-Kritik Karl Barths*, in: ders. (Hg.), *Zeitschrift für Theologie und Kirche, B6 — Zur Theologie K. Barths, Beiträge aus Anlaß seines 100. Geburtstags*, Tübingen, 1986, S.33-75

Ders.:   *Das Verständnis vom Heil in säkularisierter Zeit: Kontexte 4*, hg. v. Hans Jürgen Schulz, Stuttgart/Berlin, 1967, S.5-14

Ders.:   *Das Wesen des christlichen Glaubens*, Tübingen: Mohr, 1963

Ders.:   *Wort Gottes und Tradition — Studien zu einer Hermeneutik der Konfessionen*, Göttingen: Vandenhoeck & Ruprecht, 1964

Elert, Werner: *Abendmahl und Kirchengemeinschaft in der Alten Kirche*, Fürth: Flacius-Verlag, 21985

Ders.:   *Der christliche Glaube*, Hamburg: Furche Verlag, 51960

Ders.:   *Zwischen Gnade und Ungnade*, München: Ev. Presseverband für Bayern, 1948

Fagerberg, Holsten: *Die Theologie der lutherischen Bekenntnisschriften von 1529 bis 1537*, Göttingen: Vandenhoeck & Ruprecht, 1965

Fangmeier, Jürgen: *Darbringung und Taufe*, in: *Wort und Gemeinde*, 1968, S.460-481

Ders.:   *Die Praxis der Taufe nach Karl Barth*, in: D. Schellong (Hg.), *Warum Christen ihre Kinder nicht mehr taufen lassen*, S.143-171, Frankfurt a. M.: Stimme, 1969

Feld, Helmut: *Das Verständnis des Abendmahls*, Darmstadt: Wissenschaftliche Buchgesellschaft, 1976

Filson, F. V.: *Karl Barth's Teaching of the Church regarding Baptism*, in: *Theology Today*, 6, 1949, S.262-268

Filthaut, Theodor: *Die Kontroverse über die Mysterienlehre*, Warendorf,Westf.: Schnell, 1947

Finkenzeller, Josef: *Die Lehre von den Sakramenten im allgemeinen*, Freiburg: Herder, 1982

Fischer, Hermann (Hg.): *Anthropologie als Thema der Theologie*, Göttingen: Vandenhoeck & Ruprecht, 1978

Frey, Christofer: *Mehr denken: Gottes Gerechtigkeit und unsere Ethik: Eine Erinnerung an K. Barth im Barth-Jahr*, in: *Zeitschrift für Evangelische Ethik*, 30, No.4, 1986, S.365-372

Ders.:   *Natürliche Theologie und christliche Ethik*, in: *Zeitschrift für evangelische Ethik*, 20, 1976, S.1-24

Ders.:   *Die Theologie K. Barths: Eine Einführung*, Frankfurt a. M.: Atheuäum, 1988

Ders.:   *Zur theologischen Anthropologie K. Barths*, in: *Neue Zeitschrift für systematische Theologie und Religionsphilosophie*, 19, No.3, 1977, S.199-224

Fries, Heinrich (Hg.): *Wort und Sakrament*, München: Kösel Verlag, 1966

Fritzsche, Hans-Georg: *Lehrbuch der Dogmatik*, Teil 1-4, Göttingen: Vandenhoeck & Ruprecht, [2]1964ff

Galloway, A. D.: *Review: The Christian Life (Fragment), Baptism as the Foundation of the Christian Life, (CD, Vol IV,4) by K. Barth*, in: *Journal of Theological Studies*, Vol. 21, 1970, S.259-60

Ganoczy, Alexandre: *Der schöpferische Mensch und die Schöpfung Gottes*, Mainz: Matthias-Grünewald-Verlag, 1976

214

Garijo-Guembe, Guembe Miguel: *Mahl des Herrn: Ökumenische Studien*, Frankfurt: Verlag Otto Lembeck, 1988

Gegenwärtig in Wort und Sakrament — Eine Hinführung zur Sakrament, hg. v. Domschule Würzburg, Freiburg: Herder, 1976

Gehlen, Arnold: *Der Mensch*, Frankfurt: Athenäum Verlag, [4]1950

Gibbs, J. G.: *Secondary Point of Reference in Barth's Anthropology*, in: *The Scottish Journal of Theology*, 1963, S.132-135

Gloege, Gerhard: *Gnade für die Welt. Kritik und Krise des Luthertums*, Göttingen: Vandenhoeck & Ruprecht, 1964

Gogarten, Friedrich: *Der Mensch zwischen Gott und Welt*, Stuttgart, Vorwek, 1956

Ders.: *Jesus Christus, Wende der Welt. Grundfragen zur Christologie*, Tübingen, Mohr, 1966

Gollwitzer, Helmut: *Luthers Abendmahlslehre*, in: E. Wolf (Hg.), *Abendmahlsgemeinschaft?*, München: Chr. Kaiser, 1937, S.94-121

Ders.: *Die Abendmahlsfrage als Aufgabe kirchlicher Lehre*, in: E. Wolf (Hg.), *Theologische Aufsätze: K. Barth zum 50. Geburtstag*, München: Chr. Kaiser, 1936, 275-298

Ders.: *Die Existenz Gottes im Bekenntnis des Glaubens*, München: Chr. Kaiser, [5]1968

Graß, Hans: *Die evangelische Lehre vom Abendmahl*, Lüneburg: Heliand, 1961

Ders.: *Die Abendmahlslehre bei Luther und Calvin: Eine kritische Untersuchung*, Gütersloh: Bertelsmann, [2]1954

Ders.: *Christliche Glaubenslehre*, Bd. 1-2, Stuttgart: Kohlhammer, 1973f.

Greshake, Gisbert: *Geschenkte Freiheit. Einführung in die Gnadenlehre*, Freiburg: Herder, 1977

Ders.: *Gnade als konkrete Freiheit: Eine Untersuchung zur Gnadenlehre des Pelagius*, Mainz: Matthias-Grünewald-Verlag, 1972

Härle, Wilfried: *Die Theologie des "frühen" K. Barth in ihrem Verhältnis zu der Theologie Martin Luthers*, Bochum, Dissertation, 1969

Ders.: *Sein und Gnade: die Ontologie in K. Barths Kirchlicher Dogmatik*, Berlin: Walter de Gruyter & Co., 1975

Hartwell, Herbert: *The Theology of K. Barth: An Introduction*, London: Richard Clay & Co. Ltd., 1964

Ders.: *K. Barth on Baptism*, in: *The Scottish Jorurnal of Theology*, 22, 1969, S.10-29

Hausammann, Susi: *Realpräsenz in Luthers Abendmahlslehre*, in: *Studien zur Geschichte und Theologie der Reformation – Festschrift für E. Bizer*, Neukirchen, 1969, S.157-173

Herberg, J.: *Kirchliche Heilsvermittlung — ein Gespräch zwischen K. Barth und K. Rahner*, Frankfurt: Lang, 1978

Herms, Eilert: *Überlegungen zum Dokument "Das Herrenmahl"*, in: *Zeitschrift für Theologie und Kirche*, 78. Jg., Heft 3, 1981

Hess, Hermann: *Zur Sakramentslehre des Heidelberger Katechismus nach den Fragen 65-68*, in: E. Wolf (Hg.), *Theologische Aufsätze: K. Barth zum 50. Geburtstag*, München: Chr. Kaiser, 1936, S.467-489

Hilgenfeld, Hartmut: *Mittelalterlich-traditionelle Elemente in Luthers Abendmahlsschriften*, Zürich: Theologischer Verlag, 1971

Hillenbrand, Karl: *Heil in Jesus Christus — Der christologische Begründungshang im Erlösungsverhältnis und die Rückfrage nach Jesus*, Würzburg: Echter, 1982

Hoffmann, Klaus: *Der Streit um die Taufe: Neues Licht auf eine alte Frage*, Asslar: Verlag Schulte & Gerth, 1989

Hofius, Otfried: *Abendmahl*, in: Erwin Fahlbusch (Hg.), *Taschenlexikon Religion und Theologie*, Göttingen: Vandenhoeck & Ruprecht, 1983

Hubert, Hans: *Der Streit um die Kindertaufe: Eine Darstellung der von K. Barth 1943 ausgelösten Diskussion um die Kindertauffrage und ihrer Bedeutung für die heutige Tauffrage*, Frankfurt a. M.: Peter Lang, 1972

Jacques, J. H.: *Barth on Baptism — Review on KD IV/4*, in: The Expository Times, 1969, S.206-207

Janssen, Friedrich: *Dynamische Heilsexistenz*, Kevelaer: Verlag Butzon & Bercker, 1974

Ders.: *Luthers theologische Anthropologie*, in: Willigis Eckermann (Hg.), *Martin Luther – Annäherungen und Anfragen*, Vechta: Vechtaer Druckerei und Verlag, 1985, S.76-83

Jaspert, Bernd: *K. Barths Theologie am Ende des 20. Jahrhunderts*, in: Theologische Literaturzeitung, 112, 1987, S.717-730

Jeremias, Joachim: *Die Kindertaufe in den ersten vier Jahrhunderten*, Göttingen: Vandenhoeck & Ruprecht, 1958

Ders.: *Die Abendmahlsworte Jesu*, Göttingen: Vandenhoeck & Ruprecht, 31967

Ders.: *Nochmals: Die Anfänge der Kindertaufe — eine Replik auf Kurt Alands Schrift: "Die Säuglingstaufe im NT und in der alten Kirche"*, München: Chr. Kaiser, 1962 (Theologische Existenz Heute, Nr.101)

Jetter, Werner: *Die Taufe beim jungen Luther — eine Untersuchung über das Werden der reformatorischen Sakraments- und Taufanschauung*, Tübingen: Mohr, 1954

Joest, Wilfried: *Dogmatik*, Bd. 1-2, Göttingen: Vandenhoeck & Ruprecht, 1984ff.

Ders.: *K. Barth und das lutherische Verständnis von Gesetz und Evangelium*, in: Kerygma und Dogma, 24, 1978, S.86-103

Jonas, Hans: *Augustin und das paulinische Freiheitsproblem*, Göttingen: Vandenhoeck & Ruprecht, 21965

Josefson, Ruben: *Wort und Zeichen — Luther und Barth über die Taufe*, in: Kerygma und Dogma, 1956, S.218-27

Jüngel, Eberhard: *Barth—Studien*, Gütersloh: Mohn, 1982

Ders.:   *Gott als Geheimnis der Welt*, Tübingen: Mohr, [3]1978

Ders.:   *Gottes Sein ist im Werden — verantwortliche Rede vom Sein Gottes bei K. Barth (Eine Paraphrase)*, Tübingen: Mohr, [3]1976

Ders.:   *Jesu Wort und Jesus als Wort Gottes*, in: *Parrhesia - Karl Barth zum 80. Geburtstag*, Zöllikon-Zürich: Evangelischer Verlag, 1966

Ders.:   *Der königliche Mensch. Eine christologische Reflexion auf die Würde des Menschen in der Theologie K. Barths*, in: ders. (Hg.), *Barth—Studien*, Gütersloh: Mohn, 1982, S.233-245 (= Zwischen den Zeiten, 5, 1966, S.186-193)

Ders.:   *Die Möglichkeit theologischer Anthropologie auf dem Grunde der Analogie. Eine Untersuchung zum Analogieverständnis K. Barths*, in: *Evangelische Theologie*, 22, 1962, S.535-557

Ders.:   *K. Barths Lehre von der Taufe — Ein Hinweis auf ihre Probleme*, Zürich: EVZ - Verlag, 1968, (Theol. St. 98)

Ders.:   *Das Sakrament — Was ist das?*, in: ders. und K. Rahner (Hg.), *Was ist ein Sakrament? — Vorstösse zur Verständigung*, Freiburg: Herder, 1971 (= *Das Sakrament — Was ist das?*, in: *Evangelische Theologie*, 26, 1966)

Junghans, Helmar (Hg.): *Lutherjahrbuch — Martin Luther 1483-1983, Werk und Wirkung/Work and Impact, Referate und Berichte des Sechsten Internationalen Kongresses für Lutherforschung, Erfurt, DDR, 14.-20. August 1983*, Göttingen: Vandenhoeck & Ruprecht, 1985

Kandler, K.-H.: *Christi Leib und Blut. Studien zur gegenwärtigen lutherischen Abendmahlslehre*, Hannover: Lutherisches Verlag-Haus, 1982

Kasper, W.: *Wort und Sakrament*, in: ders. (Hg.), *Glaube und Geschichte*, Mainz: Matthias-Grünewald, 1970

Kasten, Horst: *Taufe und Rechtfertigung bei Thomas von Aquin und Martin Luther* München: Chr. Kaiser, 1970

Klappert, Bertold: *Die Auferweckung des Gekreuzigten — Der Ansatz der Christologie Karl Barths im Zusammenhang der Christologie der Gegenwart*, Neukirchen-Vluyn: Neukirchener Verlag, ²1974

Ders.: *Diskussion um Kreuz und Auferstehung*, Wuppertal: Aussaat Verlag, ⁴1971

Ders.: *Erwägungen zum Thema: Gesetz und Evangelium bei Luther und K. Barth*, in: Theologische Beiträge, 7, 1976, S.140-157

Ders.: *Promissio und Bund — Gesetz und Evangelium bei Luther und Barth*, Göttingen: Vandenhoeck & Ruprecht, 1976

Köberle, Adolf: *Rechtfertigung und Heiligung*, Gütersloh: Gütersloher Verlag, ⁴1938

Kodalle, Klaus-Michael (Hg.): *Gegenwart des Absoluten — Philosophisch-theologische Diskurse zur Christologie*, Gütersloh: Mohn, 1984

Kraus, Hans-Joachim: *Die Taufe als Begründung des christlichen Lebens — K. Barths KD* mit einem einführenden Bericht von Otto Weber und fortgeführt von H.-J. Kraus, Neukirchen-Vluyn: Neukirchener Verlag, 1968

Ders.: *Das Problem der Heilsgeschichte in der Kirchlichen Dogmatik*, in: E. Wolf (Hg.), *Antwort – K. Barth zum 70. Geburtstag am 10. Mai 1956*, Zollikon-Zürich: Evangelischer Verlag, 1956, S.69-83

Kreck, Walter: *Analogia fidei oder analogia entis*, in: E. Wolf (Hg.), *Antwort - K. Barth zum 70. Geburtstag am 10. Mai 1956*, Zollikon-Zürich: Evangelischer Verlag, 1956, S.272-286

Ders.: *Die Abendmahlslehre in den reformierten Bekenntnisschriften*, in: Die Abendmahlslehre in den reformatorischen Bekenntnisschriften - Referate für die Darmstädter Tagung der "Kommission für das Abendmahlsgespräch" in der EKiD am 13./14. April 1955*, München: Chr. Kaiser, 1955, S.43-71 (Theologische Existenz Heute, 47)

Ders.: *Gott und Mensch als "Partner", Zur Bedeutung einer zentralen Kategorie in K. Barths Kirchlicher Dogmatik*, in: Eberhard Jüngel (Hg.), *Zeitschrift für Theologie und Kirche, Beiheft 6, "Zur Theologie K. Barth"*, Tübingen, 1986 158-175

Ders.: *Grundentscheidungen in Karl Barths Dogmatik*, Neukirchen-Vluyn: Neukirchener Verlag, 1978

Ders.: *Karl Barths Tauflehre*, in: *Theologische Literaturzeitung*, 94, 1969, S.401-412

Ders.: *Sakramente II, Dogmatisch*, in: ^{3}*RGG*, Bd. V, Sp.1326-1329

Krötke, Wolf: *Sünde und Nichtiges bei Karl Barth*, Neukirchen-Vluyn: Neukirchener Verlag, ^{2}1983

Kühn, Ulrich: *Die Taufe — Sakrament des Glaubens*, in: *Kerygma und Dogma*, 1970, S.282-299

Ders.: *Luthers Zeugnis vom Abendmahl in Unterweisung, Vermahnung und Beratung*, in: Helmar Junghans (Hg.), *Leben und Werk Martin Luthers von 1526 bis 1546 Festgabe zu seinem 500. Geburtstag*, Bd. 1, Göttingen: Vandenhoeck & Ruprecht, 1983, S.139-152

Ders.: *Sakramente*, Carl Heinz Ratschow (Hg.), *Handbuch - Systematischer Theologie*, Bd. 11, Gütersloh: Mohn, 1985

Ders.: *Das Abendmahlsgespräch in der ökumenischen Theologie der Gegenwart*, in: *TRE*, Bd. 1, S.145-212

Ders.: *Kirche*, Carl Heinz Ratschow (Hg.), *Handbuch Systematischer Theologie*, Bd. 10, Gütersloh: Mohn, 1980

Küng, Hans: *Rechtfertigung — Die Lehre Karl Barths und eine katholische Besinnung*, München: Piper, ^{4}1986

Leavey, Th. E.: *Christ's Presence in Word and Eucharist: Illustrated by Barth's Doctrine of the Word of God and Contemporary Sacramental Activity in the Eucharist*, Dissertation, Princeton Unversity, 1968

Lessig, Hans: *Die Abendmahlsprobleme im Lichte der neutestamentlichen Forschung seit 1900*, Dissertation, Bonn, 1953

Lexikon für Theologie und Kirche, K. Rahner und Josef Höfer (Hg.), Freiburg: Herder, 1967

Lies, Lothar: *Sakramententheologie — eine personale Sicht*, Graz: Verlag Styria, 1990

Link, Wilhelm: *Christliche Ethik und dialektische Theologie* in: E. Wolf (Hg.), *Theologische Aufsätze: K. Barth zum 50. Geburtstag*, München: Chr. Kaiser, 1936, S.262-274

Locher, Gottfried W.: *Streit unter Gästen: Die Lehre aus der Abendmahlsdebatte der Reformatoren für das Verständnis und die Feier des Abendmahls heute*, Zürich: Theologischer Verlag, 1972

Lohff, Wenzel: *Das dogmatische Problem der Anthropologie*, in: Karlmann Beyschlag (Hg.), *Humanitas — Christianitas*, Witten: Luther-Verlag, 1968, S.291-301

Lohse, Bernhard (Hg.): *Luther und die Theologie der Gegenwart: Referate und Berichte des Fünften Internationalen Kongresses für Lutherforschung*, Göttingen: Vandenhoeck & Ruprecht, 1980

Lortz, Joseph: *Sakramentales Denken beim Jungen Luther*, in: *Lutherjahrbuch*, 1969, S.9-40

Mann, Frido: *Das Abendmahl beim jungen Luther*, München: Hueber, 1971

Mannermaa, Tuomo: *Einig in Sachen Rechtfertigung? Eine lutherische und eine katholische Stellungnahme zu Jörg Baur*, in: *Theologische Rundschau*, 1990, S.325-335

McCue, James F.: *Luther and the Change in Understanding of Sakrament*, in: Helmar Junghans (Hg.), *Lutherjahrbuch — Martin Luther 1483-1983, Werk und Wirkung/Work and Impact, Referate und Berichte des Sechsten Internationalen Kongresses für Lutherforschung, Erfurt, DDR, 14.-20. August 1983*, Göttingen: Vandenhoeck & Ruprecht, 1985, S.282-283

Mechels, Eberhard: *Ontologisierung des Glaubens?* in: *Evangelische Theologie*, 38, 1978, S.450-458

Meckenstock, Günter: *K. Barths Prolegomena zur Dogmatik: Entwicklungslinien vom Unterricht in der christlichen Religion bis zur KD*, in: *Neue Zeitschrift für systematische Theologie und Religionsphilosophie*, 28, 1986, S.296-310

Meinhold, Peter: *Die Anschauung von der Taufe bei den Reformatoren und die neue theologische Diskussion um die Taufe*, in: E. C. Suttner (Hg.), *Taufe und Firmung*, Regensburg: Pustet, 1971, S.91-110

MeLean, Stuart D.: *Humanity of Man in K. Barth's Thought*, in: *The Scottish Journal of Theology*, 28, 1975, S.127-147

Meyer, Harding u. a.: *Rechtfertigung im Ökumenischen Dialog — Dokument und Einführung*, Frankfurt a. M.: Verlag Otto Lembeck, 1987

Mildenberger, Friedrich: *Theologie der Lutherischen Bekenntnisschriften*, Stuttgart: Kohlhammer, 1983

Moltmann, Jürgen: *Der gekreuzigte Gott*, München: Chr. Kaiser, [4]1981

Ders.: *Kirche in der Kraft des Geistes: Ein Beitrag zur messianischen Ekklesiologie*, München: Chr. Kaiser, 1975

Ders.: *Mensch: Christliche Anthropologie in den Konflikten der Gegenwart*, Gütersloh: Mohn, [2]1983

Moosbrugger, O.: *Das Problem der speziellen Ethik bei K. Barth*, Dissertation, Theologische Fakultät, Bonn, 1969

Mühlen, Karl-Heinz: *Luthers Tauflehre und seine Stellung zu den Täufern*, in: *Leben und Werk Martin Luthers von 1526 bis 1546. Festgabe zu seinem 500. Beburtstag*, Bd. 1, Göttingen: Vandenhoeck & Ruprecht, 1983, S.119-138

Müller, Gerhard Ludwig: *Bonhoeffers Theologie der Sakramente*, Frankfurt a. M.: Josef Knecht, 1979

Ders.: *Rechtfertigungslehre heute — eine moderne Interpretation*, in: *Luther*, 1, 1975, S.1-4

Ders.: *Abendmahl und Amt — Zum evangelisch-katholischen Dialog*, in: *Luther*, 1, 1975, S.40-43

Mysterium salutis. Grundriß heilsgeschichtlicher Dogmatik, Bd. 1-6, hg. von Johannes Feiner und Martin Löhrer, 1965-1981

222

Neues Handbuch theologischer Grundbegriffe, Peter Eicher (Hg.), München: Kösel-Verlag, 1985

Neuser, Wilhelm H.: *Die Tauflehre des Heidelberger Katechismus — eine aktuelle Lösung des Problems der Kindertaufe*, Münschen: Kaiser, 1967 (Theologische Existenz Heute, 139)

Osborn, R. T.: *New "new Barth"*, in: *Interpretation — A Journal of Bible and Theology*, 18, 1964, S.62-75

Ott, Heinrich: *Der Gedanke der Souveränität Gottes*, in: *Theologische Zeitschrift*, 12, 1956, S.409-424

Oyen, Hendrik van: *Bemerkungen zu K. Barths Anthropologie: Fragen zu K. Barths KD III,2, 1948*, in: *Zeitschrift für Evangelische Ethik*, 7, 1963, S.291-305

Ders.:   *Theologische Erkenntnislehre*, Zürich: Zwingli-Verlag, 1955

Pannenberg, Wolfhart: *Grundzüge der Christologie*, Gütersloh: Mohn, [2]1966

Ders.:   *Anthropologie in theologischer Perspektive*, Göttingen: Vandenhoeck & Ruprecht, 1983

Ders.:   *Gottesgedanke und menschliche Freiheit*, Göttingen: Vandenhoeck & Ruprecht, [2]1978

Ders.:   *Heilsgeschehen und Geschichte*, in: *Kerygma und Dogma*, 5, 1959, S.218-237, 259-288

Ders. (Hg.):   *Offenbarung als Geschichte*, Göttingen: Vandenhoeck & Ruprecht, [4]1970

Ders.:   *Was ist der Mensch: Die Anthropologie der Gegenwart im Lichte der Theologie*, Göttingen: Vandenhoeck & Ruprecht, 1964

Peperzak, Ad: *Der heutige Mensch und die Heilsfrage*, Freiburg: Herder, 1972

Pesch, Otto Hermann: *Einführung in die Lehre von Gnade und Rechtfertigung*, Darmstadt: Wissenschaftliche Buchgesellschaft, 1981

Ders.: *Theologie der Rechtfertigung bei Martin Luther und Thomas von Aquin — Versuch eines systematisch-theologischen Dialogs*, Mainz: Matthias-Grünewald-Verlag, 1967

Ders. (Hg.): *Einheit der Kirche — Einheit der Menschheit*, Freiburg: Herder, 1978

Ders.: *Besinnung auf die Sakramente*, in: *Freiburger Zeitschrift für Philosophie und Theologie*, 18, 1971, S.266-321

Ders.: *Frei sein aus Gnade: theologische Anthropologie*, Leipzip: St.-Benno-Verlag, 1986

Peters, Albrecht: *Gesetz und Evangelium*, Carl Heinz Ratschow (Hg.), *Handbuch Systematischer Theologie*, Bd. 2, Gütersloh: Mohn, 1981

Ders.: *Das Abendmahlsverständnis in der Geschichte der christlichen Kirchen*, in: *TRE*, Bd. 1, S.58-145

Ders.: *Karl Barth und Martin Luther*, in: *Luther*, 57, 1986, S.113-119

Ders.: *Karl Barths Lehre von der Taufe*, in: *Luther*, Heft 1, 1969, S.69-86

Ders.: *Der Mensch*, Carl Heinz Ratschow (Hg.), *Handbuch Systematischer Theologie*, Bd. 8, Gütersloh: Mohn, 1979

Ders.: *Realpräsenz, Luthers Zeugnis von Christi Gegenwart im Abendmahl*, Berlin: Lutherisches Verlagshaus, 1960

Ders.: *Rechtfertigung*, Carl Heinz Ratschow (Hg.), *Handbuch Systematischer Theologie*, Bd.12, Gütersloh: Mohn, 1984

Ders.: *Sakrament und Ethos nach Luther*, in: *Lutherjahrbuch*, 36, 1969, S.41-79

Pöhlmann, Horst Georg: *Abriß der Dogmatik*, Gütersloh: Mohn, [4]1973

Prenter, Regin: *Schöpfung und Erlösung: Dogmatik*, Göttingen: Vandenhoeck & Ruprecht, 1958-1960

Ders.: *Glauben und Erkennen bei K. Barth. Bemerkungen eines lutherischen Boso zur theologischen Methode K. Barths*, in: *Keryma und Dagma*, 2, 1956, S.176-192

224

Ders.:   *Karl Barths Umbildung der traditionellen Zweinaturenlehre in lutherische Beleuchtung*, in: *Studia Theologica*, Bd. XI, Heft 1, Lund 1957, S.1-88

Ders.:   *Die Lehre vom Menschen bei K. Barth*, in: *Theologische Zeitschrift*, 6, 1950, 211-222

Ders.:   *Schöpfung und Erlösung — Dogmatik*, Göttingen: Vandenhoeck & Ruprecht, 1960

Quadt, Anno: *Die Taufe als Antwort des Glaubens — Zur neuen Tauflehre K. Barths*, in: *Theologische Revue*, 64, 1968, S.467-476

Ders.:   *Gott und Mensch — Zur Theologie K. Barths in ökumenischer Sicht* München: Verlag Ferdinand Schöningh, 1976

Rahner, Karl: *Hörer des Wortes*, Freiburg: Herder, 1960

Ders.:   *Was ist ein Sakrament?*, in: ders. und E. Jüngel (Hg.), *Was ist ein Sakrament? — Vorstösse zur Verständigung*, Freiburg: Herder, 1971, S.67-85

Ders.:   *Wort und Eucharistie*, in: Michael Schmaus (Hg.), *Aktuelle Fragen zur Eucharistie*, München: Max Hueber Verlag, 1960, S.7-52

Rendtorff, Trutz (Hg.): *Die Realisierung der Freiheit, Beiträge zur Kritik der Theologie Karl Barths*, Gütersloh: Mohn, 1975

Raske, Michael: *Sakrament, Glaube, Liebe. Gerhard Ebelings Sakramentsverständnis — eine Herausforderung an die katholische Theologie*, Essen: Wingen, 1973

Ratschow, C. H.: *Jesus Christus*, ders. (Hg.), *Handbuch Systematischer Theologie*, Bd. 5, Gütersloh: Mohn, 1982

Ratzinger, Joseph: *Zum Begriff des Sakramentes*, München: Minerva Publ., 1979

Riess, Richard: *Heilung und Heil: Das Wort, das weiterwirkt*, Aufs. in memoriam Kurt Frör, hg. v. Richard Riess/Dietrich Stollberg, München, 1981, S.221-236

Ritschl, Albrecht: *Die christliche Lehre von der Rechtfertigung und Versöhnung*, Bd. III, Bonn: Marcus, ⁴1895

Ruppel, Helmut: *Literatur zum Thema Taufe*, in: *Pastoraltheologie: Wissenschaft und Praxis*, 57, Göttingen: Vandenhoeck & Ruprecht, 1968, S.423-433

Die Sakramente der Kirche in der Confessio Augustana und in den oxthodoxen Lehrbekenntnissen des 16./17. Jahrhunderts, hg. v. Kirchlichen Außenamt der Evangelichen Kirche in Deutschland (Studienheft 14), Frankfurt a. M.: Verlag Otto Lembeck, 1982

Saxer, Ernst: *Reformierte Tauflehre in der Krise?* in: *Theologische Zeitschrift*, 31, 1975, S.95-107

Schellong, Dieter (Hg.): *Warum Christen ihre Kinder nicht mehr taufen lassen*, Frankfurt a. M.: Stimme-Verlag, 1969

Ders.: *Der Ort der Tauflehre in der Theologie Karl Barths*, in: ders. (Hg.), *Warum Christen ihre Kinder nicht mehr taufen lassen*, S.108-142, Frankfurt a. M.: Stimme, 1969

Ders.: *Kritik an der Kindertaufe*, in: ders. (Hg.), *Warum Christen ihre Kinder nicht mehr taufen lassen*, S.9-36, Frankfurt a. M.: Stimme, 1969

Schlier, Heinrich: *Zur kirchlichen Lehre von der Taufe*, in: *Theologische Literaturzeitung*, 72, 1947, S.321-336

Schlink, Edmund: *Abendmahlsgespräch*, Berlin: Verlag Alfred Töpelmann, 1952

Ders.: *Die Kirche in Gottes Heilsplan*, in: *Theologische Literaturzeitung*, 73, 1948, Sp.641-652

Ders.: *Die Lehre von der Taufe*, Kassel: Johannes Stauda Verlag, 1969

Ders.: *Ökumenische Dagmatik: Grundzüge*, Göttingen: Vandenhoeck & Ruprecht, 1983

Schloenbach, Manfred: *Glaube als Geschenk Gottes — Das Glaubensverständnis Luthers und die Unterscheidung von Gnade und Gabe*, Stuttgart: Calwer Verlag, 1962

Schlüter, Richard: *K. Barths Tauflehre: ein interkonfessionelles Gespräch*, Paderborn: Bonifacius Verlag, 1973

226

Schmid, Friedrich: *Verkündigung und Dogmatik in der Theologie Karl Barths, Hermeneutik und Ontologie in einer Theologie des Wortes Gottes*, München: Chr. Kaiser, 1964

Schmidt, Klaus: *Der Kölner Arbeitskreis — Taufe und Gemeinde*, in: Robert Frick (Hg.), *Pastoraltheologie - Wissenschaft und Praxis*, 57, Göttingen: Vandenhoeck & Ruprecht, 1968, S.396-402

Schneider, Theodor: *Zeichen der Nähe Gottes: Grundriss der Sakramententheologie*, Mainz: Mathias-Grünewald-Verlag, ³1982

Schütte, Heinz (Hg.): *Einig in der Lehre von der Rechtfertigung*, Paderborn: Bonifatius Verlag, 1990

Schwager, Raymond: *Der Richter wird gerichtet: zur Versöhnungslehre von K. Barth*, in: *Zeitschrift für katholische Theologie*, 107, 1985, S.101-141

Schwarz, Hans: *Divine Communication: Word and Sacrament in Biblical, Historical and Contemporary Perspective*, Philadelphia: Fortress Press, 1985

Schweizer, Eduard: *Das Herrenmahl im Neuen Testament*, in: *Theologische Literaturzeitung*, 79, 1954, S.577-592

Ders.: *Erniedrigung und Erhöhung bei Jesus und seinen Nachfolgern*, Zürich: Zwingli Verlag, 1955

Semmelroth, Otto: *Die Kirche als Ursakrament*, Frankfurt a. M.: Knecht, ³1963

Ders.: *Gott und Mensch in Begegnung*, Frankfurt a. M.: Knecht, ²1958

Ders.: *Vom Sinn der Sakramente*, Frankfurt a. M.: Knecht, ²1963

Ders.: *Wirkendes Wort — zur Theologie der Verkündigung*, Frankfurt a. M.: Knecht, 1962

Seyfarth, Ludwig: *Der Begriff der Erlösung in der Dogmatik Karl Barths*, Dissertation, Rostock, 1983

Skowronek, Alfons: *Sakrament in der evangelischen Theologie der Gegenwart*, München: Verlag Ferdinand Schöningh, 1971

Snela, Bogdan: *Kindertaufe — ja oder nein?*, München: Kösel, 1987

Steck, K. G.: *Zwischen Luther und K. Barth*, in: *Stimme der Gemeinde*, 18, 1966, S.313-316

Stirnimann, Heinrich: *Barths Tauf-Fragment: KD IV/4*, in: *Freiburger Zeitschrift für Philosophie und Theologie*, 15, 1968, S.3-28

Stock, Konrad: *Die Funktion anthropologischen Wissens in theologischem Denken ein Beispiel K. Barths*, in: *Evangelische Theologie*, 34, 1974, S.523-538

Ders.:   *Anthropologie der Verheißung — K. Barths Lehre vom Menschen als dogmatisches Problem*, München: Chr. Kaiser, 1980

Sudbrack, Josef: *Die Wahrheit der Sakramente: Kraft und Geist der Kirche — Wege des Menschen zu Gott*, Ostfildern: Schwabenverlag, 1988

Thielicke, Helmut: *Mensch sein — Mensch werden. Entwurf einer christlichen Anthropologie*, München: Piper, 1976

Thomas, Owen C.: *Barth on Non-Christian Knowledge of God*, in: *Anglican Theological Review*, 46, 1964, S.261-285

Thompson, John: *Humanity of God in the Theology of K. Barth*, in: *Scottish Journal of Theology*, 29, No. 3, 1976 S.249-269

Tiefel, Hans Otto: *The Ethics of Gospel and Law: Aspects of the Barth-Luther Debate*, Michigan: Xerox University Microfilms, 1974

Tischer, Elisabeth und Harald: *Sollen wir unser Kind taufen lassen?* Göttingen: Vandenhoeck & Ruprecht, in: Robert Frich (Hg.), *Pastraltheologie — Wissenschaft und Praxis*, 57, 1968, S.414-417

Trillhaas, Wolfgang: *Dogmatik*, Berlin: Walter de Gruyter, [4]1980

Unser Glaube: Die Bekenntnisschriften der evangelisch-lutherischen Kirche, hg. vom Lutherischen Kirchenamt und bearb. von H. G. Pöhlmann, Gütersloh: Mohn, [2]1987

Verbeck, Wilheim: *Der Opfercharakter des Abendmahls in der neueren evangelischen Theologie*, Paderborn: Verlag Bonifacius-Druckerei, 1966

228

Viering, Fritz (Hg.): *Zu K. Barths Lehre von der Taufe. Veröffentlichung des Taufausschusses der Evangelischen Kirche der Union*, Gütersloh: Mohn, 1971

Vinke, Rainer: *Taufe und neues Leben bei Luther*, in: Helmar Junghans (Hg.), *Lutherjahrbuch — Martin Luther 1483-1983, Werk und Wirkung/Work and Impact, Referate und Berichte des Sechsten Internationalen Kongresses für Lutherforschung, Erfurt, DDR, 14.-20. August 1983*, Göttingen: Vandenhoeck & Ruprecht, 1985, S.288-291

Vogel, Heinrich: *Gott in Christo: Ein Erkenntnisgang durch die Grundprobleme der Dogmatik*, Berlin: Lettner-Verlag, 21952

Wallace, R. S.: *Barth's Doctrine of Reconciliation (Review)*, in: *The Expository Times*, 74, 1962, S.21-23

Walsh, Liam G.: *The Sacraments of Initiation*, London: Geoffrey Chapman, 1988

Weber, Hermann: *Wort und Sakrament — Diskussionsstand und Anregung zu einer Neuinterpretation*, in: *Münchner Theologische Zeitschrift*, 23, 1972, S.241-274

Weber, Otto: *Gnade und Rechtfertigung bei K. Barth*, in: *Theologische Literaturzeitung*, 83, 1958, S.401-408

Ders.: *Grundlagen der Dogmatik*, Bd. 1-2, Neukirchen-Vluyn: Neukirchener Verlag, 1962

Ders. u. a.: *Die Predigt von der Gnadenwahl — K. Barth zum 10. Mai 1951*, München: Chr. Kaiser, 1951 (Theologische Existenz Heute, 28)

Wendebourg, Ernst-Wilhelm: *Die Christusgemeinde und ihr Herr — eine kritische Studie zur Ekklesiologie K. Barths*, Berlin: Lutherisches Verlagshaus, 1967

Wenz, Gunther: *Geschichte der Versöhnungslehre in der evangelischen Theologie der Neuzeit*, Bd. 1-2, Münschen: Chr. Kaiser, 1986

Ders.: *Einführung in die evangelische Sakramentenlehre*, Darmstadt: Wissenschaftliche Buchgesellschaft, 1988

229

Westermann, Claus: *K. Barths Nein: eine Kontroverse um die theologia naturalis, E. Brunner - K. Barth (1934)*, in: *Evangelische Theologie*, 47, 1987, S.386-396

Weth, Rudolf: *Taufe in den Tod Jesu Christi als Anfang eines neuen Lebens*, in: *Gottes Zukunft — Zukunft der Welt, Festschrift für Jürgen Moltmann zum 60. Geburtstag*, München: Chr. Kaiser, 1986, 147-158

Whitehouse, W. A.: *Review: Dogmatics in Outline by K. Barth — The Teaching of the Church Regarding Baptism by K. Barth*, in: *Journal of Theological Studies*, 3, 1952, S.156-158

Willems, B. A.: *Karl Barth — eine Einführung sein Denken*, übers. von Marcel Pfändler, Zürich: EVZ Verlag, 1964

Willis, Robert E.: *The Ethics of Karl Barth*, Leiden: Brill, 1971

Wingren, Gustaf: *Gott und Mensch bei K. Barth*, in: *Studia Theologica*, 1, 1948, S.27-53

Wolf, Ernst (Hg.): *Theologische Aufsätze: K. Barth zum 50. Geburtstag*, Münschen: Chr. Kaiser, 1936

REGENSBURGER STUDIEN ZUR THEOLOGIE

Band 22 Hubert Schnackers: Kirche als Sakrament und Mutter. Zur Ekklesiologie von Henri de Lubac. 1979.

Band 23 Karl Pichler: Streit um das Christentum. Der Angriff des Kelsos und die Antwort des Origenes. 1980.

Band 24 Hubert Windisch: Handeln in Geschichte. Ein katholischer Beitrag zum Problem des sittlichen Kompromisses. 1981.

Band 25 Jung-Hi Kim: "Caritas" bei Thomas von Aquin im Blick auf den konfuzianischen Zentralbegriff "Jena". 1981.

Band 26 Karl-Heinz Tillmann: Die Lehre vom Bösen in gesamt-systematischen Entwürfen deutscher katholischer Theologen im 19. Jahrhundert. Johann Baptist Hirscher, Franz Anton Staudenmaier, Anton Berlage. 1982.

Band 27 Charles MacDonald: Church and World in the Plan of God. Aspects of History and Eschatology in the Thought of Père Yves Congar o.p. With a Preface by Yves Congar. 1982.

Band 28 Stefan Hirschlehner: Modi der Parusie des Absoluten. Bestimmungen einer Hermeneutik der Theologie G.W.F. Hegels. 1983.

Band 29 Klaus Müller: Thomas von Aquins Theorie und Praxis der Analogie. Der Streit um das rechte Vorurteil und die Analyse einer aufschlußreichen Diskrepanz in der "Summa theologiae". 1983.

Band 30 Hugo S. Eymann, Eutropius Presbyter und sein Traktat. "De similitudine carnis peccati". 1985.

Band 31 Jacob Adai: Der Heilige Geist als Gegenwart Gottes in den einzelnen Christen, in der Kirche und in der Welt. Studien zur Pneumatologie des Epheserbriefes. 1985.

Band 32 Heinrich Zweck: Osterlobpreis und Taufe. Studien zu Struktur und Theologie des Exsultet und anderer Osterpraeconien unter besonderer Berücksichtigung der Taufmotive. 1986.

Band 33 Elisabeth Fink-Dendorfer: CONVERSIO. Motive und Motivierung zur Bekehrung in der Alten Kirche. 1986.

Band 34 Paul Bemile. The Magnificat within the Context and Framework of Lukan Theology. 1986.

Band 35 Josef Zöhrer: Der Glaube an die Freiheit und der historische Jesus. Eine Untersuchung der Philosophie Karl Jaspers' unter christologischem Aspekt. 1986.

Band 36 Manfred Holzleitner: Gotteslogik - Logik Gottes? Zur Gottesfrage bei G.W.F. Hegel. 1987.

Band 37 Hans-Ferdinand Angel: Naturwissenschaft und Technik im Religionsunterricht. 1988.

Band 38 Ulrich Hemel: Ziele religiöser Erziehung. Beiträge zu einer integrativen Theorie. 1988.

Band 39 Josef Graf: Gottlieb Söhngen (1892-1971). Suche nach der "Einheit in der Theologie". Ein Beitrag zum Durchbruch des heilsgeschichtlichen Denkens. 1991.

Band 40 Wolfgang Hübner: Das Verhältnis von Kirche und Staat in Bayern (1817 - 1850). Analyse und Interpretation der Akten und Protokolle der Freisinger Bischofskonferenz von 1850. 1993.

Band 41 Bernhard Lackner: Segnung und Gebot. John Henry Newmans Entwurf des christlichen Ethos. 1994.

Band 42 Russell John Briese: Foundations of a Lutheran Theology of Evangelism. 1994.

Band 43 Norbert Nagler: Frühkatholizismus. Zur Methodologie einer kritischen Debatte. 1994.

Band 44 Wingkwong Lo: Das Werk des Menschen und die Gnade Gottes in Karl Barths Sakramentstheorie. 1994.

DATE DUE

Printed in USA